Sächsisch-magdeburgisches Recht in Ungarn und Rumänien
Autonomie und Rechtstransfer im Donau- und Karpatenraum

IVS SAXONICO-MAIDEBVRGENSE IN ORIENTE

Band 3

IVS SAXONICO-MAIDEBVRGENSE IN ORIENTE

Das sächsisch-magdeburgische Recht als kulturelles Bindeglied zwischen den Rechtsordnungen Ost- und Mitteleuropas

Begründet von Ernst Eichler (†) und Heiner Lück

Im Auftrag der Sächsischen Akademie der Wissenschaften zu Leipzig herausgegeben von

Professor Dr. Heiner Lück, Martin-Luther-Universität Halle-Wittenberg

Band 3

De Gruyter

Katalin Gönczi, Wieland Carls

Sächsisch-magdeburgisches Recht in Ungarn und Rumänien

Autonomie und Rechtstransfer im Donau- und Karpatenraum

Unter Mitarbeit von
Inge Bily

De Gruyter

Das Vorhaben „Das sächsisch-magdeburgische Recht als kulturelles Bindeglied zwischen den Rechtsordnungen Ost- und Mitteleuropas“ ist ein Forschungsvorhaben der Sächsischen Akademie der Wissenschaften zu Leipzig und wird im Rahmen des Akademienprogramms von der Bundesrepublik Deutschland, dem Freistaat Sachsen und dem Bundesland Sachsen-Anhalt gefördert.
Das Akademienprogramm wird koordiniert von der Union der deutschen Akademien der Wissenschaften.

ISBN 978-3-11-029730-0
e-ISBN 978-3-11-029876-5

Bibliografische Information der Deutschen Nationalbibliothek

Die Deutsche Nationalbibliothek verzeichnet diese Publikation in der Deutschen Nationalbibliografie; detaillierte bibliografische Daten sind im Internet über http://dnb.d-nb.de abrufbar.

Satz: Wieland Carls
Druck: Hubert & Co. GmbH & Co. KG, Göttingen
∞ Gedruckt auf säurefreiem Papier

Printed in Germany

www.degruyter.com

MIX
Papier aus verantwortungsvollen Quellen
FSC® C016439

Inhalt

Vorwort

Der neue Band der Reihe ist dem sächsisch-magdeburgischen Recht in den Gebieten der heutigen Staaten Ungarn und Rumänien gewidmet. Der Untertitel weist zudem auf den Donau- und Karpatenraum hin. Zur Strukturierung des gesamten Untersuchungsgebietes nach den gegenwärtigen Ländergrenzen ist im Vorwort zu Band 2 Stellung genommen worden.[1]

Mit Rückblick auf die beiden ersten vorgelegten Bände (2008)[2] und (2011)[3] sind zwei Besonderheiten zu vermerken, eine personelle und eine inhaltliche. Im Jahr 2012 verstarb der Slawist Ernst Eichler, welcher die Reihe und das ihr zugrunde liegende Akademieprojekt mit begründet hat. Die Herausgeberschaft liegt nunmehr allein in den Händen des Unterzeichnenden. Inhaltlich fällt der Band dadurch auf, dass ihm eine sprachwissenschaftliche Analyse fehlt. Der Grund dafür findet sich in den realen Transferprozessen, welche die hier in Rede stehenden deutschsprachigen Rechtsquellen aus dem sächsisch-magdeburgischen Rechtsgebiet nach Ungarn und Rumänien gelangen ließen. Die Texte wurden in ihrer ursprünglichen (deutschen) Sprache übernommen oder ins Lateinische, nicht aber in die Landessprachen übersetzt. Somit enthält der Band im Wesentlichen die Darstellung der Forschungsgeschichte, die wichtigsten Aspekte des Rechtstransfers und eine genaue Vorstellung und Beschreibung der Rechtsquellen. Den größten Teil schrieb Frau Dr. Katalin Gönczi, während Herr Dr. Wieland Carls die einschlägigen Rechtstexte bearbeitete. Letzterer erstellte auch die detaillierten Register. Frau Dr. Inge Bily verfasste den Kommentar zur beiliegenden Karte und stand in allen Stadien der Bearbeitung hilfreich mitwirkend zur Seite. Frau Manuela Züfle sorgte mit für die wissenschaftlich-organisatorische Absicherung der Forschungs- und Schreibarbeiten und hat zusammen mit Frau Claudia Krahnert M.A. und Frau Kathleen Zeidler M.A. die redaktionelle Bearbeitung des Manuskripts unterstützt.

Großen Dank schulden die Autoren und der Herausgeber Herrn Prof. Dr. Béla Szabó (Universität Debrecen), welcher das Manuskript kritisch durchgesehen hat und manchen wertvollen Korrektur- und Verbesserungsvorschlag einbrachte. Dank gebührt ferner allen anderen Personen und Institutionen, welche an der Erarbeitung und Drucklegung des Bandes beteiligt waren. Dazu gehören vornehmlich die Mitglieder der Vorhabenbezogenen Kommission des Akademievorhabens, die Sächsische Akademie der Wissenschaften zu Leipzig, die Union der deutschen Akademien der Wissenschaften, der Freistaat Sachsen, das Land Sachsen-Anhalt, das Leibniz-Institut für Länderkunde (Leipzig), das Geisteswissenschaftliche

---

[1] LÜCK, EICHLER, Vorwort, in: BILY, CARLS, GÖNCZI, Sächsisch-magdeburgisches Recht in Polen, 2011, S. 1f.

[2] EICHLER, LÜCK (Hrsg.), Rechts- und Sprachtransfer in Mittel- und Osteuropa, 2008.

[3] BILY, CARLS, GÖNCZI, Sächsisch-magdeburgisches Recht in Polen, 2011.

Zentrum für Geschichte und Kultur Ostmitteleuropas (Leipzig) sowie die Stadt Magdeburg, wo sich die Arbeitsstelle von Frau Dr. Gönczi befindet.

Möge der Band dazu beitragen, die Kenntnisse über den Rechtstransfer nach Ungarn und Rumänien während des Mittelalters und der Frühen Neuzeit auf aktueller wissenschaftlicher Grundlage zu erweitern und sichtbar zu machen.

Halle an der Saale, im September 2013 Heiner Lück

A. Einleitung (*Katalin Gönczi*)

I. Forschungsansatz

Im Donau- und Karpatenraum trafen schon seit der Völkerwanderung Menschen aufeinander, deren Herkunft, Sprache und Lebensweise verschieden waren. Betrachtet man die Entwicklungslinien der Rechtskulturen in Ostmitteleuropa, lässt sich diese Vielfalt als Ergebnis von Einflüssen unterschiedlicher Rechtskreise charakterisieren. Die Impulse byzantinischer, ost- und westeuropäischer Kulturen führten im Karpatenbecken zur Entstehung einer multiethnischen Gesellschaft,[1] deren Rechtskultur seit dem Mittelalter ebenfalls von Vielfalt geprägt war. Bei der Suche nach der kulturellen Identität der Region kann folglich zugleich die Vernetzung mit der europäischen Rechtskultur nachgewiesen werden. Die mittelalterliche Rechtsentwicklung im Karpatenbecken lässt sich so in einem europäischen Kontext sichtbar machen,[2] denn die Rechtskulturen der heutigen Staaten des östlichen Europa waren eng miteinander verbunden. Die Rechtsentwicklung in den historischen Landschaften des heutigen Ungarns, Rumäniens und der Slowakei[3] ist deshalb als Teil der Herausbildung eines europäischen *ius commune* zu beschreiben.

Zu den Bindegliedern der europäischen Rechtskultur gehört neben dem römischen und kanonischen Recht das sächsisch-magdeburgische Recht, das insbesondere in der ostmitteleuropäischen Region als konstitutives Element der Rechtskultur charakterisiert werden kann, da die Impulse des sächsisch-magdeburgischen Rechts in einigen dieser Länder bis zur neuzeitlichen Rechtsentwicklung nachweisbar sind.[4]

Zur besseren Analyse dieser Beziehungen wurde der Begriff *Rechtstransfer* in die rechtshistorische Forschung zu Ostmitteleuropa eingeführt.[5] Mit diesem

---

[1] BULEI, Kurze Geschichte Rumäniens, 1998, S. 9; MORAVCSIK, Hungary and Byzantium in the Middle Ages, in: HUSSEY (Hrsg.), The Cambridge Medieval History, Vol. 4,1, 1966, S. 569–592.

[2] Der ungarische Mediävist Erik Fügedi betonte bereits im Jahre 1975, dass die Untersuchung der deutschen Siedlungen und des Einflusses des deutschen Rechts in Ungarn nur in einem europäischen Rahmen vorstellbar ist. Vgl. FÜGEDI, Das mittelalterliche Königreich Ungarn als Gastland, in: SCHLESINGER (Hrsg.), Die deutsche Ostsiedlung des Mittelalters als Problem der europäischen Geschichte, 1975, S. 507; s. a. Die deutsche Ostsiedlung ⟨Teil 2⟩, 1972, S. 174, 180.

[3] Zur Gliederung der Projektbände nach den heutigen Ländernamen siehe LÜCK, Einführung: Das sächsisch-magdeburgische Recht als kulturelles Bindeglied zwischen den Rechtsordnungen Ost- und Mitteleuropas, in: EICHLER, LÜCK (Hrsg.), Rechts- und Sprachtransfer in Mittel- und Osteuropa, 2008, S. 3, 25; DERS., EICHLER, Vorwort, in: BILY, CARLS, GÖNCZI, Sächsisch-magdeburgisches Recht in Polen, 2011, S. 1 f.

[4] DERS., Wirkungen des Sachsenspiegels und des Magdeburger Rechts in Ostmitteleuropa, in: BALOGH [u. a.] (Hrsg.), Legal Transitions, 2007, S. 274–278.

[5] DERS., Rechtstransfer und Rechtsverwandtschaft, in: Práva městská Království českého, (im Druck); DERS., „sollen alle dy von Polen unde die von Behemen [...] ir recht zu Halle holen", 2012, S. 10 f. Zur Rezeptions- und Transferforschung siehe STOLLEIS, Transfer normativer Ordnungen –

grenzüberschreitenden Forschungsansatz lässt sich der Prozess der Rechtsentwicklung im Donau- und Karpatenraum adäquater erfassen.

Um ein differenziertes Bild von der Verbreitung des sächsisch-magdeburgischen Rechts in Mittel- und Osteuropa zu erhalten, soll insbesondere Fragen nach der Intensität, Art und Weise des Einflusses dieses Rechts nachgegangen werden:[6] Welche Rolle spielte das sächsisch-magdeburgische Recht im Donau- und Karpatenraum? Wie können die Impulse des Sachsenspiegels und des Magdeburger Rechts sowie der von ihnen beeinflussten Normentexte in dieser Region beschrieben werden? Auf welchen Wegen erfolgte der Rechtstransfer?

Dieser Forschungsansatz eröffnet für die Rechtsgeschichtsschreibung in Mittel- und Osteuropa neue Perspektiven, denn im Zeitalter einer intensiven europäischen Integration können und müssen auch die Forschungen zu den Stadtrechten in einem europäischen Kontext betrieben werden. Die frühere Rechtsgeschichtsschreibung, die innerhalb der jeweiligen Länder Ostmitteleuropas auf traditionelle staatliche Grenzen fixiert war, soll im vorliegenden Band überwunden werden. Für die ostmitteleuropäischen Rechtshistoriker führt ein so verstandener europäischer Ansatz zudem zu der Möglichkeit, die eigenen Forschungsergebnisse zu denjenigen der Nachbarländer in Beziehung zu setzen. Als Ergebnis werden länderübergreifende Studien möglich, in denen politisch motivierte Interessen zurücktreten.[7] Erfreulicherweise gibt es neben sprach- und sozialwissenschaftlichen Studien auch bereits richtungsweisende rechtshistorische Werke, in denen der grenzüberschreitende Charakter der Forschung auch bei den Länderstudien zu Ostmitteleuropa zur Geltung kommt.[8]

Seitdem in den okzidentalen Teilen Europas die juristischen Grundlagen einer europäischen kulturellen Gemeinschaft erkannt und seit den 1960er Jahren auch institutionell untersucht wurden,[9] ergaben sich für die Rechtshistoriker in der östlichen Hälfte Europas neue Aufgaben, um die nun evidenten Forschungslücken zu schließen.[10] Die Rolle des römischen Rechts ist in den meisten ostmitteleuropäischen Ländern schon länger Gegenstand von Untersuchungen.[11] Darüber hinaus

---

Baumaterial für junge Nationalstaaten, in: Rechtsgeschichte 20 (2012), S. 72–76; zum 19. und 20. Jahrhundert siehe GIARO, Modernisierung durch Transfer, 2006, S. 297–324.

[6] CARLS, Das sächsisch-magdeburgische Recht – Sprach- und Rechtstransfer in Mittel- und Osteuropa, in: BALOGH [u. a.] (Hrsg.), Legal Transitions, 2007, S. 263.

[7] KESKE, Rezension zu: GEHLER, VIETTA (Hrsg.), Europa – Europäisierung – Europäistik, 2010, in: H-Soz-u-Kult, 28.09.2011.

[8] ZLINSZKY, Ungarn, in: COING (Hrsg.), Handbuch der Quellen und Literatur der neueren europäischen Privatrechtsgeschichte, Bd. III/2, 1986, S. 2141–2213.

[9] Das Max-Planck-Institut für europäische Rechtsgeschichte wurde 1964 gegründet. Dazu DUVE, Ohne Grenzen, in: Frankfurter Allgemeine Zeitung vom 23.02.2012, Nr. 46, S. 8.

[10] SCHMIDT-RECLA, Rezension zu: WÜNSCH, Deutsche und Slawen im Mittelalter, in: ZRG GA 127 (2010), S. 508f.

[11] Einer der neuesten Beiträge zu diesem Thema ist ein Vortrag von Peter Blaho (Universität Trnava): „Das Fortleben des Römischen Rechts in der Slowakei", gehalten im Jahre 2008 beim 37. Deutschen Rechtshistorikertag in Passau: BLAHO, Das Fortleben des Römischen Rechts in der Slowakei,

sind aber noch weitere ‚kulturelle Bindeglieder' zwischen den Nationen zu erforschen.

II. Forschungsprojekt

Das Forschungsvorhaben „Das sächsisch-magdeburgische Recht als kulturelles Bindeglied zwischen den Rechtsordnungen Ost- und Mitteleuropas" wurde auf Antrag der beiden Projektleiter Prof. Dr. Dr. h. c. Ernst Eichler † (Leipzig) und Prof. Dr. Heiner Lück (Halle-Wittenberg) 2004 an der Sächsischen Akademie der Wissenschaften zu Leipzig eingerichtet. Es konzentriert sich auf den Einfluss zweier Rechtsquellen aus dem mitteldeutschen Raum, des Magdeburger Rechts und des Sachsenspiegels.

Dieses Projekt hebt gerade jene Verbindungen hervor, die als historisches Erbe des *ius commune* verstanden werden können. Damit werden gemeinsame Fundamente wieder freigelegt, die in dem seit dem Zweiten Weltkrieg geteilten Europa kaum noch sichtbar waren. Die rechtshistorischen Verbindungen stellen ein gemeinsames Kulturgut dar, das in Ostmitteleuropa weit zurückverfolgt werden kann. Die Analyse der Reichweite des sächsisch-magdeburgischen Rechts in Ostmitteleuropa stellt den europäischen Kontext in den Vordergrund. Aus dieser Sicht lassen sich dann die Rechtskulturen des östlichen Europa untersuchen.[12]

Die Leipziger Forschungen zum sächsisch-magdeburgischen Recht im europäischen Kontext wurden 2004 aufgenommen, als acht ostmitteleuropäische Staaten der Europäischen Union beitraten. Seit jenem Jahr, seitdem der historische Europabegriff auch politisch rekonstruiert wird, werden die europäischen Traditionen und Verbindungen auch in der rechtshistorischen Forschung intensiver untersucht und die Geschichte und die Quellen der Rechtssysteme dieser Länder werden in der europäischen Öffentlichkeit verstärkt wahrgenommen.

Gerade bei einem europäisch ausgerichteten Projekt lassen sich die rein nationalgeschichtlichen Narrative und Deutungsmuster leichter überwinden. Der fortschreitende Integrationsprozess ermöglicht es, die Reichweite des sächsisch-magdeburgischen Rechts durch eine Zusammenarbeit mit ostmitteleuropäischen Wissenschaftlern zu erforschen, so dass sich inzwischen eine breit aufgestellte internationale Forschungskooperation entwickelt hat.[13]

Im Mittelpunkt des Forschungsvorhabens steht die interdisziplinäre Analyse der Verbreitung des Magdeburger Stadtrechts und des Sachsenspiegels in Ostmitteleuropa. Das Projekt ist sowohl rechtshistorisch als auch sprachwissenschaftlich ausgerichtet.

---

in: Zeitschrift für Ostmitteleuropa-Forschung 58,3 (2009), S. 329–343. Siehe auch ZLINSZKY, Durch das römische Recht, aber über dasselbe hinaus, 2008, S. 268–320.

[12] BULEI, Kurze Geschichte Rumäniens, 1998, S. 9.

[13] EICHLER, LÜCK (Hrsg.), Rechts- und Sprachtransfer in Mittel- und Osteuropa, 2008.

Die Frage danach, wie die Fachtermini und Institutionen der niederdeutschen Quellen in die slawischen Sprachen transportiert worden sind, ist ein Gegenstand der linguistischen Analyse. Im Rahmen des Akademieprojektes erfolgten auch Kartierungsarbeiten in Zusammenarbeit mit dem Leipziger Leibniz-Institut für Länderkunde. Neben einer Basiskarte wurden Landkarten mit den Orten der Verbreitung des sächsisch-magdeburgischen Rechts erstellt.

III. Methodik und Grenzen der Untersuchung

Eine Untersuchung des Transfers des sächsisch-magdeburgischen Rechts in den Donau- und Karpatenraum setzt einen interdisziplinären Forschungsansatz voraus, bei dem neben der Untersuchung der Rechtsinstitute auch die Wege und die Intensität des Rechtstransfers erforscht werden. Die Siedlungsgeschichte, die Geschichte der Deutschen in Ostmitteleuropa sowie die Entwicklung der ungarischen Rechtskultur und des Stadtrechts sind daher Teilbereiche der Untersuchung, in die auch sozialhistorische Aspekte der Südostsiedlung, des Landesausbaus und der Stadtentwicklung einbezogen wurden.

Das Untersuchungsgebiet umfasst die historischen Landschaften der heutigen Staaten Ungarn und Rumänien, die als grenzüberschreitende Kulturlandschaften in den Blick genommen werden.[14] Die Untersuchung konzentriert sich im Hinblick auf die Rechtsentwicklung in Rumänien auf die autonome Rechtsstellung der Siebenbürger Sachsen, da sich das Rechtsleben der Ungarn und Szekler in Siebenbürgen nach dem ungarischen Gewohnheitsrecht (*consuetudo*) richtete.

Die Geschichte der Fürstentümer Walachei und Moldau kann hingegen nur teilweise berücksichtigt werden. Walachei und Moldau waren seit dem 14. Jahrhundert unabhängige Fürstentümer, die durch einen Lehnseid mit dem ungarischen König verbunden waren.[15] Ihre Sprache und Rechtskultur wurden von Byzanz geprägt[16] und in kurzer Zeit gerieten sie in den Einflussbereich des Osmanischen Reichs.[17] Wenngleich sich in der Walachei und insbesondere in der Moldau deutsche Stadtgemeinden nachweisen lassen, deren Bewohner vor den Osmanen in die deutschen Städte Siebenbürgens geflohen sind, so dass Weczerka von „deutschen Stadtrechtselementen" in der Moldau und der Walachei sprach,[18]

---

[14] HAHN, Tagungsbericht: Böhmen und das Deutsche Reich, in: H-Soz-u-Kult, 04.11.2007.

[15] K. GÜNDISCH, Ungarn im Mittelalter, in: FISCHER, Eine kleine Geschichte Ungarns, 1999, S. 43; ZACH, Moldau, in: LexMa, Bd. 6, 1993, Sp. 723.

[16] WECZERKA, Deutsche Siedlungen und Einflüsse deutschen Stadtrechts in den mittelalterlichen Fürstentümern Moldau und Walachei, in: KAISER, STASIEWSKI (Hrsg.), Stadt und Landschaft im deutschen Osten und in Ostmitteleuropa, 1982, S. 154.

[17] VÖLKL, Moldau, in: HÖSCH [u. a.] (Hrsg.), Lexikon zur Geschichte Südosteuropas, 2004, S. 454; ZACH, Moldau, Fürstentum, in: LexMa, Bd. 6, 1993, Sp. 724; VÖLKL, Walachei, in: HÖSCH [u. a.] (Hrsg.), Lexikon zur Geschichte Südosteuropas, 2004, S. 739; ZACH, Valachei, in: LexMa, Bd. 8, 1997, Sp. 1372f.

können die beiden rumänischen Fürstentümer nicht eindeutig als Gebiete der sächsisch-magdeburgischen Rechtstradition betrachtet werden. Heiner Lück wies bereits 2008 darauf hin, dass zum Transfer des sächsisch-magdeburgischen Rechts in das Gebiet der heutigen Republik Moldau keine Angaben vorhanden seien, wobei eine solche Wirkung jedoch nicht ausgeschlossen werden könne.[19]

Die räumlichen Grenzen der Untersuchung ergeben sich aus der Verbindung von Rechts- und Siedlungsgeschichte im mittelalterlichen Königreich Ungarn. Die Südostsiedlung der Deutschen steht in einem engen Zusammenhang mit der Verbreitung des deutschen Rechts im Donau- und Karpatenraum. Ausgangspunkt der Untersuchung ist daher die Rechtsentwicklung in der Zips, in den Bergstädten, in Siebenbürgen und in den königlichen Freistädten des Königreichs Ungarn. Diese Perspektive ermöglicht es, den kulturellen Austausch über heutige politische Grenzen hinaus zu reflektieren.

Für die südlichen Regionen des mittelalterlichen Königreichs Ungarn gibt es keine gesicherten Erkenntnisse für eine Geltung sächsisch-magdeburgischen Rechts. Diese und andere Regionen mit einer vergleichbaren Forschungssituation (Russland, Bulgarien, Republik Moldau) werden zu einem späteren Zeitpunkt in einem gesonderten Band untersucht.

Der zeitliche Rahmen der Untersuchung umfasst mehrere Jahrhunderte, wobei dieser je nach historischer Region unterschiedlich weit zu fassen ist. Gyula Kristó rechnet zum Mittelalter des Königreichs Ungarn die Epoche von der ‚Landnahme' im 9. Jahrhundert bis zur Schlacht bei Mohács (1526) mit der sich daran anschließenden Teilung des Landes.[20] Siebenbürgen und einige östlich der Theiß gelegene Gebiete (*Partium*) waren in der Folge dem osmanischen Sultan tributpflichtig, verblieben aber unter der Herrschaft des siebenbürgischen Fürsten.[21] In den östlichen und nördlichen Teilen Ungarns ging jedoch die Städtekultur nicht unter. Die Städte in der Zips und in Siebenbürgen hatten weiterhin Kontakte zum deutschen Sprachraum. Deshalb muss diese Untersuchung über das Mittelalter hinaus auch die Frühe Neuzeit berücksichtigen.

Anders als im Band des Projekts zum Untersuchungsgebiet Polen[22] können hier keine Sprachvergleiche durchgeführt werden, da die ungarische Sprache erst zur offiziellen Rechtssprache wurde, nachdem die Transferprozesse des sächsisch-

---

[18] WECZERKA, Deutsche Siedlungen und Einflüsse deutschen Stadtrechts in den mittelalterlichen Fürstentümern Moldau und Walachei, in: KAISER, STASIEWSKI (Hrsg.), Stadt und Landschaft im deutschen Osten und in Ostmitteleuropa, 1982, S. 165.

[19] LÜCK, Einführung: Das sächsisch-magdeburgische Recht als kulturelles Bindeglied zwischen den Rechtsordnungen Ost- und Mitteleuropas, in: EICHLER, LÜCK (Hrsg.), Rechts- und Sprachtransfer in Mittel- und Osteuropa, 2008, S. 24.

[20] KRISTÓ, Nichtungarische Völker im mittelalterlichen Ungarn, 2008, S. 10; FATA, Ungarn, das Reich der Stephanskrone, im Zeitalter der Reformation und Konfessionalisierung, 2000, S. 15–20.

[21] FISCHER, Eine kleine Geschichte Ungarns, 1999, S. 53; KÜPPER, Einführung in die Rechtsgeschichte Osteuropas, 2005, S. 304 f.

[22] BILY, CARLS, GÖNCZI, Sächsisch-magdeburgisches Recht in Polen, 2011.

magdeburgischen Rechts bereits abgeschlossen waren. Im mittelalterlichen und frühneuzeitlichen Königreich Ungarn war Latein[23] neben dem Deutschen, das in den Städten mit deutschem Bürgertum Anwendung fand, die vorwiegende Amtssprache.[24] Ein bis zwei Drittel der Einwohner der Handels- und Bergstädte in Ungarn waren Deutsche, was sich auch deutlich auf die Schriftsprache auswirkte.[25] Zum Beispiel wurden die ersten Urkunden in der Zips noch in Latein verfasst, doch bereits ab dem 15. Jahrhundert war dort Deutsch die Kanzleisprache.[26] Auch finden sich, ausgehend von der von Balas Weres[27] erstellten und im Jahre 1565 im Druck erschienenen ungarischsprachigen Übersetzung des Tripartitums,[28] schon in der Frühen Neuzeit einzelne Versuche, die ungarische Sprache als Amtssprache zu etablieren. Parallel zur lateinischen Fachsprache gab es in Eidesformeln relativ früh ungarische Rechtstermini, was Kovács sogar dazu veranlasst, von Zweisprachigkeit zu sprechen.[29] Gegenüber dem Lateinischen konnte sich in Ungarn die ungarische Sprache als Amtssprache aber nicht durchsetzen. Als Fachsprache der Rechtswissenschaft etablierte sie sich erst in den 1830er und 1840er Jahren[30] parallel zu den Bestrebungen, das ständische Recht in ein modernes nationales Rechtssystem umzuwandeln. Ungarischsprachige juristische Werke erschienen dann vermehrt ab den 1830er Jahren.

In der dritten Dekade des ungarischen Reformzeitalters ist es gelungen, als Teil der Unabhängigkeitsbestrebungen die ungarische Sprache als Amtssprache zu etablieren und das Sprachengesetz von 1844 bestimmte dann die ungarische Sprache als Rechtssprache.[31] Dieser Wechsel in der Ära des Nationalismus war mit der schnellen Schaffung eines nationalen Rechtssystems verbunden. In diesem Kodifikationszeitalter betrachtete man das Stadtrecht nun als historisches, das heißt als ein zu überwindendes partikulares Recht. Die Verankerung der Terminologie des sächsisch-magdeburgischen Rechts in der ungarischen Rechtssprache kann daher nicht untersucht werden.

---

[23] WENZEL, A XV. századi tárnoki jog, in: Értekezések a társadalmi tudományok köréből 5,1 (1878), S. 7.

[24] KÜPPER, Einführung in die Rechtsgeschichte Osteuropas, 2005, S. 298.

[25] SCHÖDL, Ungarns Städtewesen im Spätmittelalter, in: KAISER, STASIEWSKI (Hrsg.), Stadt und Landschaft im deutschen Osten und in Ostmitteleuropa, 1982, S. 131 f.; SZENDE, Integration through Language, in: KEENE [u. a.] (Hrsg.), Segregation – Integration – Assimilation, 2009, S. 209 f.

[26] PIIRAINEN, Das Rechtsbuch der XI Zipser Städte, 2003, S. 16; GÁRDONYI, Die Kanzleisprache von Schemnitz und Kremnitz im 14./16. Jahrhundert, in: Német filológiai tanulmányok/Arbeiten zur deutschen Philologie 1 (1965), S. 29–78; DERS., Das Stadtbuch von Schmöllnitz, in: Német filológiai tanulmányok/Arbeiten zur deutschen Philologie 2 (1966), S. 109–138.

[27] GND: http://d-nb.info/gnd/102377235 (Abfragedatum: 16.04.2013).

[28] WERBŐCZY, Magyar decretum [Tripartitum ⟨ungar.⟩], 1565.

[29] KOVÁCS, A magyar jogi terminológia kialakulása, 1964, S. 174, 182.

[30] Ebd., S. 7.

[31] Gesetzesartikel 1844:2, in: CJH, Bd. 3, S. 198; PAPSONOVÁ, Das Magdeburger Recht und das Silleiner Rechtsbuch, 2003, S. 17 f.

In der multiethnischen Region des Karpatenbeckens, deren verfassungsrechtlichen Rahmen seit dem 11. Jahrhundert das Königreich Ungarn bildete, lassen sich durch die Untersuchung der Wirkung des sächsisch-magdeburgischen Rechts Anknüpfungspunkte zur europäischen Rechtskultur finden. Gerade die Erkenntnisse, die aus den vergleichenden Forschungen des Akademieprojektes und aus den früheren Projektbänden gewonnen wurden, können gewinnbringend auf die Region des Donau- und Karpatenraumes angewendet werden. Die juristischen Grundlagen für ein neues Europa[32] lassen sich dadurch auch in der Region Ostmitteleuropa erkennen.

[32] LÜCK, PUHLE, RANFT, Grundlagen für ein neues Europa, 2009.

B. Die Rechtsentwicklung – ein geschichtlicher Überblick (*Katalin Gönczi*)

I. Verfassungsgeschichtlicher Rahmen

Der Beginn der ungarischen Verfassungsgeschichte wird häufig auf den Krönungsakt des ersten Königs Stephan im Jahre 1000 datiert.[1] Der Prozess der Staatsbildung erstreckt sich jedoch über mehrere Jahrzehnte und begann mit der Sesshaftwerdung der ungarischen Stämme nach der Schlacht auf dem Lechfeld im Jahre 955.[2] Nach dem Tode König Stephans I. brach ein langwieriger Thronfolgestreit aus, so dass sich ein Königreich erst am Ende des 11. Jahrhunderts etablieren konnte. Während der Herrschaft der ersten Könige aus der Arpadendynastie war Ungarn ein Erbkönigtum.

In der Anfangszeit war das Königreich Ungarn zentralistisch organisiert. Verwaltung und Gerichtsbarkeit wurden vom König bestimmt. Der Adel war in den ersten Jahrhunderten des Königreichs Ungarn nicht Träger der politischen Macht. Damit lässt sich auch erklären, warum es in Ungarn kein ausgeprägtes Lehnswesen gab.[3] Die Herrschaft der Könige basierte auf Grundbesitz, so dass sich Ungarn in den ersten Jahrhunderten nach der Staatsgründung als patrimoniale Monarchie bezeichnen lässt.[4] Zu Beginn des 13. Jahrhunderts ist eine Wandlung in der Herrschaftsstruktur des Landes zu beobachten, die den Übergang vom patrimonialen Königtum zum Ständestaat markiert. Einer dieser Pfeiler, das *ius resistendi* des Adels gegenüber dem König, wurde 1222 in der Goldenen Bulle von König Andreas II. eingeräumt.[5]

Der Mongolensturm von 1241/42 ist eine Zäsur in der Geschichte des mittelalterlichen ungarischen Königreichs. Die anschließende Herrschaft König Bélas IV. lässt sich als ‚Neugründung‘ des Königreichs charakterisieren, da er nach dem Mongolensturm die Reorganisation und den Wiederaufbau des Landes in Gang setzte.

Nach dem Aussterben des Arpadenhauses im Jahre 1301 entbrannten Thronfolgestreitigkeiten, bis König Karl I. aus dem Haus Anjou 1308 auf den ungarischen Königsthron kam. Seine Thronfolge wurde auf die weibliche Linie der Arpaden zurückgeführt. Damit kam die blutsverwandtschaftliche Bindung an die ersten Herrscher des Landes zur Geltung. Im Laufe des 14. Jahrhunderts erlangten

---

1 Siehe den von ungarischen Historikern und Rechtshistorikern aus Anlass der Milleniumsfeier im Jahre 2000 publizierten Band: GERGELY, MÁTHÉ, The Hungarian State, 2000.

2 KÖRMENDY, Vergleichende Untersuchungen über die Siedlungsbewegung im östlichen Mitteleuropa im 13.–14. Jahrhundert, 1995, S. 7.

3 WEGENER, Ungarn, in: HRG, Bd. 5, 1998, Sp. 475 f.

4 CSIZMADIA, KOVÁCS, ASZTALOS, Magyar állam- és jogtörténet, 2010, S. 40.

5 BALOGH, Az Aranybulla helye a magyar alkotmánytörténetben, in: BESENYEI [u. a.] (Hrsg.), De Bulla Aurea Andreae II Regis Hungariae MCCXXII, 1999, S. 73–75.

die Stände im Königreich Ungarn immer mehr Einfluss, so dass zu Beginn des 15. Jahrhunderts König Sigismund aus dem Hause der Luxemburger durch Wahl an die Macht kam. Das Königreich Ungarn wurde zu einer Wahlmonarchie umgestaltet, wobei im 15. Jahrhundert die Thronfolge durch Vertrag bestimmt wurde. Auf diese Weise kam Ungarn mit dem Hause Habsburg in Verbindung.

Der Bauernaufstand unter der Führung György Dózsas und Einfälle der Osmanen prägten die Geschichte Ungarns zu Beginn des 16. Jahrhunderts. Schließlich kam es zur Schlacht bei Mohács im Jahre 1526, die mit einer Niederlage des ungarischen Heeres endete. Folge dieser Niederlage war die Eroberung des südlichen Teils des Landes durch das Osmanische Reich. Das Königreich Ungarn zerfiel nach der Eroberung Ofens im Jahre 1541 in drei Teile: Im nördlichen Teil herrschten die Habsburger als rechtmäßige Könige. Siebenbürgen wurde Fürstentum, erhielt Vasallenstatus und war dem Osmanischen Reich tributpflichtig. Der mittlere Teil des Landes fiel unter den Herrschaftsbereich der osmanischen Sultane. Damit endete die Blütezeit des mittelalterlichen Ungarn.[6] Erst 1686 konnte durch die Rückeroberung Ofens das Land bis auf einen kleineren Teil wiedervereinigt werden.[7] Siebenbürgen wurde nach dem sogenannten ‚Großen Türkenkrieg' gegen das Osmanische Reich autonomes Fürstentum unter der Krone der Habsburger.[8]

II. Zur Struktur der historischen Rechtsordnung Ungarns

Wie die Gesellschaft, so war auch das Recht im mittelalterlichen Ungarn ständisch geprägt. Der Rechtspartikularismus im Königreich Ungarn erscheint – anders als in Westeuropa – weniger territorial.[9] Das Rechtssystem war nach Rechtssubjekten strukturiert und gemäß der ständischen Rechtsvorstellung galten unterschiedliche Rechtsregeln für Adelige, Stadtbürger, Geistliche und Unfreie. Das adelige Standesrecht dominierte das Gewohnheitsrecht (*consuetudo*) des Königreichs Ungarn.

In den Städten galt die ungarische *consuetudo* jedoch nur sekundär, denn dort setzte sich das Stadtrecht durch, welches sich aus den Grundlagen des Kaufmannsrechts und aus dem Zusammenleben der Bürger entwickelt hatte. Das Stadtrecht enthielt mehrere Elemente wie die Siedlerprivilegien, die Gewohnheiten der Stadtbürger sowie das Brauchtum und die Ratsvorschriften. Die Stadtrechte mehrerer Handels- und Bergstädte wurden im Laufe des 15. Jahrhunderts niedergeschrieben. Gleichzeitig begann die Vereinheitlichung des Rechts der wichtigsten Handelsstädte, was sich auch in der städtischen Gerichtsbarkeit niederschlug.[10]

---

[6] HANÁK (Hrsg.), Die Geschichte Ungarns, 1991, S. 48.

[7] Ebd., S. 77.

[8] ROTH, Kleine Geschichte Siebenbürgens, ^{3}2007, S. 66; CSIZMADIA, KOVÁCS, ASZTALOS, Magyar állam- és jogtörténet, 2010, S. 200 f.

[9] ZLINSZKY, Ungarn, in: COING (Hrsg.), Handbuch der Quellen und Literatur der neueren europäischen Privatrechtsgeschichte, Bd. III/2, 1986, S. 2141–2143.

[10] MERTANOVA, Ius tavernicale, 1985, S. 224–229.

Für Geistliche galt das kanonische Recht. In Ungarn gab es ein partikulares Kirchenrecht, das aber in seinen Grundzügen auf dem römisch-kanonischen Recht beruhte.[11] Die Kompetenz und die Jurisdiktionsgewalt der geistlichen Gerichtsbarkeit hingen von der Stabilität der königlichen Macht ab.[12] Die weltlichen Gerichte wiederum versuchten, die starke Königsmacht für die Einschränkung der geistlichen Gerichtsbarkeit zu nutzen. Die konfessionelle Spaltung nach der Reformation führte im protestantisch dominierten Fürstentum Siebenbürgen und in dem von der Gegenreformation erfassten königlichen (d. h. habsburgischen) Ungarn zu unterschiedlichen Entwicklungen im Kirchenrecht.

Die Rechtsstellung der Unfreien war abhängig von ihren Abgaben und Besitzverhältnissen. Die Gerichtsbarkeit übten seit dem 14. Jahrhundert die Patrimonialgerichte aus.[13]

III. Zur Rolle des römischen Rechts in der mittelalterlichen ungarischen Rechtskultur

Die Romanisierung des Rechts, im okzidentalen Europa für lange Zeit prägend, erreichte das Königreich Ungarn nur indirekt,[14] da sich im mittelalterlichen Ungarn keine kontinuierliche Universitätskultur, die Voraussetzung für eine Renaissance des römischen Rechts gewesen wäre, entwickelt hat. Wenngleich immer wieder Universitäten durch ungarische Herrscher gegründet wurden,[15] existierten diese aufgrund der instabilen innen- und außenpolitischen Lage und der geringen zentralen Macht der Könige nicht lange.[16] Zudem lenkte die Gefährdung der südlichen Grenzen durch das Osmanische Reich die Aufmerksamkeit der Politik mehr auf die militärische Verteidigung des Landes.

Betroffen von diesen Verhältnissen waren die Universitäten in Fünfkirchen (1367 gegründet von Ludwig I.), in Etzelburg (Óbuda, 1389 bzw. 1410 gegründet von König Sigismund), und auch jene in Pressburg (1467 gegründet vom königlichen Berater János Vitéz).[17] Ein Jurastudium war daher im Königreich Ungarn

---

[11] Bónis, Die Entwicklung der geistlichen Gerichtsbarkeit, in: ZRG KA 49 (1963), S. 202; Adriányi, Die Geschichte der katholischen Kirche in Ungarn, 2004; Erdő, Kirchenrecht im mittelalterlichen Ungarn, 2005.

[12] Bónis, Die Entwicklung der geistlichen Gerichtsbarkeit, in: ZRG KA 49 (1963), S. 191, 208.

[13] Csizmadia, Kovács, Asztalos, Magyar állam- és jogtörténet, 2010, S. 124; Gönczi, Die europäischen Fundamente der ungarischen Rechtskultur, 2008, S. 14–16.

[14] Szabó, Die Rezeption des römischen Rechts bei den Siebenbürger Sachsen, in: Publicationes Universitatis Miskolciensis. Sectio Juridica et Politica 9, Fasc. 1–13 (1994), S. 173.

[15] Tonk, Erdélyiek egyetemjárása a középkorban, 1979, S. 32–36; Küpper, Einführung in die Rechtsgeschichte Osteuropas, 2005, S. 299.

[16] Csizmadia, Die Universität Pécs im Mittelalter, 1965, S. 23.

[17] Gönczi, Die europäischen Fundamente der ungarischen Rechtskultur, 2008, S. 20 f.; Gabriel, The mediaeval universities of Pécs and Pozsony, 1969, S. 9–15; Domonkos, The Founding (1395) and Refounding (1410) of the University of Óbuda, in: Szögi, Varga (Hrsg.), Universitatis Budensis

nicht möglich, so dass sich die ungarischen Studenten auf die sogenannte *peregrinatio academica* begaben. An den Universitäten Paris, Bologna, Padua, später Wien und Krakau, studierten sie kanonisches und römisches Recht.[18]

In Paris und Bologna ausgebildete Juristen kamen bereits im 13. Jahrhundert nach Ungarn.[19] Sie gehörten eher zu den ranghöheren Klerikern oder wirkten bei der Ausstellung von Urkunden mit. Der Aufschwung der Schriftlichkeit und die Herausbildung der Urkundensprache in Ungarn während der Herrschaft der Arpadenkönige lassen sich so direkt auf diese universitären Verbindungen zurückführen.[20] An der Universität Wien war eine der vier Akademischen Nationen die Ungarische, der Studenten aus Ungarn, Polen, Böhmen und Mähren angehörten. Die Universität Wittenberg erreichte – wie es aus den dort verteidigten Dissertationen ungarischer Jurastudenten ersichtlich ist[21] – den Status eines führenden Studienortes für die Studenten aus dem Königreich Ungarn.

Zur Frage, wie intensiv das römische Recht in Ungarn wirkte, gibt es in der ungarischen Literatur unterschiedliche Ansichten. Folgt man dem Mediävisten György Bónis, hatte das römische Recht in Ungarn keine subsidiäre Geltung, da sich in der Rechtsprechung die romanistische Tradition nicht durchsetzen konnte. Eine gewisse Autorität dieses Rechts ist jedoch in der ungarischen Rechtsordnung zu beobachten, denn das römische Recht wirkte hier wie eine Art ‚Naturrecht'.[22] So lassen sich Rechtsinstitute des ungarischen Privatrechts (wie die letztwillige Verfügung oder die Rechte der Frauen) dem römisch-kanonischen Recht zuordnen.

János Zlinszky bewertet die Wirkung des *ius commune* in Ungarn aus der Perspektive des Romanisten und geht von einer „stillen Rezeption" aus.[23] Zlinszky nimmt also eine Geltung der römischrechtlichen Rechtssätze in Ungarn an und leitet diese vom antiken Rechtsverständnis ab.[24] Nach seiner Auffassung ergänzten die Regeln des ungarischen Gewohnheitsrechts (*consuetudo*) das römische Recht oder variierten es. Die ungarischen Gerichte mussten aus Mangel an Rechtskundigen und damit auch der notwendigen Rechtskenntnisse die Normen der ungarischen *consuetudo* anwenden, so Zlinszky.[25] Soweit es bekannt

1395–1995, 1997, S. 19–34; BLAHO, Das Fortleben des Römischen Rechts in der Slowakei, in: Zeitschrift für Ostmitteleuropa-Forschung 58,3 (2009), S. 331 f.

18 SZABÓ, Juristen und Bücher im frühneuzeitlichen Ungarn, in: MONOK, EÖTVÖS (Hrsg.), Bürgerliche Kultur im Vergleich, 1998, S. 51, 55.

19 BÓNIS, Einflüsse des römischen Rechts in Ungarn, 1964, S. 16f.

20 Ebd., S. 112.

21 SZABÓ, Előtanulmány a magyarországi joghallgatók külföldi egyetemeken a XVI–XVIII. században készített disputatióinak (dissertatióinak) elemzéséhez, in: Publicationes Universitatis Miskolciensis. Sectio Juridica et Politica 8, Fasc. 5 (1993), S. 104.

22 BÓNIS, Einflüsse des römischen Rechts in Ungarn, 1964, S. 111.

23 ZLINSZKY, Two questions about the Adaptation of Juridical Models, in: Acta Juridica Hungarica 33,1–2 (1991), S. 39–56.

24 Neuere Ansätze bei DEMS., Durch das römische Recht, aber über dasselbe hinaus, 2008, S. 278.

25 DERS., Wissenschaft und Gerichtsbarkeit, 1997, S. 2.

war, wurde das *ius commune* jedoch *eo ipso* anerkannt. Grundsätzlich stand die Geltung des römischen Rechts im mittelalterlichen Ungarn also nicht in Frage und wurde nur aus weitgehender Unkenntnis des Rechtsstoffs kaum angewandt.[26]

Bei der Rezeption des gelehrten Rechts übernahm das Stadtrecht eine zentrale Rolle. Die Juristen, insbesondere die juristisch geschulten Stadtbürger der Handelsstädte, brachten das *ius commune* mit in die Gerichtspraxis ein. In der Judikatur wurde am häufigsten Benedikt Carpzov, ein sächsischer Rechtsgelehrter des *Usus modernus pandectarum*, zitiert.[27] Die städtische Rechtsprechung von Ofen und Pest berief sich außerdem auf niederösterreichische Normen, da gegenüber dem römischen – d. h. kaiserlichen – Recht gewisse Vorbehalte herrschten.

In Siebenbürgen lässt sich seit der Mitte des 16. Jahrhunderts eine intensive Aufnahme von Formeln aus dem römischen Recht beobachten.[28] In der zweiten Hälfte des 16. Jahrhunderts wurden mehrere Kompendien veröffentlicht,[29] deren Autoren sich mit römischrechtlichen Begriffen und Rechtsinstituten auseinandersetzten. Ihre Kenntnisse hatten sie während des Studiums an ausländischen Universitäten erworben. An erster Stelle sind die Werke des Kronstädter Reformators und Ratsherren Johannes Honterus (1498–1549)[30] zu nennen.[31] Seine Bücher, die eine Einführung in das römische Recht boten, fanden verbreitet Aufnahme in die Rechtspraxis.[32] Ein vom Hermannstädter Ratmann Thomas Bomel († 1592)[33] verfasstes Kompendium,[34] in dem das Recht der siebenbürgisch-sächsischen Städte zusammengefasst wurde, zeigt den Einfluss des römischen Rechts und wurde ebenfalls in die Gerichtspraxis aufgenommen.[35]

Das Eigen-Landrecht, ein ins Deutsche übersetzter Text von Matthias Fronius (1522–1588)[36], der 1583 im Druck erschien, erlangte noch im gleichen Jahr durch die Bestätigung des siebenbürgischen Fürsten Stephan Báthory Geltung, die in

---

[26] DERS., Ungarn, in: COING (Hrsg.), Handbuch der Quellen und Literatur der neueren europäischen Privatrechtsgeschichte, Bd. III/2, 1986, S. 2148; DERS., Durch das römische Recht, aber über dasselbe hinaus, 2008, S. 279.

[27] BÓNIS, Buda és Pest bírósági gyakorlata a török kiűzése után, 1962, S. 316f.

[28] DERZSI, Schuld und Sühne, in: Berichte und Forschungen 16 (2008), S. 234f.

[29] MÜLLER, Die sächsische Nationsuniversität in Siebenbürgen, 1928, S. 179.

[30] PHILIPPI, „Honter(us), Johannes", in: NDB, Bd. 9, 1972, S. 603f.

[31] HONTERUS, Sententiae ex libris Pandectarum iuris civilis decreptae, 1539; DERS., Compendium juris civilis in usum Civitatum ac Sedium Saxonicarum in Transylvania collectum, 1544; BOMELIUS, Statuta jurium municipalium civitatis Cibiniensis [...], 1560 [Manuskript]. SZABÓ, Die Rezeption des römischen Rechts bei den Siebenbürger Sachsen, in: Publicationes Universitatis Miskolciensis. Sectio Juridica et Politica 9, Fasc. 1–13 (1994), S. 176; MOLDT, Deutsche Stadtrechte im mittelalterlichen Siebenbürgen, 2009, S. 223–228.

[32] SUTSCHEK, Das deutsch-römische Recht der Siebenbürger Sachsen, 2000, S. 22 f.

[33] SCHULER VON LYBLOY, „Bomel, Thomas", in: ADB, Bd. 3, 1876, S. 118.

[34] BOMELIUS, Statuta jurium municipalium civitatis Cibiniensis [...], 1560 [Manuskript].

[35] MOLDT, Deutsche Stadtrechte im mittelalterlichen Siebenbürgen, 2009, S. 225.

[36] TRAUSCH, Fronius Matthias, in: DERS., Schriftsteller-Lexikon, Bd. 1, 1868, S. 358–366, hier S. 358 f.

Siebenbürgen bis in das 19. Jahrhundert anhielt.[37] 1825 wurde Fronius' Rechtsbuch ins Ungarische übersetzt und kommentiert.[38] Die subsidiäre Geltung des römischen Rechts lässt sich gut anhand dieses Rechtsbuchs belegen. Für die Fälle, in denen das ungarische Gewohnheitsrecht keine Normen vorsah, konnten Regeln aus dem kaiserlichen (i. e. römischen) Recht angewendet werden.[39] Die Subsidiarität des römischen Rechts wurde durch die Bestätigung von Fürst Stephan Báthory auf die Ebene des geltenden Rechts gehoben.

Fronius vermittelte damit jene römischrechtliche Tradition, die er während seines Studiums an der Universität Wittenberg zur Zeit Luthers und Melanchthons erworben hatte.[40] Nach Siebenbürgen zurückgekehrt, konnte er in Kronstadt seine Kenntnisse als Lehrer und Stadtschreiber (später als Senator) in der Stadtverwaltung einsetzen.[41]

IV. Rechtsaufzeichnungen und Kodifikationsversuche

Anders als in einigen anderen europäischen Ländern wurde in Ungarn das Gewohnheitsrecht (*consuetudo*)[42] im Laufe des 13. Jahrhunderts nicht aufgezeichnet, sondern weiterhin mündlich tradiert. Erst im späten 14. Jahrhundert erschienen die ersten Normenfixierungen, die vorrangig aus dem städtischen Bereich kamen. Die Verschriftlichung des Stadtrechts fiel damit in eine Zeit, in der die Stabilität der königlichen Herrschaft abgenommen hatte.

Im Jahre 1370 wurde die Zipser Willkür verfasst, eine Verschriftlichung des Rechts der Zips, das im Städtebund der 24 Zipser Städte Geltung hatte. Das Stadtrecht von Sillein wurde 1378 aufgezeichnet, wobei die Originalhandschrift zugleich das Stadt- und Bergrecht von Rodenau umfasste.[43]

---

[37] SUTSCHEK, Das deutsch-römische Recht der Siebenbürger Sachsen, 2000, S. 23 f.; MOLDT, Läßt sich das Rechtsgebiet der Siebenbürger Sachsen einer Stadtrechtsfamilie zuordnen?, in: Zeitschrift für Siebenbürgische Landeskunde 26,1 (2003), S. 65.

[38] INCZE DÁLNOKI, A Statuta vagy Túlajdon honnyi Törvények fóglalatja, 1825 [Manuskript: Cluj-Napoca, Biblioteca Centrală Universitară „Lucian Blaga", Ms 196].

[39] „Was nu in ſonderheit inn dieſem kurtȝen Ausȝug der rechtē/nicht ausdrůcklich verfaſtet iſt/ſol aus den alten Kayſerlichen rechts regeln vnnd satȝungen/ſo fern ſie vnſer Landſchafft gemåſs/erholet werden." (FRONIUS Eigen-Landrecht, 1. Buch, Titel 1,7, S. V); dazu DÓSA, Erdélyhoni jogtudomány, Bd. 1, 1861, S. 19.

[40] Ab 1543 studierte Fronius an der Universität Wittenberg, 1545 wechselte er nach Frankfurt (Oder). SZABÓ, TONK, Erdélyiek egyetemjárása a korai újkorban, 1992, S. 177, Nr. 1810. Zum Rechtsunterricht an der Universität Wittenberg siehe LÜCK, Zwischen *modus legendi* und *modus vivendi*, in: KIEHNLE [u. a.] (Hrsg.), Festschrift für Jan Schröder zum 70. Geburtstag, 2013, S. 443–467.

[41] SZINNYEI, „Fronius *Mátyás*", in: DERS., Magyar írók élete és munkái, Bd. 3, 1894; SZABÓ, TONK, Erdélyiek egyetemjárása a korai újkorban, 1992, S. 177; TRAUSCH, „Fronius Matthias", in: DERS., Schriftsteller-Lexikon, Bd. 1, 1868, S. 358–366.

[42] Zur Theorie des Gewohnheitsrechts jetzt: Rechtsgeschichte 17 (2010).

[43] PIIRAINEN (Hrsg.), Das Stadtrechtsbuch von Sillein, 1972; MOLDT, Deutsche Stadtrechte im mittelalterlichen Siebenbürgen, 2009, S. 156 f.

Zu Beginn des 15. Jahrhunderts wurden außerdem die Stadtrechte der Handelsstädte Pressburg[44] und Ofen[45] aufgezeichnet. Im Laufe des 15. Jahrhunderts trugen weitere Stadtrechtsaufzeichnungen zur schriftlichen Rechtskultur in Ungarn bei: das Schemnitzer (1466)[46] und das Kremnitzer Stadt- und Bergrecht (1492)[47]. Diese Rechtsbücher betrafen das Gewohnheits- und Privilegienrecht in einem geschlossenen städtischen Territorium, während im Gegensatz dazu die vom Recht des Adels dominierte *consuetudo* weiterhin mündlich tradiert wurde.

Die ersten Versuche zur Fixierung des ständischen Gewohnheitsrechts lassen sich am Ausgang des 15. Jahrhunderts beobachten. König Matthias I. plante, die Rechtsunsicherheit durch ein umfassendes gesetzgeberisches Werk aufzuheben.[48] 1486 wurde das *Decretum Maius* erlassen, wonach das Recht auf ewig gelten sollte.[49] Aber schon vier Jahre später, nach dem Tode von König Matthias, wurde dieses Gesetz durch die Magnaten außer Kraft gesetzt.[50]

An der Abschaffung der Rechtsunsicherheit waren vor allem der mittlere Adel und die Städte interessiert.[51] István Werbőczy (1458–1541), Jurist und als Politiker Vertreter des mittleren Adels,[52] erhielt vom König und der Ständeversammlung den Auftrag, einen Gesetzesentwurf zur Fixierung des Gewohnheitsrechts auszuarbeiten.[53] Damit sollte die Zersplitterung des Rechts beseitigt und das Gewohnheitsrecht vereinheitlicht werden. Ergebnis dieser Arbeit war das Tripartitum[54], die erste umfassende Aufzeichnung des ungarischen Gewohnheitsrechts.[55]

---

[44] KIRÁLY, Pozsony város joga a középkorban, 1894, S. 15.

[45] MOLLAY (Hrsg.), Das Ofner Stadtrecht, 1959.

[46] PIIRAINEN, Das Stadt- und Bergrecht von Banská Štiavnica/Schemnitz, 1986.

[47] DERS., Das Stadt- und Bergrecht von Kremnica/Kremnitz, 1983.

[48] ZLINSZKY, Ungarn, in: COING (Hrsg.), Handbuch der Quellen und Literatur der neueren europäischen Privatrechtsgeschichte, Bd. III/2, 1986, S. 2147; DERS., Durch das römische Recht, aber über dasselbe hinaus, 2008, S. 284.

[49] Gesetzesartikel 1486:2. BÓNIS, King Matthias the Legislator, in: The Hungarian Quarterly 6 (1941), S. 700; MÁDL, Das erste Ungarische Zivilgesetzbuch, 1963, S. 37.

[50] BÓNIS, King Matthias the Legislator, in: The Hungarian Quarterly 6 (1941), S. 710.

[51] ZLINSZKY, Ungarn, in: COING (Hrsg.), Handbuch der Quellen und Literatur der neueren europäischen Privatrechtsgeschichte, Bd. III/2, 1986, S. 2148.

[52] RADY, Stephen Werbőczy and his Tripartitum, in: WERBŐCZY, The Customary Law of the Renowned Kingdom of Hungary in Three Parts (1517), 2005, S. XXVII; BAK, Werbőczy (Verbőczy), István, in: LexMa, Bd. 8, 1997, Sp. 2194f.; BÓNIS, Középkori jogunk elemei, 1972, S. 249; KOLOSVÁRI, Werbőczy, in: MJL, Bd. 6, 1907, S. 1116f.

[53] BÓNIS, A Hármaskönyv, in: WERBŐCZY, Tripartitum, 1990, S. X; MÁDL, Das erste Ungarische Zivilgesetzbuch, 1963, S. 40f. János Zlinszky ist der Meinung, dass im Tripartitum nur die vom *ius commune* abweichenden Regeln der ungarischen Rechtsordnung aufgezeichnet wurden (ZLINSZKY, Durch das römische Recht, aber über dasselbe hinaus, 2008, S. 284); HOMOKI-NAGY, Das Allgemeine Bürgerliche Gesetzbuch in der ungarischen Rechtspraxis, in: BÉLI [u. a.] (Hrsg.), Institutions of legal history with special regard to the legal culture and history, 2011, S. 137.

[54] Tripartitum opus iuris consuetudinarii inclyti regni Hungariæ.

[55] BÓNIS, Einflüsse des römischen Rechts in Ungarn, 1964, S. 68. Im Laufe des 15. und des 16. Jahrhunderts gab es bereits kleinere Arbeiten, die sogenannten Formelbücher, in denen das ungarische Recht für die praktische Juristenausbildung aufgezeichnet wurde. Vgl. SZABÓ, Juristen und

Der Gesetzesentwurf wurde zwar 1514 von der Ständeversammlung verabschiedet, aus formalen Gründen erlangte er jedoch letztlich keine Gesetzeskraft, denn es fehlte die Verkündung durch die königliche Kanzlei.[56] Außerdem vertrat Werbőczy in seinem Werk die Ansichten des mittleren Adels, der das Prinzip *una eademque libertas* durchsetzen wollte,[57] so dass das Inkrafttreten des Tripartitums vom Hochadel nicht befürwortet wurde.[58] Schließlich ließ Werbőczy 1517 das Werk bei der Druckerei Johann Singrieners in Wien auf eigene Kosten drucken. Er versandte das Rechtsbuch an die Komitate und die Geltung wurde – wenn auch nur zeitweise – gesetzlich vorgeschrieben. Zum Beispiel erklärte das (Bácser) Gesetz von 1518 das Tripartitum zum geltenden Recht für die Komitatsgerichte.[59] Zwar wurden die Bácser Gesetzesartikel nach drei Jahren außer Kraft gesetzt, dies änderte aber wenig an der faktischen Autorität des Tripartitums. Bei der Rechtsprechung berief man sich weiterhin auf diesen Text als Rechtsquelle,[60] und letztlich wurde es mehrere Jahrhunderte lang als geltendes Recht angesehen.[61] Da die Gerichte seine Regeln anwandten, bestimmte dieses Kompendium, nun als Gewohnheitsrecht, das Privat-, Prozess- und öffentliche Recht des Adels im ständisch geprägten Königreich Ungarn.[62] Es war damit die Gerichtsbarkeit, die diesem Rechtsbuch die an sich fehlende Autorität verliehen hatte.

Ab 1623 wurde das Tripartitum auch in die Gesetzessammlungen aufgenommen.[63] In der Wiener Ausgabe des Corpus Juris Hungarici stand es bereits an erster Stelle und damit sogar noch vor den Dekreten. In Siebenbürgen bestätigten die Fürsten bei der Amtseinführung durch Eid das Tripartitum,[64] und es wurde auch in die siebenbürgischen Gesetzessammlungen aufgenommen.[65] Daher genoss

---

Bücher im frühneuzeitlichen Ungarn, in: MONOK, EÖTVÖS (Hrsg.), Bürgerliche Kultur im Vergleich, 1998, S. 52.

[56] BÓNIS, A Hármaskönyv, in: WERBŐCZY, Tripartitum, 1990, S. XI.

[57] Diese These legte Werbőczy im Tripartitum im sogenannten *primae nonus* als Forderung fest (WERBŐCZY, Tripartitum, 1990, Pars I, Tit. 9, § 7; siehe außerdem WERBŐCZY, Tripartitum, 1990, Pars I, Tit. 2, § 1. Dazu CSIZMADIA, KOVÁCS, ASZTALOS, Magyar állam- és jogtörténet, 2010, S. 136f.).

[58] BAK, Königtum und Stände in Ungarn im 14.–16. Jahrhundert, 1973, S. 74.

[59] Gesetz vom 1518, Art. 41, § 5, in: DRMH I,4, 2012, S. 234. Dazu GÁBOR, Quadripartitum, in: MJL, Bd. 6, 1907, S. 127.

[60] RADY, Stephen Werbőczy and his Tripartitum, in: WERBŐCZY, The Customary Law of the Renowned Kingdom of Hungary in Three Parts (1517), 2005, S. XL.

[61] BÓNIS, A Hármaskönyv, in: WERBŐCZY, Tripartitum, 1990, S. XIII.

[62] BAK, Tripartitum opus, in: LexMa, Bd. 8, 1997, Sp. 1015; KÜPPER, Einführung in die Rechtsgeschichte Osteuropas, 2005, S. 298 f.

[63] KOLOSVÁRI, Corpus Juris Hungarici, in: MJL, Bd. 2, 1899, S. 685; RADY, Stephen Werbőczy and his Tripartitum, in: WERBŐCZY, The Customary Law of the Renowned Kingdom of Hungary in Three Parts (1517), 2005, S. XL.

[64] MEZEY, Magyar jogtörténet, 2007, S. 32.

[65] Die siebenbürgischen Gesetzessammlungen waren *Approbatae constitutiones* und *Compilatae constitutiones*. Die Approbatae beinhalteten Gesetzesartikel zwischen 1540–1653, die Compilatae waren eine Sammlung für Gesetze von 1654–1669. Dazu siehe DÓSA, Erdélyhoni jogtudomány, Bd. 1, 1861, S. 10f.

es bis zur Revolution von 1848 bzw. bis zum Ende des bürgerlichen Zeitalters in der ungarischen Rechtsordnung den gleichen Stellenwert wie die Gesetze.[66] Das Tripartitum erschien regelmäßig in Neudrucken und der Text wurde ins Ungarische, Kroatische, Deutsche und vor kurzem sogar ins Englische übersetzt.[67] Auch populäre Versionen sind im Laufe der Jahrhunderte entstanden, die besonders für die mündliche Tradierung des Tripartitums geeignet waren.[68]

Die drei unterschiedlich umfangreichen Teile des Tripartitums enthalten das ungarische Gewohnheitsrecht. Im Prolog, der vom römischen Recht am meisten beeinflusst war,[69] erörterte Werbőczy die Quellen des Rechts. Er definierte Recht und Gerechtigkeit, die Tugenden des gerechten Richters sowie die Anforderungen an ein gerechtes Urteil.[70] Im ersten Teil fasste Werbőczy dann das Recht des Adels zusammen, während im zweiten Teil das Prozessrecht aufgezeichnet wurde. Aus der Sicht der Stadtrechtsentwicklung ist der dritte Teil, in dem die Regeln des *ius particulare* fixiert wurden, von besonderem Interesse. Das Partikularrecht wurde im Tripartitum als spezielles Recht einerseits territorial verstanden (für Kroatien-Slawonien-Dalmatien und für Siebenbürgen), andererseits auf die Stände bezogen (für Stadtbürger und Unfreie).

Das Tripartitum diente als Quelle einer zweiten gewohnheitsrechtlich geltenden Rechtssammlung. Als im Laufe des 16. Jahrhunderts mehrmals die Erstellung einer Gesetzessammlung angeregt wurde, verabschiedete die Ständeversammlung im Jahre 1548 ein Gesetz.[71] Der Gesetzesartikel 1548:27 verfügte die Überprüfung des Tripartitums durch eine Kommission.[72] Der König berief daraufhin sieben Mitglieder inklusive des Wiener Rechtswissenschaftlers Martin Bodenarius. Das Ergebnis ihrer Beratungen war das sogenannte *Quadripartitum* von 1553.[73] Auch diese Rechtssammlung erhielt nicht den Status eines Gesetzes und erschien erst 1798 im Druck (in Agram). Eine so umfassende Wirkung wie das Tripartitum erreichte das Quadripartitum jedoch nicht.[74]

---

66 Béla Szabó datiert das Ende der Geltung des Tripartitums auf das Jahr 1945: SZABÓ, Werbőczy, Stephanus, in: STOLLEIS (Hrsg.), Juristen, 1995, S. 650. Das Jahr 1945 lässt sich in der ungarischen Privatrechtsgeschichte aber nicht vorrangig als Neuanfang betrachten, denn das erste ungarische Zivilgesetzbuch wurde im Jahre 1959 verabschiedet (Gesetzesartikel 1959:4). MÁDL, Das erste Ungarische Zivilgesetzbuch, 1963, S. 78.

67 Die neueste (56.) Edition mit englischer Übersetzung stammt aus dem Jahr 2005: WERBŐCZY, The Customary Law of the Renowned Kingdom of Hungary in Three Parts (1517), 2005.

68 SZENT-PÁLI NAGY, Verbőczy István Törvény Könyvének Compendiuma, 1699 [u. 1701].

69 BAK, Tripartitum opus, in: LexMa, Bd. 8, 1997, Sp. 1015.

70 MEZEY, Magyar jogtörténet, 2007, S. 32.

71 CSIZMADIA, KOVÁCS, ASZTALOS, Magyar állam- és jogtörténet, 2010, S. 210.

72 HOMOKI NAGY, Magánjogi intézmények az Aranybullában, in: BESENYEI [u. a.] (Hrsg.), De Bulla Aurea Andreae II Regis Hungariae MCCXXII, 1999, S. 86.

73 „Quadripartitum opus iuris consuetudinarii regni Hungariae". GÁBOR, Quadripartitum, in: MJL, Bd. 6, 1907, S. 127.

74 CSIZMADIA, KOVÁCS, ASZTALOS, Magyar állam- és jogtörténet, 2010, S. 211.

C. Forschungsgeschichte (*Katalin Gönczi*)

Die Forschung zur Stadtrechtsentwicklung im Zusammenhang mit dem Einfluss des sächsisch-magdeburgischen Rechts im Donau- und Karpatenraum erstreckt sich auf mehrere Disziplinen. Um eine nach Epochen gegliederte Bilanz der Forschungen zu ziehen, sollen im Folgenden auch im Hinblick auf die Stadtrechtsentwicklung die Etappen der Sozial- und Wirtschaftsgeschichtsschreibung sowie die Historiographie des Landesausbaus mit einbezogen werden. Eine Vielfalt von Themen ist dabei zu berücksichtigen, die von der Auseinandersetzung mit der Geschichte der Siebenbürger und Zipser Sachsen bis hin zur Stadtgeschichte sowie zur Rechtsgeschichte der Städte reichen.

I. Anfänge der Städteforschung

Eine erste Auseinandersetzung mit der Geschichte der Städte im Donau- und Karpatenraum begann im späten 17. Jahrhundert durch topographische Beschreibungen, welche die Bedeutung der Städte hervorhoben. Städtebilder wie die von Sigmund von Birken (1626–1681)[1] und Johann Martin Lerch (1643–1693) beschäftigten sich mit dem Donaugebiet als Teil der Landeskunde.[2] Bei Lerch wurden mehrere Stadtansichten aus dem Donaugebiet abgedruckt.

Die Anfänge der wissenschaftlichen Auseinandersetzung mit den Städten und mit dem Landesausbau lassen sich im 18. Jahrhundert in der neuen Disziplin der Staatenkunde finden. Die Statistik und die Geographie samt Reiseberichten und Stadtbeschreibungen leiteten die Erforschung der Städte im Königreich Ungarn ein.

In der Geschichte der Staatenkunde als Disziplin hatte am Ausgang des 18. Jahrhunderts die Universität Göttingen eine besondere Stellung. Bei dem Göttinger Universitätsprofessor August Ludwig Schlözer (1735–1809)[3] gelangten das neue Fach Staatenkunde und auch die Universalgeschichte zur Blüte.[4] Er verstand die Geschichte der Nationen als Teil der Universalgeschichte. Schlözer setzte sich zum ersten Mal mit der Geschichte der Siebenbürger Sachsen auseinander[5] und diese Studie war ein Teilergebnis seiner Beschäftigung mit der Geschichte Osteuropas.[6]

---

[1] ROSENFELD, „Birken, Sigmund von“, in: NDB, Bd. 2, 1955, S. 256 f.

[2] BIRKEN, Der Donau-Strand [...], 1664; LERCH, Ungarisches Städt-Büchlein [...], 1684.

[3] FLEISCHER, „Schlözer, August Ludwig von“, in: NDB, Bd. 23, 2007, S. 98 f.

[4] GÖNCZI, Die europäischen Fundamente der ungarischen Rechtskultur, 2008, S. 70–77.

[5] SCHLÖZER, Kritische Sammlungen zur Geschichte der Deutschen in Siebenbürgen, 1795–1797 [1979]. Dazu ZACH, Überlieferung, Quellen und Historiographie, in: GRIMM, ZACH (Hrsg.), Die Deutschen in Ostmittel- und Südosteuropa, Bd. 2, 1996, S. 54.

[6] KEIPERT, August Ludwig Schlözer als Sprachforscher, in: Jahrbuch der Akademie der Wissenschaften zu Göttingen 2009 (2010), S. 282–304.

In dieser Arbeit wurden die neuen „kulturvergleichenden und universalhistorischen Ansätze“[7] der Göttinger Schule auf die Ursprünge der Ungarn und die Geschichte der Siebenbürger Sachsen angewandt.[8] Dazu benutzte Schlözer Quellenmaterial, das von seinen Studenten aus dem Königreich Ungarn besorgt worden war.[9] Schlözers Buch ist daher weniger ein „Zufall“, wie der Autor schreibt, sondern es ist auf die Zusammenarbeit von deutschen und siebenbürgischen Historikern zurückzuführen. Schlözer konzentrierte sich auf die Siedlungsgeschichte und betrachtete seinen Forschungsgegenstand als Teil der Geschichte der Deutschen außerhalb des Heiligen Römischen Reichs. Schlözer lobte die demokratische Verfassung der Sachsen in Siebenbürgen und tadelte die Geistlichen, die sich nicht mit der eigenen Geschichte befassten.

Die Anfänge der Rechtsgeschichtsschreibung in Ungarn lassen sich auf die Zeit der Trennung des historischen Rechts vom geltenden Recht datieren, also auf die erste Hälfte des 19. Jahrhunderts. In der ungarischen Rechtsgeschichte ging es anfangs vornehmlich um das Ersetzen des während der Osmanenherrschaft verlorengegangenen Archivmaterials. Die ersten Rechtshistoriker des Landes waren daher Quellensammler und -editoren.

Die Edition der Zipser Willkür durch den Tyrnauer Jesuiten Karl Wagner (1732–1790)[10] war ein erster Schritt dieser Rechtsbücherforschung. Wagner publizierte 1773 eine Pergamenthandschrift aus dem Jahr 1540, die Leutschauer Handschrift der Zipser Willkür,[11] und bahnte damit den Weg für weitere Editionen.

Martin Georg Kovachich (1743/44–1821)[12] veröffentlichte 1803 eine Zusammenstellung der Quellen des *ius tavernicale*.[13] Diese Quellensammlung enthielt Gesetzestexte wie z. B. das Stadtdekret König Sigismunds aus dem Jahr 1405 und Statuten des Tavernikalgerichts. Kovachich wurde später vom König wegen seiner Leistungen auf dem Gebiet der Quellenkunde zum Landeshistoriker für Diplomatik und Statistik ernannt.[14]

Zur Stadtrechtsforschung trug auch Gusztáv Wenzel, damals Professor am Theresianum in Wien, durch Quellenpublikationen bei. Im Jahre 1843 edierte er eine Handschrift des Schemnitzer Stadt- und Bergrechts[15] und setzte sich während seiner Laufbahn immer wieder mit Fragen des Bergrechts auseinander.

---

[7] STOLLEIS, Geschichte des öffentlichen Rechts in Deutschland, Bd. 1, 1988, S. 317.

[8] „Die Geschichte einer solchen, in ihrer Art einzigen Nation, scheint ein interessanter Teil der deutschen, sogar der europäischen, ja selbst der allgemeinen Geschichte der wandernden Menschheit, zu seyn.“ (SCHLÖZER, Kritische Sammlungen zur Geschichte der Deutschen in Siebenbürgen, 1795–1797 [1979], S. IX).

[9] BIRÓ, Schlözer und Ungarn, in: DUCHHARDT, ESPENHORST (Hrsg.), August Ludwig (von) Schlözer in Europa, 2012, S. 69–86.

[10] MALOVECKÁ, Karol Wagner (1732–1790) historik Spiša a Šariša, 2009.

[11] WAGNER, Analecta Scepusii Sacri et Profani, Bd. I, 1774, S. 240–261.

[12] BENDA, „Kovachich, Márton György“, in: ÖBL, Bd. 4, 1969, S. 167.

[13] KOVACHICH, Codex authenticus iuris tavernicalis [...], 1803.

[14] SZINNYEI, „Kovachich *Márton György*“, in: DERS., Magyar írók élete és munkái, Bd. 6, 1899; WINDISCH, Kovachich Márton György, a forráskutató, 1998.

[15] WENZEL, Das alte Stadt- und Bergrecht der königlichen Frey- und Bergstadt Schemnitz in Ungarn

Während der ersten Jahrzehnte des 19. Jahrhunderts entfaltete sich in Deutschland die historische Rechtsschule, die durch die *peregrinatio academica* auch in Ungarn Anhänger fand. Die Studienwege Andreas Michnays (1804–1857) und Paul Lichners (1818–1884) führten an die Universitäten Leipzig und Göttingen, wo sie mehrere Semester lang Linguistik und Theologie studierten.[16] Nach ihrer Rückkehr erhielten sie Professorenstellen am evangelischen Lyzeum in Pressburg. Später entdeckten sie in der Bibliothek des Lyzeums eine Handschrift des Ofner Stadtrechtsbuchs aus dem 16. Jahrhundert. Dieser Fund und die anschließende Edition der Handschrift im Jahre 1845[17] brachten das Stadtrecht der wichtigsten Stadt des Königreichs Ungarn ans Licht.

Die Publikation dieser sogenannten *Lyzealhandschrift* stellt den ersten gedruckten Text des Ofner Stadtrechtsbuchs dar. Die Herausgeber wiesen in einem reichen Fußnotenapparat auf die Übereinstimmungen des Textes mit dem süddeutschen bzw. sächsisch-magdeburgischen Recht hin[18] und erstellten so den ersten Quellenvergleich zum süddeutschen und zum sächsisch-magdeburgischen Rechtskreis. In einer Beilage veröffentlichten sie weitere wichtige Quellen des Stadtlebens im Königreich Ungarn und versahen die Edition mit einem Wörterverzeichnis, das die ostmitteldeutsche Sprache mit ihren bayrisch-österreichischen Zügen wiedergab.

Das Werk fand rege Aufnahme in der Öffentlichkeit. Zum Beispiel bezog sich József Eötvös (1813–1871)[19] auf diese Edition, als er im Jahre 1847 über die Schwäche des Stadtbürgertums in Ungarn schrieb. Seine Gedanken zu den Städten müssen vor dem Hintergrund der romantisch-nationalen Ideale der 1840er Jahre gelesen werden:

> „Unsere Städte bildeten ein fremdes und von allen Nationen getrenntes Element. Sie standen wie deutsche Inseln inmitten des ungarischen Meeres, mit fremder Sprache und fremden Bräuchen, und wie es das erhalten gebliebene Ofner Stadtrechtsbuch bezeugt, sogar mit fremden Gesetzen.“[20]

---

aus dem dreyzehnten Jahrhunderte, in: Anzeige-Blatt für Wissenschaft und Kunst 104 (1843), S. 1–21.

[16] SZINNYEI, „Michnay *Endre Dániel*“, in: DERS., Magyar írók élete és munkái, Bd. 8, 1902; DUKA ZÓLYOMI, „Michnay, Andreas Daniel von“, in: ÖBL, Bd. 6, 1975, S. 265; WURZBACH, „Michnay, Andreas Daniel“, in: DERS., Biographisches Lexikon des Kaiserthums Oesterreich, Bd. 18, 1868, S. 228 f.; SZINNYEI, „Lichner *Pál*“, in: DERS., Magyar írók élete és munkái, Bd. 7, 1900; WURZBACH, „Lichner, Paul“, in: DERS., Biographisches Lexikon des Kaiserthums Oesterreich, Bd. 15, 1866, S. 70 f.

[17] MICHNAY, LICHNER (Hrsg.), Ofner Stadtrecht von MCCXLIV–MCCCCXXI, 1845.

[18] BLAZOVICH, Die Wirkung des Schwabenspiegels in Ungarn, in: Acta Juridica et Politica 71, Fasc. 17.3 (2008), S. 532.

[19] ÖBL, Bd. 1, 1957, S. 256.

[20] Übersetzung der Verfasserin aus dem Ungarischen.

„Városaink e' szerint idegen, az összes nemzettől különvált elemet képeztek; mintegy német szigetekként álltak itt a' magyar tenger' közepett, idegen nyelvvel 's szokásokkal, sőt, mint a' fennmaradt budai jogkönyv bizonyitja, idegen törvényekkel is“, EÖTVÖS, Magyarország 1514-ben, 1847, S. 39f.

Diese Inselmetapher zog in die ungarische Geschichtsschreibung ein und tauchte seitdem immer wieder auf.

Seit der Epoche des *nation-building* suchte man nach den Ursprüngen der mittelalterlichen Stadtrechte im Königreich Ungarn. Als ein roter Faden erwies sich hierbei die Herkunftsfrage der Städte, die zusammen mit Problemen der Stadtrechtsforschung diskutiert wurde. Tonangebend war der führende Rechtshistoriker der Pester (später Budapester) königlichen Universität, Gusztáv Wenzel, der seit 1850 als Professor für ungarisches Privatrecht, Bergrecht und Zivilprozessrecht arbeitete. Als eine Symbiose rechtsgeschichtlicher und bergrechtlicher Perspektiven erschienen 1855/56 ein Handbuch des allgemeinen österreichischen Bergrechts[21] und 1866 eine kleinere Arbeit zum ungarischen und siebenbürgischen Bergrecht.[22] Wenzel verfasste nach 1867 (also nachdem der ungarische Staat innerhalb der Donaumonarchie Souveränität erlangt hatte) zudem mehrere wichtige Werke zur Stadtrechtsgeschichte.[23]

Außerdem war Wenzel berechtigt, Vorlesungen zur Rechtsgeschichte, zum österreichischen Privatrecht sowie zur vergleichenden Rechtswissenschaft zu halten.[24] Wenzel gilt deshalb als Begründer des Faches Rechtsgeschichte in der Zeit des Neoabsolutismus, da er die ungarische Rechtsgeschichte, deren Lehre gemäß der damaligen Studienordnung untersagt war, im Rahmen der allgemeinen europäischen Rechtsgeschichte behandelte.[25]

Ebenfalls im Zeitalter des Neoabsolutismus beschrieb der Hermannstädter Rechtsakademieprofessor Friedrich Schuler von Libloy (1827–1900) die Grundlagen der Rechtsgeschichte Siebenbürgens.[26] Im Rahmen dieser Forschung zu den Rechtsquellen und Rechtsinstitutionen, die Schuler von Libloy als Aufgabe der siebenbürgischen Rechtsgeschichte verstand, wurde auch der Landesausbau thematisiert. Außerdem setzte er sich mit der Siedlungsbewegung sowie den Freiheiten und Pflichten der Siedler detailliert auseinander.[27]

II. Dualismuszeitalter

Nach dem österreichisch-ungarischen Ausgleich entfaltete sich in Ungarn eine Kultur im nationalen Sinne. Zugleich blühte der Historismus auf und die nunmehr erworbene Eigenstaatlichkeit Ungarns schlug sich auch in den Geisteswissenschaf-

---

[21] WENZEL, Handbuch des allgemeinen österreichischen Bergrechtes, 1856.

[22] DERS., A magyar és erdélyi bányajog rendszere, 1866.

[23] DERS., Nevezetes per lőcsei polgárok között, 1873; DERS., Magyarország városai és városjogai a múltban és jelenben, 1877; DERS., A XV. századi tárnoki jog, in: Értekezések a társadalmi tudományok köréből 5,1 (1878), S. 1–52.

[24] SZINNYEI, „Wenzel *Gusztáv*", in: DERS., Magyar írók élete és munkái, Bd. 14, 1914.

[25] WENZEL, Egyetemes európai jogtörténet, 1869.

[26] TONTSCH, „Schuler von Libloy, Friedrich", in: ÖBL, Bd. 11, 1998, S. 319f.

[27] SCHULER VON LIBLOY, Siebenbürgische Rechtsgeschichte, Bd. 1, 1867, S. 42f.

ten nieder. In der Rechtsgeschichte wurden daher nun verstärkt die nationalen Eigenschaften des Rechts wahrgenommen.

Noch 1873 bezeichnete Gusztáv Wenzel die Stadtrechtsgeschichte als das am meisten vernachlässigte Gebiet der ungarischen Rechtsgeschichtsschreibung.[28] In den darauf folgenden Jahren erschienen gleich mehrere analytische Werke zur Stadtrechtsgeschichte. Quellenausgaben und einführende Studien markieren den Weg der Städteforschung im späten 19. Jahrhundert. Gusztáv Wenzels zahlreiche stadt- und bergrechtsgeschichtliche Arbeiten,[29] Kálmán Demkós Publikationen über das Recht der Zips[30] sowie Gustav Lindners Studie zum Codex Altemberger[31] waren wichtige Beiträge zur Stadtrechtsforschung. Diese Publikationen lassen sich als ungarische Studien zur historischen Rechtsschule charakterisieren.

Wenzels Thesen aus dem Jahr 1877[32] zu den Städten und Stadtrechten Ungarns drückten die nationalen Gefühle der südosteuropäischen Ära des *nation-building* aus. In der Literatur des späten 19. Jahrhunderts stand dabei die Stadtentwicklung im Mittelpunkt. Da die Perspektive von Nationalismus und Historismus geprägt war, diskutiert er vor allem die Herkunft der Stadtrechte:

> „Es ist noch anzumerken, dass die Stadtrechte in Ungarn nicht vom Ausland entlehnt wurden. Die Stadtrechte sind hier im Lande auf der Grundlage der Privilegien der ungarischen Könige entstanden und zwar unter Schutz und Sicherheit der ungarischen Gesetze. Die Stadtrechte ruhen also auf jenen Rechtsprinzipien und Rechtsansichten, die im Rechtsbewusstsein der hiesigen Stadtbewohner aufgrund ihrer sogenannten Volksautonomie verwurzelt waren."[33]

In einem kurzen Exkurs zur Herkunft des Stadtrechts in Polen zeigt er die Gemeinsamkeiten zwischen dem polnischen Stadtrecht und dem Magdeburger bzw. lübischen Recht auf. Seiner Ansicht nach entstanden die ungarischen Stadtrechte im Gegensatz zu Polen im eigenen Land.

Später setzte sich Wenzel in einer Arbeit zum Tavernikalrecht auch mit dem Ofner Stadtrechtsbuch als Quelle auseinander und nahm im Hinblick auf die Quellenverbindungen eine nationalistische Position ein. Er bezeichnete die aus den Rechtsspiegeln übernommenen Textteile als „Thesen von fremdem Ursprung",

---

[28] WENZEL, Nevezetes per lőcsei polgárok között, 1873, S. 3.

[29] DERS., Magyarország városai és városjogai a múltban és jelenben, 1877; DERS., A XV. századi tárnoki jog, in: Értekezések a társadalmi tudományok köréből 5,1 (1878), S. 1–52.

[30] DEMKÓ, A felső-magyarországi városok életéről a XV–XVII. században, 1890; DERS., A szepesi jog ‚(Zipser Willkühr)', 1891; DERS., Lőcse története, Bd. 5, 1897.

[31] LINDNER, Der Schwabenspiegel bei den Siebenbürger Sachsen, in: ZRG GA 6 (1885), S. 86–141.

[32] WENZEL, Magyarország városai és városjogai a múltban és jelenben, 1877.

[33] Übersetzung der Verfasserin aus dem Ungarischen.
„Különben megjegyzendő még, hogy a magyarországi városjogok nem a külföldtől kölcsönöztettek. Az országban keletkeztek azok, magyar királyok privilégiumainak alapján, magyar törvények oltalma és biztosítása alatt, oly jogelvek és jognézetek szerint, melyek az itteni városlakosoknak jogi öntudatában gyökereztek, az u. n. népautonomiának útján." WENZEL, Magyarország városai és városjogai a múltban és jelenben, 1877, S. 44.

welche als „Äußerungen der doktrinalen Bildung des Autors“ anzusehen seien.[34] Die Dichotomie ‚fremd‘ und ‚einheimisch‘ setzte sich in seiner Diskussion der Rechtsgeschichte der Städte fort. Wenzel war der Meinung, dass die *fremden* Elemente im Ofner Stadtrechtsbuch mit der Vergangenheit der *einheimischen* Städte nicht zusammenhingen.[35]

Gusztáv Wenzels Gedanken zur Herkunft der Stadtrechte nahm 1890 der führende Historiker der Zips, Kálmán Demkó, auf. Dabei modifizierte und ergänzte er Wenzels Thesen. Er berücksichtigte nicht nur die rechtshistorischen Quellen, sondern legte bei der Entwicklung der Stadtrechte einen Schwerpunkt auch auf die Wirtschaft und die Gesellschaft:

> „Die Prinzipien der Stadtrechte in Ungarn wurden aus dem Ausland mitgebracht. [...] Sie entwickelten sich aufgrund der Privilegien der ungarischen Könige unter dem Schutz und der Sicherheit der ungarischen Gesetze nach solchen Rechtsprinzipien und Rechtsansichten, die den wirtschaftlichen und gesellschaftlichen Umständen der privilegierten Rechtsstellung der hiesigen Stadtbewohner entsprachen.“[36]

Demkó führte bereits in dieser ersten analytischen Studie die Kategorie der ‚Rechtsverwandtschaft‘ ein und unterschied zwischen den Städten des von ihm sogenannten Halle-Magdeburgischen Rechts und den Städten des bayerisch-österreichischen Rechts. Seine These, dass die Stadtrechte in Ungarn mit den ausländischen Stadtrechten verwandt waren, war im Zeitalter des Nationalismus in Ungarn neu. Im Hinblick auf die Wirkung des Magdeburger Rechts fuhr er fort:

> „Das Magdeburger Recht war nicht nur in Sachsen, Böhmen, Polen bekannt, sondern wirkte bei den Siebenbürger Sachsen, seit dem 15. Jahrhundert in den ungarischen Bergstädten sowie in den nordöstlichen königlichen Freistädten (Leutschau, Käsmark), durch die Zipser Willkür in den Zipser Städten und in den 13 Zipser Städten, die staatsrechtlich zu Polen gehörten.“[37]

1891 publizierte Demkó eine Arbeit in den geschichtswissenschaftlichen Abhandlungen der Ungarischen Akademie der Wissenschaften und ging dort auf die Quellenverbindungen der Zipser Willkür zu den deutschen Rechtsspiegeln ein. Damit setzte er die von Michnay und Lichner begonnene Tradition des Quellenvergleichs fort. Demkó bestätigte anhand der Forschungen zur Zipser Willkür

---

[34] Übersetzung der Verfasserin aus dem Ungarischen. WENZEL, A XV. századi tárnoki jog, in: Értekezések a társadalmi tudományok köréből 5,1 (1878), S. 12.

[35] Ebd.

[36] Übersetzung der Verfasserin aus dem Ungarischen.
„A magyarországi városjogok alapelvei a külföldről hozattak be, [...] magyar királyok privilégiumainak alapján magyar törvények oltalma és biztosítása alatt fejlődtek ki oly jogelvek és jognézetek szerint, melyek az itteni városlakosok kiváltságos helyzetéből kifolyó közjogi állásnak és a nyert privilégiumok alapján keletkezett közgazdasági és társadalmi viszonyoknak megfelelek.“ DEMKÓ, A felső-magyarországi városok életéről a XV–XVII. században, 1890, S. 5.

[37] Übersetzung der Verfasserin aus dem Ungarischen. Ebd., S. 7.

seine frühere These, dass die Prinzipien des ungarischen Stadtrechts aus dem Ausland stammten,[38] und widersprach damit Wenzels stark nationalistisch geprägter Sicht.

Kálmán Demkó war zudem als Editor tätig. Er veröffentlichte zwei Handschriften der Zipser Willkür und wertete die Rechtssätze rechtsdogmatisch aus.[39] Auch zu den Quellenverbindungen des Ofner Stadtrechtsbuchs äußerte sich Demkó. Er sah dabei keine Verknüpfung zwischen dem Ofner Stadtrechtsbuch und den Rechtsbüchern in Deutschland, da das Rechtsbuch der Stadt Ofen – so Demkó – letztlich allgemeine Befugnisse der Stadtverwaltung sowie Regeln des Handels und des Handwerks zusammenfasste.[40]

Zum Ende des 19. Jahrhunderts konnte die Rechtsbücherforschung bereits einige Ergebnisse vorweisen. Gustav Lindner (1836–1909)[41], Professor an der Universität Klausenburg, veröffentlichte 1885 den Text des Codex Altemberger,[42] und János Király publizierte das Pressburger Stadtrechtsbuch im Jahre 1894 mit einem ausführlichen Quellenvergleich.[43] Auch das mehrseitige Lemma Ofner Stadtrechtsbuch im Ungarischen Juristischen Lexikon aus dem Jahr 1899[44] zeigt, dass die Geschichte der Stadtrechte ein von Juristen wahrgenommener Forschungsgegenstand geworden war. Dezső Makay, der Autor des Lexikonartikels, wiederholte Gusztáv Wenzels These über die Herkunft der Stadtrechte in Ungarn wörtlich.[45] Makays nationalistisch geprägte Vorstellungen zeigten sich auch bei den Erläuterungen zum Inhalt des Ofner Stadtrechtsbuchs. Seiner Ansicht nach lassen sich die ‚fremden Elemente' mit der umfassenden humanistischen Bildung des Verfassers erklären. Sein Artikel legte bereits auf die verfassungsrechtliche Bedeutung der Stadtrechte Wert und setzte die rechtsdogmatischen Erläuterungen der Normen gegliedert nach Rechtsgebieten fort. Im Hinblick auf die Quellengrundlagen nannte Makay nur zwei königliche Privilegien.

Die Rechtsbücherforschung wurde dann in den ersten Jahren des 20. Jahrhunderts zum Gegenstand geisteswissenschaftlicher Disziplinen. Die Geisteswissenschaftliche Fakultät der Budapester Universität schrieb 1903/1904 einen Preis für die Untersuchung des Ofner Stadtrechts aus und Preisträgerin wurde Néda Relković mit einer kulturhistorischen Doktorarbeit.[46] Sie beschäftigte sich darin zuerst mit den deutschen Rechtsspiegeln und den sogenannten ‚Stadtrechtsfamilien'. Mit

---

38 DERS., A szepesi jog ‚(Zipser Willkühr)', 1891, S. 4.

39 DERS., Lőcse története, Bd. 5, 1897, S. 16–86.

40 DERS., A szepesi jog ‚(Zipser Willkühr)', 1891, S. 37.

41 GÖLLNER, „Lindner, Gustav", in: ÖBL, Bd. 5, 1972, S. 223.

42 LINDNER (Hrsg.), Az Altenbergerféle Codex, 1885 [1973]. Siehe auch DERS., A Svábtükör az erdélyi szászoknál, in: Az Erdélyi Múzeum Bölcselet-, Nyelv- és Történettudományi Szakosztályának Kiadványai 1,3 (1884), S. 161–204.

43 KIRÁLY, Pozsony város joga a középkorban, 1894.

44 MAKAY, Budai jogkönyv, in: MJL, Bd. 2, 1899, S. 289–292.

45 Ebd., S. 289 f.

46 RELKOVIĆ, Buda város jogkönyve (Ofner Stadtrecht), 1905.

der Methode der Staatenkunde beschrieb sie dann das Stadtleben von Ofen. Relković lieferte außerdem einen rechtsdogmatischen Überblick über die Bestimmungen des Ofner Stadtrechtsbuchs. Im Weiteren verglich sie den Text des Ofner Stadtrechtsbuchs mit seinen Quellen und gab eine Zusammenstellung wörtlicher und thematischer Übereinstimmungen des Rechtsbuchs mit den Vorlagen. Zur Auswertung der Quellenverbindungen kam es aber in der Arbeit von Relković nicht. Ihre Untersuchung wurde jüngst von Peter Johanek als eine „insgesamt nicht recht befriedigende Analyse" eingeschätzt.[47]

Um die Wende vom 19. zum 20. Jahrhundert entfalteten sich in Ungarn Historismus und Nationalismus weiter, wobei Ákos Timon der führende Vertreter der nationalistischen Rechtsgeschichtsschreibung war.[48] Er bezog Stellung zur Herkunft der Stadtrechte im Königreich Ungarn und rechnete die Städte zum „ungarischen Boden":

> „Die ältesten Stadtrechte, so das Recht von Székesfejérvár, Buda, Selmeczbánya, Nagyszőllős und Zágráb, entwickelten sich auf der Grundlage des Willkürrechts ursprünglich auf ungarischem Boden."[49]

Attila Horváth stellte fest, dass die nationalistische Perspektive die europäischen Zusammenhänge nicht ins Blickfeld der Rechtsgeschichtsschreibung gelangen ließ.[50] Deshalb konnten zu jener Zeit die Wechselwirkungen der Stadtrechte innerhalb Europas nicht wirklich zum Untersuchungsgegenstand werden. Stattdessen wurde die Dichotomie ‚fremd' und ‚einheimisch' beibehalten. Den Einfluss des deutschen Rechts charakterisierte Timon als „von untergeordneter und particulärer Bedeutung."[51]

Die Rechtsgeschichtsschreibung am Anfang des 20. Jahrhunderts wandte sich intensiver der Verfassungsgeschichte zu. In diesem Rahmen waren die Städte ein Teil der Geschichte der Selbstverwaltung in Ungarn, so wie dies auch von Timon dargestellt wurde.[52] Auch im Handbuch der ungarischen Verfassungs- und Rechtsgeschichte von János Király kamen die Städte als Teil der „ländlichen Staatsorganisation und Justiz" vor.[53] Die Stadtbürgerschaft betrachtete Király dabei im Rahmen der Ständeverfassung.[54] Diese verfassungsgeschichtliche Sicht verhinderte aber, die Wechselwirkung der ungarischen Stadtrechte mit ihren europäischen Quellen wahrzunehmen.

---

[47] JOHANEK, Ofener Stadtrechtsbuch, in: Verfasserlexikon, Bd. 7, ^{2}1989, Sp. 20.

[48] CSIZMADIA, KOVÁCS, ASZTALOS, Magyar állam- és jogtörténet, 2010, S. 29.

[49] TIMON, Ungarische Verfassungs- und Rechtsgeschichte, ^{2}1904, S. 321.

[50] A. HORVÁTH, A jogtörténetírás és a jogtörténet oktatása, in: MEZEY (Hrsg.), Magyar jogtörténet, 2007, S. 67; STIPTA, The Main Tendencies of Hungarian Legal Historiography in the 20th Century and its Present Situation, in: Journal on European History of Law 2,1 (2011), S. 72.

[51] TIMON, Ungarische Verfassungs- und Rechtsgeschichte, ^{2}1904, S. 325.

[52] Ebd., S. 218–232 und 718–725.

[53] KIRÁLY, Magyar alkotmány- és jogtörténet, 1908, S. 399–411.

[54] Ebd., S. 610–612.

Eine weit verbreitete Praxis in dieser Epoche war es, die nationalen Eigenschaften der ‚Altungarn' hervorzuheben. Timon thematisierte in seiner Verfassungs- und Rechtsgeschichte sogar eine „Urverfassung".[55] Im Hinblick auf die Städte wurde mehrfach betont, dass die Ungarn „kein stadtbewohnendes Volk" waren, und ihre nomadische Lebensweise wurde als nationaler Charakter in den Vordergrund gestellt.[56]

Diese in Ungarn publizierten ‚anti-städtischen' Vorstellungen passten in gewisser Weise zur damaligen deutschen nationalistischen Literatur. Wenn die nomadische Lebensweise der Ungarn nicht zur Gründung städtischer Siedlungen führte,[57] dann waren es die Deutschen, die die Stadtkultur nach Ostmitteleuropa brachten. Diese Ansicht vertrat bereits 1908 Bálint Hóman, der in der Zwischenkriegszeit ein führender ungarischer Mediävist war. Hóman berief sich auf das Fehlen ‚einheimischer' stadtgründender Elemente in Ungarn. Die Hauptrolle bei den Stadtgründungen – so Hóman – hatten die ‚Ausländer' übernommen. Den Unterschied zu den polnischen, tschechischen und russischen Städten sah Hóman darin, dass sich die Städte im Königreich Ungarn unter ungarischen Verhältnissen auf ‚ungarischem Boden' entwickelten.[58] Daher gebe es auch keine rechtliche Verbindung zu deutschen Städten.

III. Österreichische Schule der Siedlungs- und Stadthistoriker

Parallel zur ungarischen Stadtrechtsforschung untersuchten seit der Mitte des 19. Jahrhunderts österreichische Historiker die Stadtrechte im Königreich Ungarn.[59] Im Jahre 1845 dokumentierte Emil Franz Rössler, Rechtshistoriker in Wien,[60] die Ostsiedlung der Latini (*romani*) anhand von Prager Rechtsquellen.[61]

Eine intensive Bearbeitung der ungarischen Stadtrechtsgeschichte seitens österreichischer (Rechts-)Historiker begann in der Ära des Neoabsolutismus. Ihre Arbeiten verknüpften die Stadtgeschichte mit dem Landesausbau, worin sich bereits eine moderne Sichtweise der Historiographie zeigt. Die Laufbahn dieser Historiker war meist eng mit dem Königreich Ungarn verknüpft.

---

55 TIMON, Ungarische Verfassungs- und Rechtsgeschichte, ^{2}1904, S. 11–92.

56 HÓMAN, A magyar városok az Árpádok korában, 1908 [2005], S. 11. Gleiche Gedanken bei BRUCKNER, Az ősmagyar jogélet, 1933, S. 3 f.

57 HÓMAN, A magyar városok az Árpádok korában, 1908 [2005], S. 11.

58 Ebd., S. 12.

59 RÖSSLER (Hrsg.), Deutsche Rechtsdenkmäler aus Böhmen und Mähren, Bd. 2, 1852 [1963], S. 188 f. Laut Tomaschek wurden die Flamen 1208 im Donaugebiet privilegiert, als der Herzog von Österreich den Flamen Marktrecht verlieh (TOMASCHEK, Deutsches Recht in Österreich im dreizehnten Jahrhundert, 1859, S. 92).

60 NESCHWARA, „Rössler, Emil Franz", in: NDB, Bd. 21, 2003, S. 747 f.

61 RÖSSLER (Hrsg.), Deutsche Rechtsdenkmäler aus Böhmen und Mähren, Bd. 2, 1852 [1963], S. 188 f.

Franz Krones, von 1857–1861 Professor an der Rechtsakademie Kaschau,[62] setzte sich mit der ungarischen Geschichte auseinander. Er publizierte 1864 und 1865 zwei bedeutende Studien zu Stadtrechtsquellen und zur Stadtrechtsgeschichte auf dem Gebiet der heutigen Slowakei.[63] Krones ging in seiner Analyse auf die Quellenverbindungen des Zipser Rechts ein und thematisierte zum ersten Mal den Einfluss des sächsisch-magdeburgischen Rechts auf das gelehrte Recht der Zipser Sachsen.[64] Er wies dabei auch auf die Handschrift des Schwabenspiegels in der königlichen Freistadt Kaschau hin. Indem Krones Ortsnamen im Zusammenhang mit der Siedlungsgeschichte untersuchte, verband er zudem Sprach- und Geschichtswissenschaft.[65]

Die Quellenverbindungen zwischen dem Iglauer Recht und dem Schemnitzer Stadt- und Bergrecht bildeten den Forschungsgegenstand des Wiener Rechtshistorikers und Universitätsprofessors Johann Adolf Tomaschek.[66] In seiner 1868 erschienenen Arbeit behandelte er die Stadtrechtsforschung zusammen mit der Siedlungsgeschichte.

Anderthalb Generationen später beurteilte der Historiker Raimund Friedrich Kaindl (1866–1930)[67] die damalige Forschung wie folgt:

> „Bisher ist leider auf dem Gebiete eindringlicher quellenmäßiger Forschung über das deutsche Recht in Ungarn nicht allzuviel geschehen. [...] in keinem bekannten Handbuch zur deutschen Rechtsgeschichte ist Näheres enthalten."[68]

Kaindl, der an der Universität Czernowitz und nach 1915 in Graz arbeitete,[69] suchte intensiv nach den Stadtrechtsverbindungen innerhalb der Länder der Donaumonarchie[70] und trennte die Siedlungslandschaft von der Verbreitung des

[62] Ferdinand KRONES, „Krones *Ritter von Marchland*, Franz", in: NDB, Bd. 13, 1982, S. 86f.

[63] KRONES, Deutsche Geschichts- und Rechtsquellen aus Oberungarn, 1865; DERS., Zur ältesten Geschichte der oberungarischen Freistadt Kaschau, in: Archiv für Kunde österreichischer Geschichts-Quellen 31,1 (1864), S. 1–56.

[64] DERS., Zur Geschichte des deutschen Volkstums im Karpatenlande mit besonderer Rücksicht auf die Zips und ihr Nachbargebiet, 1878, S. 21, 27.

[65] DERS., Deutsche Geschichts- und Rechtsquellen aus Oberungarn, 1865, S. 21 f.

[66] BRETHOLZ, „Tomaschek Edler von Stadowa, Johann Adolf", in: ADB, Bd. 54, 1908, S. 705f.; TOMASCHEK, Der Oberhof Iglau in Mähren und seine Schöffensprüche aus dem 13.–16. Jahrhundert, 1868. Diesem Thema widmete sich auch Adolf Zycha um 1900, als er die Rechtsverwandtschaft zwischen Iglau und Schemnitz als „zweifellos" einschätzte (ZYCHA, Das böhmische Bergrecht des Mittelalters auf der Grundlage des Bergrechts von Iglau, Bd. 1, 1900, S. 79; ERLER, Zycha, Adolf, in: HRG, Bd. 5, Sp. 1871f.).

[67] GRIMM, „Kaindl, Raimund Friedrich", in: NDB, Bd. 11, 1977, S. 33.

[68] KAINDL, Studien zur Geschichte des deutschen Rechts in Ungarn und in dessen Nebenländern, in: Archiv für österreichische Geschichte 98 (1908), S. 385.

[69] LÜCK, „Deutsches Recht im Osten", in: ZRG GA 126 (2009), S. 178–180; GRIMM, „Kaindl, Raimund Friedrich", in: NDB, Bd. 11, 1977, S. 33.

[70] KAINDL, Studien zur Geschichte des deutschen Rechts in Ungarn und in dessen Nebenländern, in: Archiv für österreichische Geschichte 98 (1908); DERS., Geschichte der Deutschen in den Karpathenländern, Bd. 1–3, 1907–1911; DERS., Zur Geschichte des deutschen Rechtes im Osten, in: ZRG GA 40 (1919), S. 275–280.

deutschen Rechts.[71] Seine Forschungen beruhten zum Teil jedoch auf Fehleinschätzungen wie z. B. der Annahme, dass das Wiener Stapelrecht der Flamen zum Vorbild der ungarischen Stadtrechte wurde.[72] Kaindls Studien stellen aber eine Art Inventarisierung der deutschen Rechtsdenkmäler in Ostmitteleuropa dar.[73] Aber es fehlte noch eine eingehende Analyse. Im Vordergrund standen bei Kaindl die Errungenschaften der Deutschen in Ungarn und in Rumänien.[74] Oft machte Kaindl pauschale Aussagen, die obendrein nationalistisch geprägt waren. Im Hinblick auf die Siedlungsentwicklung war Kaindl z. B. der Ansicht, dass die Städtekultur in Ungarn von deutschen Siedlern ins Land gebracht worden sei.

IV. Zwischenkriegszeit

Auch in Ungarn kam es in der Zwischenkriegszeit einerseits zur ideologischen Instrumentalisierung der Geschichte der Stadtentwicklung und zur Hervorhebung ihrer nationalistischen Elemente. Andererseits wurde in Ungarn die Untersuchung des Ofner Stadtrechtsbuchs *außerhalb* der Rechtsgeschichte von Historikern und Linguisten fortgesetzt.

Das nationale Pathos des 19. Jahrhunderts wurde in der Zwischenkriegszeit propagandistisch noch verstärkt. In der Zeit nach dem Friedensvertrag von Versailles rückte die Erforschung der ‚altungarischen' Charakteristika in den Vordergrund der ungarischen Rechtsgeschichtsforschung. Sie reagierte so auf die ungarischen Kompensationswünsche sowie den Revisionismus und verstärkte ihre Suche nach ‚Volkseigenschaften'. Dies traf sowohl auf die Darstellungsweise der Ethnien als auch auf die Ansichten über das städtische Rechtssystem zu. Diese Richtung der Rechtsgeschichtsschreibung wurde von Győző Bruckner und Béla Iványi bereits in den 1920er Jahren vertreten.

In einer kulturgeschichtlichen Darstellung zur Zips wollte zum Beispiel Bruckner für ausländische Leser „die kulturelle Obrigkeit der Zipser Deutschen"[75] zeigen. Er sprach 1922 von „erhaltengebliebener Reinheit der Rasse und Sprache

[71] HACKMANN, LÜBKE, Die mittelalterliche Ostsiedlung in der deutschen Geschichtswissenschaft, in: PISKORSKI (Hrsg.), Historiographical Approaches to Medieval Colonisation of East Central Europe, 2002, S. 191.

[72] KAINDL, Studien zur Geschichte des deutschen Rechts in Ungarn und in dessen Nebenländern, in: Archiv für österreichische Geschichte 98 (1908), S. 390.

[73] DERS., Zur Geschichte des deutschen Rechtes im Osten, in: ZRG GA 40 (1919), S. 275–280.

[74] HACKMANN, LÜBKE, Die mittelalterliche Ostsiedlung in der deutschen Geschichtswissenschaft, in: PISKORSKI (Hrsg.), Historiographical Approaches to Medieval Colonisation of East Central Europe, 2002, S. 191.

[75] Übersetzung der Verfasserin aus dem Ungarischen.

„[...] szükségesnek tartottam tanulmányom megjelentetését, hogy ezzel is bizonyíthassam, elsősorban a külföld előtt a *szepesi németek (czipszerek) kultúrfölényét* Szepes vármegye többi lakosságával szemben", BRUCKNER, A Szepesség népe, 1922, S. 3.

bei den Zipser Deutschen“ sowie „von ihrem politischen Beruf“.[76] Bruckner füllte die auf Eötvös zurückgehende Insel-Theorie[77] mit germanozentrischem Inhalt. Damit schloss er sich der Deutschtumforschung an, deren Vertreter den Landesausbau im Sinne einer ‚Kulturträgertheorie‘ beschrieben. Bruckner setzte um die Wende zum 20. Jahrhundert außerdem die nationalistischen Studien fort, indem er versuchte, das ‚altungarische‘ Rechtsleben zu rekonstruieren. Seine Forschungen gingen in Richtung der nationalistischen Volksethnologie,[78] womit eine grenzüberschreitende Sicht nicht zu vereinbaren war.

In einer Studie von 1935 beschäftigte sich Bruckner mit den Stadtrechtsverbindungen und dem Einfluss des deutschen Rechts in Ungarn. Er betrachtete das Stadtrecht von Sillein und Karpfen als Magdeburger Recht und die Zipser Willkür als eine Variante des Magdeburger Rechts. Im 15. Jahrhundert übernahmen seiner Ansicht nach die ungarischen Bergstädte das Magdeburger Recht und im 16. Jahrhundert folgten Leutschau und Käsmark. Das Ofner Stadtrecht hielt er wie das Stadtrecht von Pressburg für vom Wiener Recht beeinflusst. Dieses Recht wurde – so Bruckner – in den Städten Debreczin und Miskolc tradiert.[79] Diese Aussagen belegte er jedoch nicht mit Quellen.

Als Weg des Rechtseinflusses nannte Bruckner die Rechtsmitteilungen, wodurch das Ofner Stadtrecht nach Komorn, Kaschau, Sillein, Bartfeld und Eperies übertragen worden sei. Die Stadtrechte in Ungarn entwickelten sich, so Bruckners Fazit, aufgrund des Sachsen- und Schwabenspiegels.[80] Damit widersprach er den Aussagen von Timon und Wenzel, wonach sich die Stadtrechte in Ungarn ‚auf einheimischem Boden‘ entwickelt hätten. Bruckner war also der Ansicht, dass die ungarischen Stadtrechte nicht das Ergebnis eigenständiger Entwicklung waren, sondern aus Deutschland übernommen worden seien.

Der zweite Vertreter der Rechtsgeschichtsschreibung der Zwischenkriegszeit war Béla Iványi, Ordinarius für Rechtsgeschichte an der Universität Debrecen (später an der Universität Szeged). Er interpretierte die Idee des Volksgeistes nationalistisch und führte den sogenannten ‚ungarischen Genius‘ in die Stadtrechtsforschung ein. In einer 1924 veröffentlichten Arbeit zum Stadtrecht von Ofen und Debreczin fasste er das Debrecziner Recht so zusammen, dass „die deutschen Stadtrechte vom Geist des Debrecziner Volkes verinnerlicht und zur

---

[76] Übersetzung der Verfasserin aus dem Ungarischen.
„[...] a faj sok éven át szinte tisztán megőrizte sajátságait és fontos politikai hivatást is teljesített. Magyarország északnyugati részének tótságát és északkeleti vidékeinek ruthén lakosait mintegy ék gyanánt ő választotta el egymástól; a szlávság tengerében egy kis szigetet alkotott, mely hasonlíthatlanul magasabb kultúrájával, fejlettebb anyagi eszközeivel megakadályozta amazoknak terjeszkedését.“ Ebd., S. 15.

[77] EÖTVÖS, Magyarország 1514-ben, 1847.

[78] BRUCKNER, Az ősmagyar jogélet, 1933; DERS., A magyar jogtörténetírás folklore-isztikus hiányai, 1926.

[79] DERS., A középkori partikuláris jogfejlődés és a selmeci városi és bányajog, 1935, S. 6.

[80] Ebd.

ungarischen Gewohnheit geformt wurden."[81] Die Gewohnheit in Debreczin stammte gemäß Iványi von ungarischem Boden und ungarischem Geist. Sie entsprang – so Iványi – der Vernunft der Debrecziner Richter, so dass das Stadtrecht von Debreczin eine Offenbarung „des ungarischen Genius" sei.[82] Iványi widmete sich außerdem der Lokalgeschichte[83] und der Systematisierung von Archivbeständen.[84]

In der Zwischenkriegszeit wurden die Untersuchungen zum Ofner Stadtrechtsbuch auch in den Geschichtswissenschaften fortgesetzt. 1938 tauchte eine dritte Handschrift dieses Textes auf und Néda Relković befasste sich mit diesem Überlieferungszeugen,[85] der ihrem Befund nach aus der siebenbürgischen Stadt Klausenburg stammte.

Die siebenbürgische Geschichtsschreibung wurde in der Zwischenkriegszeit von Georg Eduard Müller dominiert. Er publizierte zur Verfassungsgeschichte, zur Geschichte des Deutschen Ordens im Burzenland und zur Sozialgeschichte der Siebenbürger Sachsen.[86] Besonders hervorzuheben sind Müllers Ausführungen zur Gerichtsbarkeit bei den Siebenbürger Sachsen, deren Appellation er als Instanzenzug einstufte.[87]

In der Zeit des Nationalsozialismus war es für die (rechts-)historische Forschung charakteristisch, dass sie sich in den Dienst der Legitimierung politischer Interessen stellte. Die Forschungen zur Verbreitung des deutschen Rechts in Osteuropa wurden in Deutschland in dieser Hinsicht besonders stark instrumentalisiert.[88] Nationalistisch gefärbte Einschätzungen und Zuspitzungen wie die

---

[81] Übersetzung der Verfasserin aus dem Ungarischen.
„A debreceni jog nem compilatio a német jogokból, mert itt ezen a tősgyökeres magyar földön élők, ha vettek is át – persze öntudatlanul a budai vagy a tárnoki jogon keresztül – egyes jogelveket és tételeket a germán vagy más jogokból, ha az egyes német jogok e város jogának kialakulására és fejlődésére voltak is hatással, mégis a debreceni nép lelke ezeket az elveket teljesen magáévá téve a helyi viszonyoknak megfelelően magyarra formálta és átváltoztatta." IVÁNYI, Debrecen és a budai jog, 1924, S. 35.

[82] „A szokás Debrecenben sokkal hatalmasabb jogkeletkezési forrás volt, mint bármelyik idegen jog. És ez a szokás, ez a mos vagy consuetudo magyar talajból, magyar lélekből, az egyszerű iparos és kereskedő debreceni bírák egészséges, józan eszéből fakadt, úgy hogy Debrecen város egykori joga nem más, mint a magyar génius teremtő és átalakító erejének egyik külső megnyilvánulása." Ebd., S. 36. „Diese *consuetudo* oder *mos oppidi* entspross ungarischem Boden und ungarischer Seele. Die einfachen Gewerbe oder Handel treibenden Debrecziner Richter und Geschworenen haben diese *consuetudo* zu Stande gebracht, so dass wir behaupten können, dass das ehemalige Recht der Stadt Debreczin eigentlich eine offenbare Äusserung des ungarischen Genius war." Ebd., S. 41 (deutschsprachige Zusammenfassung im Original).

[83] DERS., Göncz szabadalmas mezőváros története, 1926.

[84] DERS., Eperjes szabad királyi város levéltára, 1931.

[85] RELKOVIĆ, A Budai Jogkönyv (Ofner Stadtrecht) harmadik kézirata a Fővárosi Könyvtárban, 1941.

[86] MÜLLER, Die sächsische Nationsuniversität in Siebenbürgen, 1928; DERS., Die Gräven des Siebenbürger Sachsenlandes, 1931; DERS., Stühle und Distrikte, 1941 [1985].

[87] DERS., Die sächsische Nationsuniversität in Siebenbürgen, 1928, S. 113–119.

[88] LÜCK, „Deutsches Recht im Osten", in: ZRG GA 126 (2009), S. 181 f.

‚Kulturträgertheorie' fanden sich folglich vermehrt in der sogenannten „Ostforschung".[89] Man sprach von der ‚zivilisatorischen Leistung' der Deutschen,[90] und auch der Ausdruck ‚Kolonisation' wurde in diesem Zusammenhang verwendet.

Im Hinblick auf den Donau- und Karpatenraum sprach 1942 der österreichische Historiker und Geograph Egon Lendl sogar vom „Vorrücken der deutschen Kulturformen".[91] Er knüpfte im Folgenden an die sogenannte Insel-Theorie der nationalistischen Geschichtsschreibung an und betrachtete die Siedlungen mit deutscher Bevölkerung als „Volksinsellandschaften [...] inmitten fremdvölkischer Umgebung".[92]

Häufig kam es dabei zu pauschalen Aussagen und die Regionen Mittel- und Osteuropas wurden ohne Differenzierung *en bloc* behandelt.[93] Anstatt die Quellen zu analysieren, wurden sie aufgezählt und ihre Geltung verkündet.[94] Aufgrund dieser einseitigen und verzerrten Perspektive blieb Ungarn im Rahmen der Ostforschung meist unberücksichtigt, da sich aus diesem Blickwinkel nur wenige Anhaltspunkte zur Geltung des sächsisch-magdeburgischen Rechts finden ließen.[95]

V. Forschungsliteratur in Ungarn nach 1945

1946 erschien das Hand- und Lehrbuch „Ungarische Verfassungs- und Rechtsgeschichte" von Ferenc Eckhart, in dem der Autor aus der Perspektive der Herrschaftsträger die nationale Rechtsgeschichte thematisierte.[96] Dieses Buch wurde nach der kommunistischen Machtübernahme wegen der „bürgerlichen Anschauungen" und des Ausblendens des „bürgerlichen Zeitalters" nicht mehr verwendet.[97]

---

89 KRZOSKA, Ostforschung, in: HAAR, FAHLBUSCH (Hrsg.), Handbuch der völkischen Wissenschaften, 2008, S. 452–463.

90 LENDL, Deutsche Stadtanlagen im südöstlichen Mitteleuropa und ihre Erforschung, in: AUBIN [u. a.] (Hrsg.), Deutsche Ostforschung, Bd. 1, 1942, S. 522.

91 Ebd., S. 516.

92 Ebd., S. 517.

93 WEIZSÄCKER, Der Stand der rechtsgeschichtlichen Forschung im deutschen Osten, in: AUBIN [u. a.] (Hrsg.), Deutsche Ostforschung, Bd. 1, 1942, S. 398.

94 DERS., Das deutsche Recht des Ostens im Spiegel der Rechtsaufzeichnungen, in: Deutsches Archiv für Landes- und Volksforschung 3 (1939), S. 50–77; DERS., Die Verbreitung des deutschen Stadtrechtes in der Slowakei, in: Karpatenland 13 (1942/1943), S. 17–23.

95 Schubart-Fikentscher stellte 1942 fest, dass das Magdeburger Recht in verschiedenen Städten Ungarns galt. Diese These wurde ohne Quellenbelege aufgestellt. SCHUBART-FIKENTSCHER, Die Verbreitung der deutschen Stadtrechte in Osteuropa, 1942, S. 65; WEIZSÄCKER, Das deutsche Recht des Ostens im Spiegel der Rechtsaufzeichnungen, in: Deutsches Archiv für Landes- und Volksforschung 3 (1939), S. 50–77.

96 ECKHART, Magyar alkotmány- és jogtörténet, 1946. Dazu STIPTA, The Main Tendencies of Hungarian Legal Historiography in the 20th Century and its Present Situation, in: Journal on European History of Law 2,1 (2011), S. 73.

97 RADVÁNSZKY, Kritische Auseinandersetzung mit einer neuen ungarischen Staats- und Rechtsgeschichte, in: Ungarn-Jahrbuch 13 (1984/1985), S. 199.

Die neue Richtung der Rechtsgeschichtsschreibung legte besonderen Wert auf die Geschichte der Neuzeit,[98] denn der sozialistische Staat sei – so die zeitgenössische Doktrin – aus der Entwicklung nach 1848 entstanden. Damit verlor die mediävistische Rechtsgeschichtsschreibung für mehrere Generationen ihre einstige Bedeutung.

Nach 1948 wurde in Ungarn die Wissenschaft personell und institutionell umstrukturiert. Die Universitäten wurden in ihrer Bedeutung zurückgedrängt. Die Wissenschaft wurde von der Lehre getrennt, denn im Mittelpunkt stand nun der Unterricht. Im Hinblick auf die Rechtsgeschichte war es das Ziel, eine juristische Propädeutik als Grundlage der juristischen Bildung zu bieten.[99]

Nach dem von Andor Csizmadia[100] ausgearbeiteten sozialistischen Programm für die Rechtsgeschichte[101] sei diese berufen, die Herausbildung der „sozialistischen Weltanschauung“ zu unterstützen. Bei der Verwirklichung dieses Vorhabens sollte der Schwerpunkt auf die Entwicklung der sozialistischen Staats- und Rechtsinstitute gelegt werden. Die Rechtsgeschichte wurde nach Csizmadia als Vorgeschichte der sozialistischen Staats- und Rechtsinstitute verstanden.[102]

Aufgrund dieser Entwicklung verlor die Wissenschaft an Wertschätzung, was durch zahlreiche Personalwechsel noch verstärkt wurde. Geleitet von der Ideologie der Völkerverständigung innerhalb der sozialistischen Staaten konnte keine kritische Auseinandersetzung mit der Geschichtsschreibung der Nachbarstaaten stattfinden.[103] Im Hinblick auf Siebenbürgen sprach man (beeinflusst von der marxistischen Ideologie) vom brüderlichen Zusammenleben unterschiedlicher Ethnien. Zudem formulierte Erik Molnár, der führende Historiker des historischen Materialismus, die These, dass die ungarischen Städte slawischen Ursprungs seien.[104] Dieser angeblich slawische Ursprung der ungarischen Rechtsinstitute wurde in der ungarischen Rechtsgeschichtsschreibung besonders während der ersten Jahrzehnte der Volksrepublik favorisiert.[105]

In der Ära des historischen Materialismus rückte außerdem die Rechtsstellung der Bauern im Zusammenhang mit dem Klassenkampf in den Vordergrund.[106] Gemäß der nunmehr etatistischen Ausrichtung der Rechtsgeschichtsforschung[107]

---

[98] P. Horváth, A jogtörténet-tudomány, in: Jogtörténeti Szemle 1 (1986), S. 70.

[99] Radvánszky, Kritische Auseinandersetzung mit einer neuen ungarischen Staats- und Rechtsgeschichte, in: Ungarn-Jahrbuch 13 (1984/1985), S. 200.

[100] Lieberwirth, Andor Csizmadia (1910–1985), in: ZRG GA 104 (1987), S. 495 f.

[101] Csizmadia, Kovács, Asztalos, Magyar állam- és jogtörténet, 1972, S. 26 f.

[102] Ebd., S. 27.

[103] Ţiplic, Die Grenzverteidigung Siebenbürgens im Mittelalter (10.–14. Jahrhundert), 2007, S. 17.

[104] Molnár, A magyar társadalom története az őskortól az Árpádkorig, 1949, S. 170–174.

[105] Both, Wissenschaftliche Forschungsrichtungen auf dem Gebiete der ungarischen Rechtsgeschichte seit 1945, in: Acta juridica et politica 17 (1970), S. 202.

[106] Ebd., S. 193, 217; Csizmadia, Kovács, Asztalos, Magyar állam- és jogtörténet, 1972, S. 20. Vgl. Stipta, The Main Tendencies of Hungarian Legal Historiography in the 20th Century and its Present Situation, in: Journal on European History of Law 2,1 (2011), S. 75.

[107] Both, Wissenschaftliche Forschungsrichtungen auf dem Gebiete der ungarischen Rechtsgeschichte seit 1945, in: Acta juridica et politica 17 (1970), S. 201 f.

wurde die Stadt vorrangig als Organ der Verwaltung behandelt,[108] weshalb das Stadtrecht und die städtischen Rechtsaufzeichnungen nicht zum Gegenstand rechtshistorischer Forschung werden konnten. Da sich die Forschung bis dahin auf die Landesherren und nicht auf die Bevölkerung konzentriert hatte, konnte sich eine stadtgeschichtliche Perspektive auch nach 1948 nicht entfalten.

In den Sprachwissenschaften gab es jedoch einige wichtige Entwicklungen. Der Linguist Károly Mollay veröffentlichte 1959 eine kritische Edition des Ofner Stadtrechtsbuchs[109] und formulierte als weitere Forschungsaufgaben eine verstärkte rechtshistorische Analyse sowie die Übersetzung des Rechtsbuchs.[110]

In den 1960er Jahren wurden erstmals die eigenen Traditionen in der Auseinandersetzung mit der Regionalgeschichte wahrgenommen. Eine neue Historikergeneration meldete sich zu Wort, deren bedeutendste Vertreter Erik Fügedi (1916–1992)[111] und András Kubinyi (1929–2007) waren. Kubinyi begann zwar seine Publikationen mit der Analyse der ‚Volksbewegungen' im Sinne der Arbeiterbewegung,[112] konzentrierte sich jedoch bald auf die kommunale Geschichte und auf die Genealogie der Bürger von Ofen.[113]

Die Ost-West-Annäherung ermöglichte es dann, dass ungarische Historiker in einen wissenschaftlichen Diskurs mit dem westeuropäischen Ausland treten und insbesondere an der Arbeit des Konstanzer Arbeitskreises für mittelalterliche Geschichte teilnehmen konnten. Dort wurden seit den 1970er Jahren Themen zum Landesausbau und zur Stadtgeschichte im Donau- und Karpatenraum intensiv diskutiert.[114] So setzte sich eine *landes-*, im Gegensatz zur primär *herrschafts*geschichtlichen Perspektive durch, die eine Erneuerung der ungarischen mediävistischen Geschichtsschreibung durch Erik Fügedi auslöste. In den 1970er Jahren gewannen komparatistische und beziehungsgeschichtliche Ansätze an Einfluss, man ging allerdings weiterhin vom Nationalstaat aus.

1972 erschien in Ungarn das erste sozialistische Universitätslehrbuch für ungarische Rechtsgeschichte, gemeinschaftlich verfasst von Andor Csizmadia, Kálmán Kovács und László Asztalos.[115] Generationen von Juristen diente dieses

---

108 CSIZMADIA, A magyar közigazgatás fejlődése a XVIII. századtól a tanácsrendszer létrejöttéig, 1976.

109 MOLLAY (Hrsg.), Das Ofner Stadtrecht, 1959.

110 DERS., Einleitung, in: DERS. (Hrsg.), Das Ofner Stadtrecht, 1959, S. 20.

111 BOGYAY, Erik Fügedi, in: Ungarn-Jahrbuch 20 (1992), S. 296–298.

112 KUBINYI, Népmozgalmak Budapesten a feudalizmus korában, in: Tanulmányok Budapest Múltjából 14 (1961), S. 7–15.

113 DERS., Die Nürnberger Haller in Ofen, in: Mitteilungen des Vereins für Geschichte der Stadt Nürnberg 52 (1963/64), S. 80–128; DERS., Soziale Stellung und Familienverbindungen des deutschen Patriziats von Ofen in der ersten Hälfte des 14. Jahrhunderts, in: Archiv für Sippenforschung und alle verwandten Gebiete 36 (1970), S. 446–454.

114 SCHLESINGER, Die deutsche Ostsiedlung des Mittelalters als Problem der europäischen Geschichte, 1975.

115 CSIZMADIA, KOVÁCS, ASZTALOS, Magyar állam- és jogtörténet, 1972.

Buch zur Vermittlung rechtshistorischer Grundlagenkenntnisse. Der Autor des Unterkapitels „Das politische System des frühfeudalen Staates", Andor Csizmadia, beschäftigte sich mit der deutschen Ostsiedlung aus der Perspektive der Herausbildung einer einheitlichen Klasse der Leibeigenen. Die unteren Schichten der ungarischen Gesellschaft konnten, so Csizmadia, durch die Integration der Leibeigenen eine gewisse Verbesserung ihrer Lage erreichen.[116] Die Wirtschaftsbereiche der Hospites (Bauern, Handwerker und Bergleute) wurden kurz angedeutet, der Handel blieb jedoch ausgeblendet. Die ersten Stadtprivilegien wurden, folgt man Csizmadia, denjenigen Handwerkern und Bergleuten erteilt, die als Hospites ins Land gekommen waren. Davon ausgehend habe sich das Stadtbürgertum des feudalen Zeitalters formiert. Diese Darstellung der Thesen zur Ostsiedlung zeigt, dass die Begriffe der historisch-materialistischen Geschichtsauffassung auch noch in den späteren Auflagen des Hand- und Lehrbuchs zur ungarischen Rechtsgeschichte vorherrschend waren.

Die Stadtprivilegien wurden von Csizmadia im Unterkapitel „Organe der lokalen Verwaltung"[117] erörtert, in dem sich der Autor mit der Stadtverfassung auseinandersetzt. An der Spitze der Stadt stand der *judex*, der zusammen mit zwölf bzw. sechs geschworenen Bürgern regierte. Das Buch enthält auch einen Ausblick auf die ersten Stadtprivilegien, wie das von Olaszi bei Patak (Bodrogolaszi) am Anfang des 13. Jahrhunderts. Im Kapitel zum Ständestaat von Kálmán Kovács passte aber das Bürgertum nicht in das Raster der „grundlegenden Klassen", also der Gutsherren und Bauern. Das Lehrbuch wurde mehrfach überarbeitet und zuletzt 2010 um Erläuterungen zu den städtischen Rechtsaufzeichnungen und zur Rechtsstellung der königlichen Freistädte ergänzt.[118]

Erst 1970 tauchte in der ungarischen rechtshistorischen Städteforschung in einem Aufsatz die Rezeption im Zusammenhang mit dem Stadtrecht auf.[119] Der Autor István Kállay machte auf das Ofner Stadtrecht als Quelle aufmerksam. In seinen Thesen ging er aber nicht über eine Wiederholung der bisherigen Forschungsergebnisse hinaus. Kállay setzte damit die bereits von Mollay formulierte Aufgabenliste fort.[120]

Die fehlende rechtshistorische Auswertung des Ofner Stadtrechts als Forschungsaufgabe wurde auch 1984 von Dietlinde Munzel-Everling im Handwörterbuch zur deutschen Rechtsgeschichte thematisiert.[121] Die moderne Erforschung des Ofner Stadtrechts eröffnete dann 1982 Martyn Rady an der University of London mit einer von dem dort lehrenden Professor László Péter (1929–2008)

---

[116] Ebd., S. 57.

[117] Ebd., S. 81.

[118] CSIZMADIA, KOVÁCS, ASZTALOS, Magyar állam- és jogtörténet, 2010.

[119] KÁLLAY, Über die Möglichkeiten des Erforschens der Fortbestehung, mit besonderer Rücksicht auf das Ofner Rechtsbuch, in: Acta juridica et politica 17 (1970), S. 57–65.

[120] Ebd., S. 64 f.

[121] MUNZEL, Ofener Stadtrechtsbuch, in: HRG, Bd. 3, 1984, Sp. 1184–1186.

betreuten und 1985 veröffentlichten Dissertation.[122] Bereits in den 1970er Jahren begann die editorische Tätigkeit des finnischen Linguisten Ilpo Tapani Piirainen, als er wichtige Handschriften zu Stadt- und Bergrechten aus slowakischen Archiven publizierte.[123]

VI. Forschungsliteratur in Ungarn nach 1989

Mit der politischen Wende nach 1989 kam es in der ungarischen Rechtsgeschichtsschreibung im Hinblick auf die hier genannten Themen nicht zu wesentlichen Änderungen.[124] Die personelle Be- und Zusammensetzung der Lehrstühle blieb bestehen, doch führten die Universitäts(neu)gründungen zu einigen Variationen in den Strukturen des Rechtsunterrichts. Bis zum Ende des 20. Jahrhunderts blieb die ungarische Rechtsgeschichte jedoch weitgehend einer nationalgeschichtlichen Sichtweise verhaftet, nach der alle geschichtlichen Entwicklungen gewissermaßen zwangsläufig auf die Herausbildung des Nationalstaates zuliefen.

Die Reihe der Lehrbücher setzte eine Autorengemeinschaft der Budapester Eötvös Loránd Universität um Barna Mezey fort, wobei Verfassungs- und Rechtsgeschichte voneinander getrennt wurden. So erschien 1995 als erster Teil die Verfassungsgeschichte, dem 1996 der rechtshistorische Band folgte.[125] Diese Aufteilung war für die Wahrnehmung der Stadtrechtsentwicklung im Königreich Ungarn nicht förderlich. Dennoch trat Mitte der 1990er Jahre die Erforschung der Stadtrechte in Ungarn erneut in den Vordergrund.[126]

Als neueste Ergebnisse dieser Neuausrichtung sind die Übersetzungsarbeiten und Studien der Szegeder Schule von László Blazovich und József Schmidt zu nennen. Sie haben mittelalterliche Rechtsaufzeichnungen europäischen Ranges (Sachsenspiegel und Schwabenspiegel sowie das Ofner Stadtrechtsbuch) in ungarischer Übersetzung und mit ergänzenden Abhandlungen vorgelegt.[127] Insbesondere durch die Arbeiten von László Blazovich wurde die Erforschung des sächsisch-magdeburgischen Rechts zu einem wichtigen Bestandteil in der unga-

---

[122] RADY, Medieval Buda, 1985.

[123] PIIRAINEN (Hrsg.), Das Stadtrechtsbuch von Sillein, 1972; DERS., Das Stadt- und Bergrecht von Kremnica/Kremnitz 1983; DERS., Das Stadt- und Bergrecht von Banská Štiavnica/Schemnitz, 1986; MEIER, PIIRAINEN, Der Schwabenspiegel aus Kaschau, 2000; PIIRAINEN/PAPSONOVÁ Zips; PIIRAINEN Nachträge.

[124] STIPTA, The Main Tendencies of Hungarian Legal Historiography in the 20th Century and its Present Situation, in: Journal on European History of Law 2,1 (2011), S. 77.

[125] MEZEY, Magyar alkotmánytörténet, 1995; DERS., Magyar jogtörténet, 1996 [4. Aufl. 2007].

[126] SZABÓ, A szepesi jog forrásai, in: Jogtörténeti tanulmányok 8 (2005), S. 444.

[127] BLAZOVICH, SCHMIDT (Hrsg., Übers.), Buda város jogkönyve, Bd. I u. II, 2001; DIES. (Hrsg.), A Sváb tükör, 2011; EIKE VON REPGOW, A Szász tükör, 2005; außerdem BLAZOVICH, Der Sachsenspiegel und das Recht der Zips, in: EICHLER, LÜCK (Hrsg.), Rechts- und Sprachtransfer in Mittel- und Osteuropa, 2008, S. 29–36; DERS., Die Wirkung des Schwabenspiegels in Ungarn, in: Acta Juridica et Politica 71, Fasc. 17.3 (2008), S. 531–543.

rischen Rechtshistoriographie. Blazovich untersuchte vor allem die Verbreitungsgebiete des sächsisch-magdeburgischen Rechts in den Städten und in der Zips.

Die westdeutsche rechtshistorische Forschung hat die Auseinandersetzung mit der Geschichte Osteuropas erst nach dem Ende des Kalten Krieges wieder umfassend mit einer modernisierten Perspektive aufgenommen. So führte der europäische Integrationsprozess die rechtshistorische Osteuropaforschung aus der Krise. Erst nach der Überwindung des ‚Zeitalters der Extreme' konnte die Rechtsgeschichte zu Anfang des 21. Jahrhunderts eine intensive Analyse zum sächsisch-magdeburgischen Recht im europäischen Kontext beginnen.[128] Der Blick richtete sich nun verstärkt auf die Geschichte der ostmitteleuropäischen Beitrittskandidaten zur Europäischen Union. Anstatt von Deutschland aus ‚Forschungen über' osteuropäische Themen zu publizieren, wurden nun vermehrt ‚Forschungen mit' Wissenschaftlern aus diesen Ländern verwirklicht. Lemmata in wichtigen Nachschlagewerken (wie im Handwörterbuch zur deutschen Rechtsgeschichte sowie im Lexikon des Mittelalters) zeigen, dass die Geschichte Osteuropas – im Vergleich zu früheren Jahrzehnten – ein unproblematischeres Forschungsgebiet geworden ist. So lassen sich in der Sekundärliteratur die neuen Wege der wissenschaftlichen Kooperationen erkennen.[129] Als zum Beispiel im Jahre 2001 das „Forum Junger Rechtshistoriker und Rechtshistorikerinnen" in Leipzig tagte, präsentierten zwei Wissenschaftler aus Ungarn Vorträge zum Thema „Rechtsverbindungen zwischen Sachsen und Ungarn".[130] Auch auf dem Gebiet der Sprachwissenschaften gibt es seit Beginn des 21. Jahrhunderts neue Ergebnisse.[131]

---

[128] LÜCK, „Deutsches Recht im Osten", in: ZRG GA 126 (2009), S. 205.

[129] DERS., Zur Rezeption des sächsisch-magdeburgischen Rechts in Osteuropa, in: BREMER (Hrsg.), Grenzen überschreiten, 2001, S. 9–28; MOLDT, Deutsche Stadtrechte im mittelalterlichen Siebenbürgen; K. GÜNDISCH, Ungarn im Mittelalter, in: FISCHER, Eine kleine Geschichte Ungarns, 1999, S. 20–51.

[130] EL BEHEIRI, Der Einfluß des Sachsenspiegels auf die Entwicklung des ungarischen Rechts, in: SCHMIDT-RECLA [u. a.] (Hrsg.), Sachsen im Spiegel des Rechts, 2001, S. 79–93; SZABÓ, Sachsen in Ungarn und ihr Rechtsleben im Mittelalter und der frühen Neuzeit, in: SCHMIDT-RECLA [u. a.] (Hrsg.), Sachsen im Spiegel des Rechts, 2001, S. 95–114.

[131] NÉMETH, Die Abweichungen der drei Handschriften des Ofner Stadtrechts, [Manuskript] 2000.

D. Landesausbau und Stadtentwicklung (*Katalin Gönczi*)

I. Beginn des Landesausbaus im Karpatenbecken

Das Karpatenbecken war bis ins 12. Jahrhundert noch wenig besiedelt, weshalb der Ausbau des Landes recht langsam voranging. Zur Zeit der Taufe der ungarischen Großfürsten und der anschließenden ‚Staatsgründung' durch König Stephan um die Wende des ersten Jahrtausends trifft man im Karpatenbecken auf verschiedene Einflüsse und eine Vielfalt von Kulturen.[1]

Das Gebiet des Königreichs Ungarn lag zuerst im Einflussbereich von Byzanz.[2] Münzfunde aus dem 10. Jahrhundert deuten darauf hin, dass Kaufleute aus Ost- und Südosteuropa in der östlichen Hälfte Ungarns unterwegs waren.[3] Auf der Grundlage von wirtschaftshistorischen Studien ordnete Erik Fügedi den damaligen Donau- und Karpatenraum dem osteuropäischen Wirtschaftskreis zu.[4] Auch bei der Christianisierung des Landes gab es eine Ausrichtung auf Byzanz, da sich mehrere Heerführer in Konstantinopel taufen ließen.[5] Im Anschluss an die Gründung des Erzbistums Gran setzte sich in Ungarn jedoch das lateinische Christentum durch.[6]

Von Anfang an kamen fremde Kleriker und Ritter ins Königreich Ungarn, deren Anwesenheit vor allem mit dem Königshof verbunden war.[7] Um die Sesshaftwerdung der ungarischen Stämme und die ‚Staatsgründung' zu unterstützen, wurden sie aus dem Römisch-Deutschen Reich nach Ungarn eingeladen.[8] So bat zum Beispiel Großfürst Géza Kaiser Otto I. um Hilfe bei der Christianisierung, als er 973 eine Gesandtschaft zum Quedlinburger Hoftag schickte.[9]

---

[1] GÖCKENJAN, Hilfsvölker und Grenzwächter im mittelalterlichen Ungarn, 1972; KRISTÓ, Nichtungarische Völker im mittelalterlichen Ungarn, 2008; PETROVICS, Foreign Ethnic Groups in the Towns of Southern Hungary in the Middle Ages, in: KEENE [u. a.] (Hrsg.), Segregation – Integration – Assimilation, 2009, S. 68f.

[2] KOMÁROMI, Ungarn zwischen Ost und West, in: DUSS [u. a.] (Hrsg.), Rechtstransfer in der Geschichte, 2006, S. 279–280; MORAVCSIK, Hungary and Byzantium in the Middle Ages, in: HUSSEY (Hrsg.), The Cambridge Medieval History, Vol. 4,1, 1966, S. 569–575.

[3] MORAVCSIK, Byzantium and the Magyars, 1970, S. 122.

[4] FÜGEDI, Die Entstehung des Städtewesens in Ungarn, in: Alba Regia 10 (1969), S. 103; GÖLLNER (Red.), Geschichte der Deutschen auf dem Gebiete Rumäniens, 1. Bd., 1979, S. 17.

[5] K. GÜNDISCH, Ungarn im Mittelalter, in: FISCHER, Eine kleine Geschichte Ungarns, 1999, S. 24; FONT, A keresztény nagyhatalmak vonzásában, 2005, S. 89; ŢIPLIC, Die Grenzverteidigung Siebenbürgens im Mittelalter (10.–14. Jahrhundert), 2007, S. 69.

[6] K. GÜNDISCH, Ungarn im Mittelalter, in: FISCHER, Eine kleine Geschichte Ungarns, 1999, S. 27.

[7] FÜGEDI, Das mittelalterliche Königreich Ungarn als Gastland, in: SCHLESINGER (Hrsg.), Die deutsche Ostsiedlung des Mittelalters als Problem der europäischen Geschichte, 1975, S. 475; K. GÜNDISCH, Deutsche, in: ROTH (Hrsg.), Studienhandbuch östliches Europa, Bd. 1, 2009, S. 464.

[8] FÜGEDI, Das mittelalterliche Königreich Ungarn als Gastland, in: SCHLESINGER (Hrsg.), Die deutsche Ostsiedlung des Mittelalters als Problem der europäischen Geschichte, 1975, S. 475; KRISTÓ, Nichtungarische Völker im mittelalterlichen Ungarn, 2008, S. 129; KÖRMENDY, Vergleichende Untersuchungen über die Siedlungsbewegung im östlichen Mitteleuropa im 13.–14. Jahrhundert, 1995, S. 13; LÜBKE, Fremde im östlichen Europa, 2001, S. 313f.

Bei der Missionierung übernahmen schließlich das Erzbistum Salzburg und das Bistum Passau wichtige Rollen und konkurrierten zugleich miteinander.[10] Großfürst Gézas Sohn erhielt durch die Taufe den Namen des Passauer Schutzpatrons Stephan (ungarisch: István), und bei Stephans Erziehung unterstützten Ritter aus Schwaben (Alemannen) den Hof.[11] Durch die Eheschließung zwischen Stephan und der bayerischen Prinzessin Gisela im Jahre 997 kamen außerdem Dienstleute aus Deutschland im Gefolge der Königin nach Ungarn.[12]

Empfehlungen zur Aufnahme von Gästen beschrieb König Stephan I. in seinem politischen Vermächtnis[13] an seinen Sohn und Thronfolger Emmerich. Die ‚Belehrungen' fassten die Ansichten des Königs über die Nützlichkeit der Gäste zusammen.[14] Er betrachtete die Hospites als ‚Ornamente' eines jeden Königreichs, denn seiner Ansicht nach war ein Königreich ‚schwach und gebrechlich mit nur einer Sprache und einer Sitte'.[15] Als Hospites wurden in erster Linie die auswärtigen Priester und Ritter verstanden, die zur Unterstützung des Werks von König Stephan I. in das Land kamen. Die Besiedlung des Landes durch deutsche Hospites begann zu seiner Zeit, wie z. B. im Fall von Sathmar. Hier folgten die deutschen Siedler der Königin Gisela und siedelten sich um die Burg von Sathmar an.[16]

---

9 LÜBKE, Das östliche Europa, 2004, S. 294; SEEWANN, Geschichte der Deutschen in Ungarn, Bd. 1, 2012, S. 9.

10 FONT, A keresztény nagyhatalmak vonzásában, 2005, S. 102; GÖLLNER, LENGYEL, PUTTKAMER, Ungarn, in: ROTH (Hrsg.), Studienhandbuch östliches Europa, Bd. 1, 2009, S. 416; ZIMMERMANN, Die deutsche Südostsiedlung im Mittelalter, in: SCHÖDL (Hrsg.), Deutsche Geschichte im Osten Europas, 1995, S. 22f.

11 K. GÜNDISCH, Ungarn im Mittelalter, in: FISCHER, Eine kleine Geschichte Ungarns, 1999, S. 24f.; ZIMMERMANN, Die deutsche Südostsiedlung im Mittelalter, in: SCHÖDL (Hrsg.), Deutsche Geschichte im Osten Europas, 1995, S. 2; LÜBKE, Conclusio, in: KASER [u. a.] (Hrsg.), Kontinuitäten und Brüche, 2010, S. 425; GYÖRFFY, István király és műve, 2000, S. 82f.

12 „cum Kesla regina hungarie christianissima de intrinsecis partibus Alamanie fuisset transducta", in: CDH, Bd. IX/7, 1842, S. 270. Siehe dazu FONT, A keresztény nagyhatalmak vonzásában, 2005, S. 242; ZIMMERMANN, Siebenbürgen und seine Hospites Theutonici, 1996, S. 38; SCHÖDL, Ungarns Städtewesen im Spätmittelalter, in: KAISER, STASIEWSKI (Hrsg.), Stadt und Landschaft im deutschen Osten und in Ostmitteleuropa, 1982, S. 132; GÖCKENJAN, Hilfsvölker und Grenzwächter im mittelalterlichen Ungarn, S. 1f.

13 „De institutione morum ad Emericum ducem".

14 LÜBKE, Fremde im östlichen Europa, 2001, S. 139.

15 „Sicut enim ex diversis partibus et provinciis veniunt hospites, ita diversas linguas et consuetudines, diversaque documenta et arma secum ducunt, que omnia regna ornant et magnificant aulum et perterritant exterorum arroganciam. Nam unius lingue uniusque moris regnum inbecille et fragile est" („De institutione morum ad Emericum ducem") ZÁVODSZKY (Hrsg.), De fontibus decretorum synodaliumque, S. 137, in: Magyarország középkori digitális okmánytára 1.0/Collectiones digitales diplomaticae Hungariae 1.0, 2005; ZIMMERMANN, Die deutsche Südostsiedlung im Mittelalter, in: SCHÖDL (Hrsg.), Deutsche Geschichte im Osten Europas, 1995, S. 26; GYÖRFFY, István király és műve, 2000, S. 508f.; SZÁDECZKY-KARDOSS, Szent István Intelmei és az idegenek, avagy az „idegenek" értelmezése az Árpád-kori jogéletben, in: Jogtörténeti Szemle [13],4 (2011), S. 47–53.

16 GYÖRFFY, István király és műve, 2000, S. 512.

Fremde beteiligten sich auch später aktiv an der Gestaltung der Herrschaft. Wie Otto von Freising berichtete, gehörten noch im 12. Jahrhundert zur Gefolgschaft der ungarischen Könige Personen aus dem Römisch-Deutschen Reich.[17] Auch Muslime kämpften als Hilfstruppen im Heer des Königs.[18]

In Ungarn waren muslimische, armenische und jüdische Kaufleute tätig.[19] Sie stellten im Karpatenbecken bis zum 13. Jahrhundert eine wichtige Wirtschaftskraft dar, denn sie bestimmten den Handel mit Luxuswaren aus dem Orient sowie den binnenländischen Wein- und Salzhandel. Die Abgaben muslimischer Salzhändler waren eine wichtige Einnahmequelle der Herrscher.[20]

Zu den ersten schriftlichen Quellen zur Geschichte Ungarns gehören Berichte muslimischer Reisender aus der Mitte des 12. Jahrhunderts.[21] Sie nahmen vor allem das Potential des Landes für den Handelsverkehr wahr und berichteten bereits von florierenden Märkten mit Agrarprodukten und von hochentwickelten Städten.[22] Der maurische Theologe und Reiseschriftsteller Abu Hamid aus Spanien verfasste z. B. eine lobende Beschreibung der Siedlungen.[23] Er nannte etwa 70 Siedlungen mit regionalem Einzugsbereich.[24] Vor allem die muslimischen Handelsniederlassungen wurden aufgesucht und in Reiseberichten mit Städten wie Isfahan und Bagdad verglichen.[25] Der arabische Geograph Idrisi erwähnte in seinen Reisebeschreibungen die belebte Stadt Bács, wo es nicht nur Wochen- und Jahrmärkte gab, sondern auch griechische Scholaren tätig waren.[26]

Jüdische Kaufleute waren ebenfalls in Ungarn präsent.[27] Sie brachten ihre Waren von Russland über Ungarn nach Regensburg und beteiligten sich aber auch am lokalen Warenverkehr.[28]

---

[17] OTTO ⟨Frisingensis⟩, RAHEWINUS ⟨Frisingensis⟩, Die Taten Friedrichs oder richtiger Cronica, 2000, S. 194.

[18] WÜNSCH, König Stephan I. von Ungarn, in: Historisches Jahrbuch 129 (2009), S. 26 m. w. N.

[19] LÜBKE, Fremde im östlichen Europa, 2001, S. 211; K. GÜNDISCH, Ungarn im Mittelalter, in: FISCHER, Eine kleine Geschichte Ungarns, 1999, S. 29.

[20] GÖNCZI, Ungarisches Stadtrecht aus europäischer Sicht, 1997, S. 51 f.

[21] DEÁK, Das Städtewesen der Länder der ungarischen Krone, T. 1, 1979, S. 13; BEREND, A kereszténység kapujában, 2012, S. 67–69.

[22] HRBEK, Ein arabischer Bericht über Ungarn (Abû Hâmid al-Andalusî al-Garnâtî, 1080–1170), in: Acta Orientalia Academiae Scientiarum Hungariae 5 (1955), S. 208; FÜGEDI, Der Stadtplan von Stuhlweißenburg und die Anfänge des Bürgertums in Ungarn, in: Acta Historica Academiae Scientiarum Hungariae 15 (1969), S. 106.

[23] SEEWANN, Geschichte der Deutschen in Ungarn, Bd. 1, 2012, S. 11.

[24] DEÁK, Das Städtewesen der Länder der ungarischen Krone, T. 1, 1979, S. 13.

[25] HRBEK, Ein arabischer Bericht über Ungarn (Abû Hâmid al-Andalusî al-Garnâtî, 1080–1170), in: Acta Orientalia Academiae Scientiarum Hungariae 5 (1955), S. 213.

[26] FÜGEDI, Középkori magyar városprivilégiumok, in: Tanulmányok Budapest Múltjából 14 (1961), S. 20.

[27] BEREND, A kereszténység kapujában, 2012, S. 125 f.; DIES., Immigrants and locals in medieval Hungary, in: HERBERS, JASPERT (Hrsg.), Grenzräume und Grenzüberschreitungen, 2007, S. 205.

[28] Ebd., S. 207.

Die königliche Politik gegenüber den Gästen änderte sich zur Zeit König Kolomans am Ausgang des 11. Jahrhunderts, als die Rechtsstellung der Fremden gesetzlich geregelt wurde.[29] Die Abkehr von der Gästepolitik König Stephans I. fällt zeitlich mit den Kreuzzügen zusammen, als Christen für die Befreiung des Heiligen Landes gegen die Muslime kämpften.[30] König Kolomans Regelungen forderten eine Zwangsassimilation der Muslime. Ihnen wurde der Verzehr von Schweinefleisch vorgeschrieben und ihre Töchter durften nur Nichtmuslime heiraten.[31] Juden durften gemäß dem Dekretum König Kolomans keine christlichen Sklaven halten.[32] Der König regelte die Handelstätigkeit der Juden und verfügte über ihren Wohnsitz, sie durften sich nur in Bischofsstädten niederlassen.[33]

Die Fremden bekleideten später auch hohe Ämter. Muslime waren damals z. B. Steuereintreiber, Geldwechsler und Verwalter der Salzkammer, was jedoch auf den Widerstand des ungarischen Adels stieß. In der Goldenen Bulle von 1222[34] wurde daher vom König zugesichert, Fremde nicht ohne Zustimmung der Vertreter des Adels zu Amtsträgern zu ernennen.[35]

II. Frühphase der Stadtentwicklung

In der ungarischen mittelalterlichen Stadtentwicklung lassen sich sogenannte Stadtentstehungsfaktoren benennen. Die ersten Städte entstanden vorrangig um die kirchlichen und weltlichen Verwaltungszentren herum. Aber auch rund um die ehemaligen römischen Bauten erfolgte eine gewisse Konzentration der Bevölkerung. Die slawischen Burgen waren weitere Ausgangspunkte der Siedlungsentwicklung, und viele slawische Ortsnamen deuten auf ältere slawische Burgen hin,[36] denn die ungarischen Stämme trafen auf slawische Bevölkerung sowohl im südwestlichen Transdanubien als auch in den nördlichen Gegenden des Karpatenbeckens bzw. in Siebenbürgen.[37]

---

[29] SZÁDECZKY-KARDOSS, Szent István Intelmei és az idegenek, avagy az „idegenek" értelmezése az Árpád-kori jogéletben, in: Jogtörténeti Szemle [13],4 (2011), S. 52.

[30] GYÖRFFY, István király és műve, 2000, S. 511f.

[31] Decretum Colomani Regis, Gesetzesartikel 46–49, in: DRMH I,1, 1999, S. 28; LÜBKE, Fremde im östlichen Europa, 2001, S. 140f.

[32] Ebd., S. 211.

[33] Decretum Colomani Regis, Art. 74–75, in: DRMH I,1, 1999, S. 30; FÜGEDI, Der Stadtplan von Stuhlweißenburg und die Anfänge des Bürgertums in Ungarn, in: Acta Historica Academiae Scientiarum Hungariae 15 (1969), S. 107.

[34] Edition und begleitende Studien bei BESENYEI [u. a.] (Hrsg.), De Bulla Aurea Andreae II Regis Hungariae MCCXXII, 1999.

[35] „Si hospites videlicet boni homines ad regnum venerint, sine consilio regni ad dignitates non promoverentur." DRMH I,1, 1999, S. 33; SZÁDECZKY-KARDOSS, Szent István Intelmei és az idegenek, avagy az „idegenek" értelmezése az Árpád-kori jogéletben, in: Jogtörténeti Szemle [13],4 (2011), S. 52 f.; BEREND, A kereszténység kapujában, 2012, S. 135.

[36] KRISTÓ, Nichtungarische Völker im mittelalterlichen Ungarn, 2008, S. 93.

[37] WEGENER, Ungarn, in: HRG, Bd. 5, 1998, Sp. 474.

Die zehn Bischofssitze sowie die Komitatszentren mit den Gespanen[38] und ihrer Gefolgschaft zogen Händler und Handwerker aus der Gegend an, die sich in den Suburbien niederließen. In der Frühphase der Stadtentwicklung war Stuhlweißenburg, der sakrale Sitz der Könige, eine bedeutende Stadt und diente als Krönungs- und Begräbnisort der Arpaden, der ersten Herrscherdynastie.[39] Zudem wurde Stuhlweißenburg zum Vorbild für weitere Stadtgründungen. Auch in Gran, dem Sitz des Erzbischofs von Ungarn, ließen sich zahlreiche Handwerker nieder.[40] Die Zentralfunktionen der ersten Städte ergaben sich aus ihren Aufgaben in der weltlichen und kirchlichen Verwaltung. Außerdem übernahmen diese ersten Städte wichtige wirtschaftliche Funktionen.[41]

Der ungarische Historiker Erik Fügedi war der Ansicht, dass die ersten Stadtbewohner Latini waren.[42] Diese Zuwanderer mit wallonischer, flämischer, italienischer bzw. französischer Herkunft[43] kamen in größerer Zahl während des zweiten Kreuzzuges ins Land[44] und ließen sich in den Suburbien bei Stuhlweißenburg, in Gran sowie in Agram und Großwardein nieder.[45]

Die Latini verdienten ihr Geld vor allem im Fernhandel mit Luxusgegenständen, deren Umschlagplätze Bischofssitze und die Königssitze Gran und Stuhlweißenburg waren. In einem Beschluss der Synode von Szabolcs (1092) wird den Latini in der Fastenzeit vor Ostern Fleischverzehr untersagt. Als Strafe drohte ihnen Verbannung aus ihrer Siedlung, wobei sie ihr Geld nicht mitnehmen durften.[46]

---

[38] Der Gespan (*comes*) verwaltete ursprünglich die königlichen Güter und die seiner Dienstmannen. Aus diesem Amt entwickelte sich seine Zuständigkeit in der Verwaltung. Er war der Vertreter des Königs in den Verwaltungseinheiten (Komitaten). MAKAY, Comes, in: MJL, Bd. 2, 1899, S. 570; CSIZMADIA, KOVÁCS, ASZTALOS, Magyar állam- és jogtörténet, 2010, S. 5; K. GÜNDISCH, Ungarn im Mittelalter, in: FISCHER, Eine kleine Geschichte Ungarns, 1999, S. 29; LÜBKE, Das östliche Europa, 2004, S. 294.

[39] FÜGEDI, Der Stadtplan von Stuhlweißenburg und die Anfänge des Bürgertums in Ungarn, in: Acta Historica Academiae Scientiarum Hungariae 15 (1969), S. 103.

[40] SCHÖDL, Ungarns Städtewesen im Spätmittelalter, in: KAISER, STASIEWSKI (Hrsg.), Stadt und Landschaft im deutschen Osten und in Ostmitteleuropa, 1982, S. 128.

[41] FÜGEDI, Die Städte im mittelalterlichen Ungarn, in: MARSINA (Hrsg.), Städte im Donauraum, 1993, S. 41 f.

[42] DERS., Das mittelalterliche Königreich Ungarn als Gastland, in: SCHLESINGER (Hrsg.), Die deutsche Ostsiedlung des Mittelalters als Problem der europäischen Geschichte, 1975, S. 475. Diese These vertreten auch CSIZMADIA, KOVÁCS, ASZTALOS, Magyar állam- és jogtörténet, 2010, S. 58.

[43] KUBINYI, Zur Frage der deutschen Siedlungen im mittleren Teil des Königreichs Ungarn (1200–1541), in: SCHLESINGER (Hrsg.), Die deutsche Ostsiedlung des Mittelalters als Problem der europäischen Geschichte, 1975, S. 539.

[44] SEEWANN, Geschichte der Deutschen in Ungarn, Bd. 1, 2012, S. 10; ZSOLDOS, NEUMANN, Székesfehérvár középkori kiváltságai, 2010, S. 17.

[45] DEÁK, Das Städtewesen der Länder der ungarischen Krone, T. 1, 1979, S. 15.

[46] Constitutiones synodi in civitate Zabolch, § 33, in: DRMH I,1, 1999, S. 57; ZSOLDOS, NEUMANN, Székesfehérvár középkori kiváltságai, 2010, S. 17 f.

Ab dem 12. Jahrhundert intensivierte sich der Handel. Auch aus den Dekreten König Kolomans lässt sich auf eine wirtschaftliche Ausdifferenzierung der Kaufmannschaft schließen.[47] Entlang der Verkehrsrouten entstanden die ersten Marktorte und um die Komitatszentren herum entwickelten sich die lokalen Märkte zu Handelszentren.

Aufgrund ihrer Rechtsstellung waren diese ‚Frühstädte' in königlichem Besitz und den königlichen Beamten unterstellt.[48] Diese ersten Städte können nicht im Weber'schen Sinne als *okzidentale Stadt* bezeichnet werden. Zwar sind sie es im Hinblick auf ihre Größe und ihre Versorgungsfunktionen, aber ihr fehlender Gemeindeverband unterschied sie von den okzidentalen Städten des Mittelalters. Fügedi spitzt diesen Befund zu: „Nicht einmal die Keime einer städtischen Autonomie waren vorhanden."[49]

Ab der Mitte des 12. Jahrhunderts ist jedoch sowohl in wirtschaftlicher als auch in sozialer Hinsicht ein Wandel festzustellen.[50] Das Karpatenbecken löste sich vom osteuropäischen Wirtschaftskreis ab und öffnete sich gleichzeitig in Richtung des okzidentalen Europa. Zeitlich fällt dies mit der Zuwanderung westeuropäischer Siedler in den Donau-Karpatenraum zusammen.

III. Südostsiedlung im 12. Jahrhundert

Nach dem Ende der Thronwirren im Königreich Ungarn im 11. Jahrhundert lässt sich eine Öffnung des Landes in Richtung Westeuropa konstatieren. In der Folge kamen Kreuzfahrer, Pilger, Studenten und Kaufleute in großer Zahl ins Land,[51] die sich auch dort ansiedelten. Einer von ihnen war der wallonische Ritter Anselm von Braz, der vermutlich mit dem ersten Kreuzzug nach Ungarn kam.[52] Nach seiner Heimkehr veräußerte er seine Liegenschaften in der Nähe von Lüttich/Liège und siedelte nach Siebenbürgen um.[53] Der Gründer von Hermannstadt war ein Ritter Hermann aus Nürnberg, daher trug die Siedlung den Namen *villa Hermanni*.[54]

---

[47] Decretum Colomani Regis, Art. 33, in: DRMH I,1 1999, S. 27.

[48] FÜGEDI, Die Entstehung des Städtewesens in Ungarn, in: Alba Regia 10 (1969), S. 108.

[49] DERS., Der Stadtplan von Stuhlweißenburg und die Anfänge des Bürgertums in Ungarn, in: Acta Historica Academiae Scientiarum Hungariae 15 (1969), S. 107.

[50] MARSINA, A középkori városok jellemzőiről és kategóriáinak megalkotásáról, in: CSUKOVITS, LENGYEL (Hrsg.), Bártfától Pozsonyig, 2005, S. 41.

[51] GÖCKENJAN, Hilfsvölker und Grenzwächter im mittelalterlichen Ungarn, 1972, S. 2.

[52] MARK, Sind Anselm von Braz und Hezelo von Merkstein die ersten Siebenbürger Sachsen gewesen?, in: Zur Rechts- und Siedlungsgeschichte der Siebenbürger Sachsen, 1971, S. 261–266.

[53] KRISTÓ, Geschichte des frühen Siebenbürgens (895–1324), 2005, S. 139 f.; ZIMMERMANN, Siebenbürgen und seine Hospites Theutonici, 1996, S. 6; SEEWANN, Geschichte der Deutschen in Ungarn, Bd. 1, 2012, S. 11.

[54] ROTH, Hermannstadt, 2006, S. 5. Die Gründung von Hermannstadt schlug sich auch in der historischen Malerei nieder, so z. B. im Historienbild Georg Bleibtreus (1828–1892) „Die Einwande-

Während der Regierungszeit Gézas II. (1141–1162) nahm die Zuwanderung aus Westeuropa zu. Diese Siedlungsbewegung ist auf demographische, wirtschaftliche und soziale Ursachen zurückzuführen.[55] Ausgelöst wurde die Zuwanderung durch das im 11. Jahrhundert beginnende starke Bevölkerungswachstum in den okzidentalen Teilen Europas. Die günstigen klimatischen Umstände und die neuen Entwicklungen in der Landwirtschaftstechnik führten zu einem starken Anstieg der Bevölkerungszahlen insbesondere in Flandern und Holland.[56]

Zeitlich hängt diese Entwicklung mit dem Zug des zweiten Kreuzfahrerheeres durch Ungarn im Jahre 1147 zusammen.[57] Die Kreuzfahrer berichteten nach der Rückkehr in ihr Ursprungsland über die Fruchtbarkeit Ungarns.[58] Bei der Anwerbung von Siedlern spielten die Verbindungen des ungarischen Königs zum römisch-deutschen Kaiser eine bedeutende Rolle. Die guten Kontakte spiegeln sich z. B. darin wider, dass im Jahr 1158 eine ungarische Gesandtschaft König Gézas II. am Regensburger Reichstag Kaiser Friedrichs I. Barbarossa teilnahm.[59]

Wegen der Umstellung des Heeres und der damit verbundenen Erhöhung der königlichen Ausgaben waren die Könige von Ungarn sehr an der Aufnahme von Siedlern interessiert und unterstützten die Besiedlung des Landes.[60] Die Hospites waren nicht nur für die Besiedlung des Landes von besonderer Bedeutung, sondern sie beteiligten sich auch am Ausbau des Bergbaus sowie an der Verteidigung der Grenzen.[61]

Der Landesausbau im Königreich Ungarn erfolgte aber nicht ungeplant, sondern verdankt sich der Initiative der Arpadendynastie,[62] in deren Folge es zu

---

rung der Sachsen nach Siebenbürgen und die Gründung von Hermannstadt“ von 1883 (dazu KLEIN, „... seine Kunst in den Dienst unserer nationalen Sache gestellt“, in: Zeitschrift für Siebenbürgische Landeskunde 32 (2009), S. 133 f.).

[55] FÜGEDI, Das mittelalterliche Königreich Ungarn als Gastland, in: SCHLESINGER (Hrsg.), Die deutsche Ostsiedlung des Mittelalters als Problem der europäischen Geschichte, 1975, S. 478; GÖLLNER (Red.), Geschichte der Deutschen auf dem Gebiete Rumäniens, 1. Bd., 1979, S. 19. Zum aktuellen Stand der Forschung siehe BÜNZ, Ostsiedlung und Landesausbau in Sachsen, 2008.

[56] K. GÜNDISCH, Deutsche, in: ROTH (Hrsg.), Studienhandbuch östliches Europa, Bd. 1, 2009, S. 463.

[57] FÜGEDI, Das mittelalterliche Königreich Ungarn als Gastland, in: SCHLESINGER (Hrsg.), Die deutsche Ostsiedlung des Mittelalters als Problem der europäischen Geschichte, 1975, S. 475; KRISTÓ, Nichtungarische Völker im mittelalterlichen Ungarn, 2008, S. 131.

[58] Siehe die Beschreibung Ottos von Freising: OTTO ⟨Frisingensis⟩, RAHEWINUS ⟨Frisingensis⟩, Die Taten Friedrichs oder richtiger Cronica, 2000, S. 192. Weitere Nachweise bei FÜGEDI, Das mittelalterliche Königreich Ungarn als Gastland, in: SCHLESINGER (Hrsg.), Die deutsche Ostsiedlung des Mittelalters als Problem der europäischen Geschichte, 1975, S. 476 f.; KRISTÓ, Nichtungarische Völker im mittelalterlichen Ungarn, 2008, S. 130.

[59] ZIMMERMANN, Siebenbürgen und seine Hospites Theutonici, 1996, S. 26; K. GÜNDISCH, Ungarn im Mittelalter, in: FISCHER, Eine kleine Geschichte Ungarns, 1999, S. 35.

[60] ROTH, Kleine Geschichte Siebenbürgens, [3]2007, S. 32; IRGANG, Landesausbau. V. Ostmitteleuropa und Ungarn, in: LexMa, Bd. 5, 1991, Sp. 1649; HIGOUNET, Die deutsche Ostsiedlung im Mittelalter, 1990, S. 191.

[61] KÖPECZI, Erdély története, Bd. 1, 1988, S. 295; K. GÜNDISCH, Deutsche, in: ROTH (Hrsg.), Studienhandbuch östliches Europa, Bd. 1, 2009, S. 463.

einem Bevölkerungsanstieg sowie zur Einführung effektiverer Produktionsmethoden und -technologien in der Landwirtschaft (wie z. B. Dreifelderwirtschaft, Wendepflug) kam.

Die Zuwanderer des 12. Jahrhunderts entstammten keineswegs einer homogenen Gruppe, wie unschwer an ihren unterschiedlichen Dialekten zu erkennen ist.[63] Unter den ersten Siedlern im Königreich Ungarn finden sich Franzosen, Flamen, Italiener und Wallonen.[64] Gemäß den Forschungen von Hansgerd Göckenjan kamen die ersten Siedler aus dem Rhein-Mosel-Gebiet.[65] Neben Flandern, dem Rhein-, Maas- und Moselland und dem Gebiet von Luxemburg waren das Gebiet des heutigen Niedersachsens sowie Thüringen und Bayern Herkunftsländer der Zuwanderer.[66] Auf die Ursprungsgebiete der Siedler weisen auch heute noch viele Ortsnamen hin.[67] Wallonen bewohnten den Zipser Ort Wallendorf [ungarisch Szepesolaszi/slowakisch: Spišské Vlachy], auf die Italiener deuten die ungarischen Ortsnamen Olaszliszka, Olaszi bei Großwardein bzw. Bodrogolaszi hin.[68] Die Ortsbezeichnung *-németi* (Szatmárnémeti, Királynémeti)[69] oder *-szász* (Beregszász, Szászsebes)[70] belegt die Anwesenheit deutscher Siedler seit der Arpadenzeit.[71]

Diese Zuwanderer, die sich seit der zweiten Hälfte des 12. Jahrhunderts in Ungarn vor allem auf den königlichen Gütern niederließen,[72] waren auch im Hinblick auf ihre soziale Struktur sehr unterschiedlich. Unter den Siedlern aus Westeuropa finden sich Ritter und Kleriker, Bauern,[73] Handwerker und Kaufleute.

---

62 GÖCKENJAN, Siebenbürgen, in: LexMa, Bd. 7, 1995, Sp. 1841; K. GÜNDISCH, Deutsche, in: ROTH (Hrsg.), Studienhandbuch östliches Europa, Bd. 1, 2009, S. 463–465.

63 KRISTÓ, Nichtungarische Völker im mittelalterlichen Ungarn, 2008, S. 132.

64 CSIZMADIA, KOVÁCS, ASZTALOS, Magyar állam- és jogtörténet, 2010, S. 45.

65 GÖCKENJAN, Siebenbürgen, in: LexMa, Bd. 7, 1995, Sp. 1841; ROTH, Kleine Geschichte Siebenbürgens, [3]2007, S. 32.

66 ZACH, Sachsen, Siebenbürger, in: LexMa, Bd. 7, 1995, Sp. 1236; K. GÜNDISCH, Ungarn im Mittelalter, in: FISCHER, Eine kleine Geschichte Ungarns, 1999, S. 30; PIIRAINEN, Deutsche Siedler und deutschsprachige Gesetze in der wirtschaftlichen Entwicklung der Slowakei, in: GRIMM [u. a.] (Hrsg.), Die Deutschen in Ostmittel- und Südosteuropa, Bd. 2, 1996, S. 138; WAGNER, Geschichte der Siebenbürger Sachsen, 1990, S. 24 f.

67 LÜBKE, Conclusio, in: KASER [u. a.] (Hrsg.), Kontinuitäten und Brüche, 2010, S. 430.

68 „Olasz“ ist die Bezeichnung für den Italiener im Ungarischen.

69 „Német“ ist die Bezeichnung für den Deutschen im Ungarischen.

70 „Szász“ ist die Bezeichnung für den Sachsen im Ungarischen.

71 KÖRMENDY, Vergleichende Untersuchungen über die Siedlungsbewegung im östlichen Mitteleuropa im 13.–14. Jahrhundert, 1995, S. 16; PETROVICS, Foreign Ethnic Groups in the Towns of Southern Hungary in the Middle Ages, in: KEENE [u. a.] (Hrsg.), Segregation – Integration – Assimilation, 2009, S. 71.

72 FÜGEDI, Das mittelalterliche Königreich Ungarn als Gastland, in: SCHLESINGER (Hrsg.), Die deutsche Ostsiedlung des Mittelalters als Problem der europäischen Geschichte, 1975, S. 482.

73 Italiener betätigten sich z. B. intensiv im Weinbau.

Den Vorstellungen der Arpaden entsprechend siedelten sich die Zuwanderer rund um die kirchlichen und weltlichen Verwaltungseinheiten, also in deren Suburbien, an. Solche Vorstädte gab es z. B. um den Sitz des Erzbischofs in Gran und rund um das sakrale Zentrum der Arpadenkönige in Stuhlweißenburg. Die Siedler von Stuhlweißenburg kamen größtenteils aus Frankreich und Flandern, eine kleinere Gruppe von Siedlern waren Kaufleute aus Italien.[74] Auf diese Weise war die Frühgeschichte der Städte mit der Ostsiedlung verknüpft.

Der Landesausbau wurde im 13. Jahrhundert im Wesentlichen abgeschlossen. In Folge einer Pestepidemie (1348–1352) ließ das Bevölkerungswachstum in Westeuropa nach, so dass die mittelalterliche Ostsiedlung am Ende des 14. Jahrhunderts ausklang.[75] Der Handel mit süddeutschen Städten blieb jedoch weiterhin ein Verbindungsfaktor,[76] der einen regen Austausch unter den Patrizierfamilien der Handelsstädte mit sich brachte.

IV. Landesausbau in den größeren Siedlungseinheiten

Größere territorial geschlossene Siedlungseinheiten lassen sich während der Geschichte der Ostsiedlung nur im Donau- und Karpatenraum finden.[77] Zwei große Siedlungseinheiten und zugleich Selbstverwaltungsgebiete entstanden dabei im Laufe des 12. und 13. Jahrhunderts in Siebenbürgen und in der Zips. Konrad Gündisch bezeichnete sie als „die beiden bedeutendsten südostdeutschen Siedlungsgruppen des Mittelalters“.[78]

1. Landesausbau in Siebenbürgen

Die Siedler waren auch zum Schutz der Krone in das Land geholt worden, denn sie sollten die Grenzen vor Angriffen reiternomadischer Völker verteidigen.[79] Seit der Regierungszeit des ersten Königs kam es zu Angriffen von Petschenegen, Oghuzen und Kumanen.[80] Die Angriffe der Kumanen verstärkten sich im Laufe des 11. Jahrhunderts.[81]

---

[74] FÜGEDI, Der Stadtplan von Stuhlweißenburg und die Anfänge des Bürgertums in Ungarn, in: Acta Historica Academiae Scientiarum Hungariae 15 (1969), S. 121.

[75] K. GÜNDISCH, Deutsche, in: ROTH (Hrsg.), Studienhandbuch östliches Europa, Bd. 1, 2009, S. 465.

[76] DERS., Ungarn im Mittelalter, in: FISCHER, Eine kleine Geschichte Ungarns, 1999, S. 44.

[77] DITTRICH, Die sozialen und rechtlichen Grundlagen der deutschen Ostkolonisation, in: KLEINHEYER, STASIEWSKI (Hrsg.), Rechts- und Sozialstrukturen im europäischen Osten, 1975, S. 7.

[78] K. GÜNDISCH, Ungarn im Mittelalter, in: FISCHER, Eine kleine Geschichte Ungarns, 1999, S. 30.

[79] KÖPECZI, Erdély története, Bd. 1, 1988, S. 295; WAGNER (Bearb.), Quellen zur Geschichte der Siebenbürger Sachsen 1191–1975, 1981, S. 8.

[80] LÜBKE, Das östliche Europa, 2004, S. 294.

[81] GÖLLNER (Red.), Geschichte der Deutschen auf dem Gebiete Rumäniens, 1. Bd., 1979, S. 15.

Ziel war es also einerseits, die Grenzen zu sichern, andererseits sollten die Siedler das Land urbar machen.[82] Die Zuwanderer verfügten zudem über spezielle Kenntnisse der Kriegsführung. König Géza II. nutzte diese militärisch bestens ausgebildeten Ritter mit ihren in Ungarn noch unbekannten Kampftechniken, um die östlichen Grenzen Siebenbürgens zu verteidigten.[83]

Auch die Bauern brachten aus ihrer Heimat modernere Agrartechnologien für die Bewirtschaftung der Ländereien in jene Grenzgebiete mit, in denen vorher nur Viehzucht betrieben worden war.[84] Aber auch Kenntnisse des Bergbaus kamen mit den Siedlern nach Siebenbürgen, so dass der Abbau der reichen Edelmetall- und Salzbestände beschleunigt werden konnte, wodurch sich die königlichen Einnahmen erhöhten.[85] In den folgenden Jahrhunderten spielte der Bergbau eine zentrale Rolle im Wirtschaftsleben Siebenbürgens.

Das ursprüngliche Siedlungsgebiet der Zuwanderer war der südliche Grenzbereich Siebenbürgens um Hermannstadt und im Tal des Flusses Alt. Die Ortsnamen in dieser Region deuten darauf hin, dass hier vorher slawische und ungarische Bevölkerungsgruppen lebten. Sowohl Russen als auch Petschenegen und Ungarn lassen sich den Ortsnamen nach als Bewohner des Hermannstädter Gebiets identifizieren.[86] Im Gebiet um Hermannstadt war nach dem Rückzug der Szekler im 12. Jahrhundert wieder eine Neubesiedlung möglich.[87]

Gemäß der urkundlichen Ersterwähnung im Jahr 1191 waren die Siedler von Hermannstadt Flamen.[88] Zu dieser Zeit befand sich die Besiedlung der Hermannstädter Gegend im Umbruch. Das Gebiet entwickelte sich am Ende des 12. Jahrhunderts zu einem Verwaltungszentrum. Der König räumte den Siedlern von Hermannstadt einen privilegierten Status ein. Auf diesen beriefen sich die Siedler dann im Jahre 1224.[89]

---

[82] KÖRMENDY, Vergleichende Untersuchungen über die Siedlungsbewegung im östlichen Mitteleuropa im 13.–14. Jahrhundert, 1995, S. 14.

[83] KÖPECZI, Erdély története, Bd. 1, 1988, S. 296; KRISTÓ, Nichtungarische Völker im mittelalterlichen Ungarn, 2008, S. 134; HIGOUNET, Die deutsche Ostsiedlung im Mittelalter, 1990, S. 190; GÖLLNER (Red.), Geschichte der Deutschen auf dem Gebiete Rumäniens, 1. Bd., 1979, S. 30.

[84] ROTH, Kleine Geschichte Siebenbürgens, ^{3}2007, S. 32; BULEI, Kurze Geschichte Rumäniens, 1998, S. 36; POP, NÄGLER, The History of Transylvania, 2005, S. 222.

[85] WECZERKA, Deutsche Siedlungen und Einflüsse deutschen Stadtrechts in den mittelalterlichen Fürstentümern Moldau und Walachei, in: KAISER, STASIEWSKI (Hrsg.), Stadt und Landschaft im deutschen Osten und in Ostmitteleuropa, 1982, S. 151.

[86] Nachweise bei KÖPECZI, Erdély története, Bd. 1, 1988, S. 297.

[87] POP, NÄGLER, The History of Transylvania, 2005, S. 222; ROTH, Kleine Geschichte Siebenbürgens, ^{3}2007, S. 32.

[88] ZIMMERMANN, WERNER, Urkundenbuch zur Geschichte der Deutschen in Siebenbürgen, Bd. 1, 1892 [2007], S. 2f. Zur Südostsiedlung der Flamen siehe BÜNZ, Die Rolle der Niederländer in der Ostsiedlung, in: DERS. (Hrsg.), Ostsiedlung und Landesausbau in Sachsen, 2008, S. 142.

[89] GÖLLNER (Red.), Geschichte der Deutschen auf dem Gebiete Rumäniens, 1. Bd., 1979, S. 28; KLEIN, Geysanum und Andreanum, in: Zur Rechts- und Siedlungsgeschichte der Siebenbürger Sachsen, 1971, S. 53–61.

Zum Siedlungsgebiet gehörten auch das Nösnerland in Nordsiebenbürgen (um Bistritz herum) und das Burzenland, also die Umgebung von Kronstadt. Im Hinblick auf die Grundherrschaft unterschieden sich die Siedlungen. Einige befanden sich auf Gütern des Königs, dem ‚Königsboden' (*fundus regius*), andere auf kirchlichem oder weltlichem grundherrlichen Land (dem ‚Adelsboden').[90] Die soziale Stellung der Siedler war breit gefächert. Unter anderem gab es unter den Siebenbürger Sachsen auch eine Adelsschicht, die ‚Graeven' (Gräven)[91], die bis ins 15. Jahrhundert hinein die Anführer und Sprecher der Siebenbürger Gemeinden stellten[92] und zudem in den Städten die Oberschicht bildeten.[93]

Da im Königreich Ungarn die Leitung des Landesausbaus in der Hand des Königs lag, lassen sich Lokatoren als Vermittler zwischen Siedlern und Grundherren nicht eindeutig nachweisen.[94] Dies lässt sich im Vergleich zu Polen[95] auch mit der frühzeitigen Siedlungswelle begründen.

In den frühen Urkunden wurden die Zuwanderer als „flandrenses" oder „theutonici" bezeichnet.[96] Im Jahre 1191 erwähnte eine päpstliche Urkunde die *ecclesia Theutonicorum Ultrasilvanorum* im Zusammenhang mit der geistlichen Gerichtsbarkeit. Die Gemeinde der Deutschen in Siebenbürgen wurde darin nicht dem Weißenburger Bischof, sondern unmittelbar dem Graner Erzbischof untergeordnet.[97] Erstmals erschien 1206 in einem Privileg von König Andreas II. die Bezeichnung *saxones* in Bezug auf die siebenbürgischen Siedler.[98] Dieser Terminus, der nicht von den Siedlern selbst stammt,[99] spiegelte nicht ihr Herkunftsgebiet

[90] SCHWARZ, Die Herkunft der Siebenbürger und Zipser Sachsen, 1957, S. 178; WAGNER (Bearb.), Quellen zur Geschichte der Siebenbürger Sachsen 1191–1975, 1981, S. 6; ROTH, Hermannstadt, 2006, S. 5.

[91] MÜLLER, Die Gräven des Siebenbürger Sachsenlandes, 1931, S. 14f.; NÄGLER, Wesenszüge des sächsischen Gräfentums in Siebenbürgen, in: Studii şi comunicări. Arheologie – istorie 19 (1975), S. 89–100; MOLDT, Deutsche Stadtrechte im mittelalterlichen Siebenbürgen, 2009, S. 119f. Ihre ungarische Bezeichnung (*geréb*) ist auf das deutsche Wort „Graf" zurückzuführen. KÖPECZI, Erdély története, Bd. 1, 1988, S. 29.

[92] WAGNER (Bearb.), Quellen zur Geschichte der Siebenbürger Sachsen 1191–1975, 1981, S. 4.

[93] BULEI, Kurze Geschichte Rumäniens, 1998, S. 35; K. GÜNDISCH, Das Patriziat Siebenbürgischer Städte im Mittelalter, 1993, S. 101–104; GÖLLNER (Red.), Geschichte der Deutschen auf dem Gebiete Rumäniens, 1. Bd., 1979, S. 21, 53–56.

[94] Die deutsche Ostsiedlung ⟨Teil 2⟩, 1972, S. 175.

[95] BILY, CARLS, GÖNCZI, Sächsisch-magdeburgisches Recht in Polen, 2011, S. 19–25.

[96] MEILLER, Regesten zur Geschichte der Markgrafen und Herzoge Oesterreichs aus dem Hause Babenberg, 1850, S. 98, Nr. 67; LOTH, „Teutonici" in Siebenbürgen, in: Zur Rechts- und Siedlungsgeschichte der Siebenbürger Sachsen, 1971, S. 251f.; HIGOUNET, Die deutsche Ostsiedlung im Mittelalter, 1990, S. 197; KLEIN, Geysanum und Andreanum, in: Zur Rechts- und Siedlungsgeschichte der Siebenbürger Sachsen, 1971, S. 56; SEEWANN, Geschichte der Deutschen in Ungarn, Bd. 1, 2012, S. 21.

[97] ZIMMERMANN, WERNER, Urkundenbuch zur Geschichte der Deutschen in Siebenbürgen, Bd. 1, 1892 [2007], S. 1.

[98] Ebd., S. 9f.; BULEI, Kurze Geschichte Rumäniens, 1998, S. 35; KRISTÓ, Geschichte des frühen Siebenbürgens (895–1324), 2005, S. 143.

[99] SCHWARZ, Die Herkunft der Siebenbürger und Zipser Sachsen, 1957, S. 179.

wider. ‚Saxones' war hier eine überregionale Bezeichnung für die privilegierten Siedler in Südosteuropa.[100] In Urkunden wurden sie hingegen *theutonici* genannt.

Die Zuwanderung nach Siebenbürgen erhielt 1211 neue Impulse, als König Andreas II. den Deutschen Orden ins Burzenland rief.[101] Dieser hatte dort einerseits missionarische, andererseits militärische Aufgaben übernommen. Der Orden sollte in der Karpatenlandschaft das Christentum weiter festigen und das Land gegen Angriffe der Kumanen verteidigen.[102] Dafür erlaubte der König dem Deutschen Orden, zur besseren militärischen Sicherung der Grenzen Burgen zu bauen.[103] Auch sollten die verlassenen bzw. wenig bewirtschafteten Felder im Burzenland bestellt werden.

Ein königlicher Freibrief sicherte dem Deutschen Orden einen hohen Grad an Selbstverwaltung zu und gewährte ihm Abgabenfreiheit, Bodennutzungsrechte und die Berechtigung zum Städtebau sowie zum Bau hölzerner Burgen. Der Deutsche Orden unterstand außerdem unmittelbar der Gerichtsbarkeit des Königs und genoss Immunität gegenüber dem Herrschaftsbereich des Woiwoden.[104]

Auch die Bewohner des Burzenlandes erhielten neben der Abgabenfreiheit zusätzlich Markt- und Handelsfreiheiten[105] sowie das Recht auf zollfreien Handel im ganzen Land. Diese Freiheiten waren gute Voraussetzungen für die Stadtentwicklung im Südosten des Königreichs Ungarn.[106] Zur zentralen Stadt des Burzenlandes entwickelte sich Kronstadt.

Der Deutsche Orden wurde schließlich 1225 wegen seiner eigenständigen Kirchenpolitik und wegen seiner Bestrebungen, einen eigenen Staat zu gründen, aus dem Land vertrieben.[107] Während seiner 15-jährigen Präsenz hatte sich jedoch eine größere Zahl deutschsprachiger Handwerker und Bauern im Burzenland angesiedelt, deren Siedlungen bis ins Donaudelta reichten.[108]

---

[100] K. GÜNDISCH, Ungarn im Mittelalter, in: FISCHER, Eine kleine Geschichte Ungarns, 1999, S. 30.

[101] ZIMMERMANN, Der Deutsche Orden in Siebenbürgen, 2011, S. 153–157; POP, NÄGLER, The History of Transylvania, 2005, S. 22; SCHÜTZE, Bemerkungen zur Berufung und Vertreibung des Deutschen Ordens durch Andreas II. von Ungarn, in: Zur Rechts- und Siedlungsgeschichte der Siebenbürger Sachsen, 1971, S. 277.

[102] ZIMMERMANN, Der Deutsche Orden in Siebenbürgen, 2011, S. 5; ROTH, Kleine Geschichte Siebenbürgens, ^{3}2007, S. 33; POP, NÄGLER, The History of Transylvania, 2005, S. 225; KÖPECZI, Erdély története, Bd. 1, 1988, S. 298; KOSZTOLNYIK, Hungary in the thirteenth century, 1996, S. 93; ŢIPLIC, Die Grenzverteidigung Siebenbürgens im Mittelalter (10.–14. Jahrhundert), 2007, S. 99–103.

[103] SCHÜTZE, Bemerkungen zur Berufung und Vertreibung des Deutschen Ordens durch Andreas II. von Ungarn, in: Zur Rechts- und Siedlungsgeschichte der Siebenbürger Sachsen, 1971, S. 280.

[104] KÖPECZI, Erdély története, Bd. 1, 1988, S. 298.

[105] NÄGLER, Die Ansiedlung der Siebenbürger Sachsen, 1992, S. 145.

[106] KÖPECZI, Erdély története, Bd. 1, 1988, S. 301.

[107] Ebd., S. 298; SCHÜTZE, Bemerkungen zur Berufung und Vertreibung des Deutschen Ordens durch Andreas II. von Ungarn, in: Zur Rechts- und Siedlungsgeschichte der Siebenbürger Sachsen, 1971, S. 281 f.

[108] ZIMMERMANN, Der Deutsche Orden in Siebenbürgen, 2011, S. 5.

Der Mongolensturm in den Jahren 1241 und 1242 unterbrach den konstanten Prozess des Landesausbaus. Insbesondere in den östlichen Teilen des Königreichs Ungarn wurde das Land zerstört.[109] Doch nach dem Rückzug der Mongolen erfolgte ein systematischer Wiederaufbau des Landes. Das Burgensystem wurde ausgebaut und in Siebenbürgen wurden sogenannte Wehrkirchen als Fliehburgen errichtet. Um die Bevölkerungszahl zu erhöhen, lud der ungarische König erneut Siedler in das Land ein.[110]

Diese intensive Phase der Stadtentwicklung, an der die deutschen Hospites einen wesentlichen Anteil hatten, setzte in der zweiten Hälfte des 13. Jahrhunderts ein. Die Zahl der Zuwanderer war jedoch geringer als zur Zeit König Gézas. Spätestens Ende des 13. Jahrhunderts waren die Ostsiedlung und der Landesausbau in Siebenbürgen abgeschlossen.[111]

2. Zur Rechtsstellung der Siebenbürger Sachsen

Die Hospites waren meist sozial höher gestellte Personen, die von ihrer Ankunft an spezifische Freiheiten in Anspruch nahmen,[112] denn ihre Rechtsstellung wurde durch königliche Privilegien geregelt. Einen Hinweis auf die den Hospites ursprünglich gewährten Vorrechte enthält die Goldene Bulle König Andreas' II. von 1222, die ihnen (und zwar unabhängig von ihrer Herkunft) jene Freiheiten bestätigte, die sie von Anfang an genossen hatten.[113]

Der Goldene Freibrief der Siebenbürger Sachsen, der von König Andreas II. im Jahre 1224 ausgestellt wurde, ist auch unter dem Namen *Privilegium Andreanum* (kurz *Andreanum*) bekannt.[114] Hier regelte der König die Rechtsstellung der Siedler der Hermannstädter Provinz neu und berief sich dabei auch auf jene Freiheiten, die sein Vorgänger den Siebenbürger Sachsen verliehen hatte. Dieses Privileg lässt sich zugleich als Beginn der *universitas Saxonum* betrachten.[115] Vermutlich gab es vorher eine Versammlung, die Vertreter der Deutschen in Siebenbürgen auswählte und zur Bestätigung der alten Freiheiten zum König entsandte.

Das Privileg stellt das Fundament des Siedlerverbands der Siebenbürger Sachsen dar, denn König Andreas II. gewährte in dieser Urkunde allen „getreuen deutschen Siedlern Siebenbürgens“[116] gleiche Rechte und stellte dieselben unter

---

[109] NÄGLER, Die Ansiedlung der Siebenbürger Sachsen, 1992, S. 154.

[110] KOSZTOLNYIK, Hungary in the thirteenth century, 1996, S. 186.

[111] K. GÜNDISCH, Siebenbürgen und die Siebenbürger Sachsen, ^{2}2005, S. 45.

[112] Die deutsche Ostsiedlung ⟨Teil 2⟩, 1972, S. 92.

[113] „[...] hospites cuiuscunque nationis secundum libertatem ab initio eis concessam teneantur.“ Goldene Bulle von 1222. Zitiert nach BESENYEI [u. a.] (Hrsg.), De Bulla Aurea Andreae II Regis Hungariae MCCXXII, 1999, S. 27.

[114] HELBIG, WEINRICH, Urkunden und erzählende Quellen zur deutschen Ostsiedlung im Mittelalter, Teil 2, 1970, S. 537–541; ZIMMERMANN, WERNER, Urkundenbuch zur Geschichte der Deutschen in Siebenbürgen, Bd. 1, 1892 [2007], S. 32–35.

[115] MÜLLER, Die sächsische Nationsuniversität, 1928, S. 3, 138.

königlichen Schutz.[117] Dabei wurden die Siedler der Hermannstädter Provinz im *Andreanum* als eine autonome politische Einheit betrachtet.[118] Der Freibrief stellt daher den wichtigsten mittelalterlichen Quellenbeleg für die Selbstverwaltung der Siebenbürger Sachsen dar.[119] Die so Privilegierten wurden zudem unmittelbar dem königlichen Richter unterstellt und damit aus dem Herrschaftsbereich der Magnaten eximiert. Nur der König oder der von ihm eingesetzte Hermannstädter Graf waren nach diesem Dokument für die Rechtsprechung der Siebenbürger Sachsen zuständig.[120] Durch eigene Rechtsprechung entwickelten die Siebenbürger Sachsen ihr Recht weiter, so dass ihr Privat- und Prozessrecht noch im 19. Jahrhundert als autonome Rechtsmaterie angesehen wurde.[121]

Auch die Dienste gegenüber dem König, zum Beispiel die Entrichtung der Abgaben, des sogenannten Terragiums,[122] sowie die Leistungen für den Kriegsdienst wurden im Freibrief festgelegt, damit darüber Klarheit besteht. Deshalb waren die Abgaben der Siedler an den König präzise benannt, nämlich auf jährlich 500 Silbermark festgesetzt. Diese Abgabe wurde später als Martinszins bezeichnet.[123] Außerdem sollten die Siebenbürger Siedler 500 bewaffnete Soldaten stellen, wenn der König innerhalb der Landesgrenzen Soldaten benötigte. Bei einer Kriegsführung außerhalb des Landes umfasste die Heerespflicht die Entsendung von 100 Soldaten. Führte der König jedoch nicht selbst das Heer, sollten insgesamt nur 50 Soldaten entsendet werden.

Die im Privileg garantierten wirtschaftlichen Freiheiten, wie das freie Eigentumsrecht an Grund und Boden, die Zollfreiheit und die freien Märkte, waren wichtige Grundlagen der weiteren wirtschaftlichen Entwicklung. Der König sorgte auch für die Vereinheitlichung der Gewichte und sicherte den Sachsen von Siebenbürgen Wald- und Gewässernutzungsrechte zu. Ähnliche Privilegien erhielten die deutschen Siedler im Gebiet um Altrodenau und im Nösnerland.

Das *Privilegium Andreanum* war also das wichtigste Verfassungsdokument der Siebenbürger Sachsen, das bis in die Neuzeit Grundlage ihrer Selbstverwaltung

---

[116] ZIMMERMANN, WERNER, Urkundenbuch zur Geschichte der Deutschen in Siebenbürgen, Bd. 1, 1892 [2007], S. 34.

[117] DÓSA, Erdélyhoni jogtudomány, Bd. 1, 1861, S. 44.

[118] WAGNER, Geschichte der Siebenbürger Sachsen, 1990, S. 18; K. GÜNDISCH, Siebenbürgen und die Siebenbürger Sachsen, ²2005, S. 40; HELBIG, Die ungarische Gesetzgebung des 13. Jahrhunderts und die Deutschen, in: SCHLESINGER (Hrsg.), Die deutsche Ostsiedlung des Mittelalters als Problem der europäischen Geschichte, 1975, S. 513; FATA, Ungarn, das Reich der Stephanskrone, im Zeitalter der Reformation und Konfessionalisierung, 2000, S. 4.

[119] POP, NÄGLER, The History of Transylvania, 2005, S. 224.

[120] DÓSA, Erdélyhoni jogtudomány, Bd. 1, 1861, S. 104; MÜLLER, Die sächsische Nationsuniversität in Siebenbürgen, 1928, S. 179f.

[121] SZÁSZ, Az erdélyi nagy fejedelemségbéli magyarok és székelyek polgári pereik folyamattyának rajzolattya, in: BÓNIS, Erdélyi perjogi emlékek, 1942, S. 60.

[122] VERHULST, Terragium, in: LexMa, Bd. 8, 1997, Sp. 555.

[123] GÖLLNER (Red.), Geschichte der Deutschen auf dem Gebiete Rumäniens, 1. Bd., 1979, S. 41.

war. Es war „das am besten ausgearbeitete und weitestgehende Siedlerrecht, das westlichen Siedlern in Osteuropa verliehen wurde".[124]

3. Landesausbau in der Zips

Eine zweite größere Siedlungseinheit bildete sich in der Zips, im Gebiet der heutigen Slowakei. Die Zips war eine politische Einheit,[125] bot aber eine große ethnische Vielfalt: Slowaken, Polen, Ruthenen bewohnten zusammen mit Deutschen und Ungarn die Zipser Region.[126] Die Zuwanderung deutscher Siedler in die nördlichen Bergbaugebiete begann in der zweiten Hälfte des 12. Jahrhunderts. Die Hauptwelle der Siedlungsbewegung fand dann im 13. Jahrhundert nach dem Mongoleneinfall statt.[127]

Im Gegensatz zu den Siebenbürger Sachsen kamen die Zipser Sachsen vor allem aus den Gebieten Thüringen, Sachsen und Schlesien.[128] Sie erreichten auf der West-Ost-Route über Breslau und Krakau die Zips.[129] Die Bezeichnung ‚Hospites' für die Zuwanderer deutet darauf hin, dass sie ebenfalls auf Einladung der ungarischen Könige zuwanderten und wie die Siebenbürger Sachsen eine privilegierte Rechtsstellung genossen.[130] Ihr Siedlungsgebiet hieß *Provincia saxonum de Scepus*. Die Siedler der Zips waren vor allem Bauern und Handwerker. In einer Urkunde von 1271 wurden sie als ‚einfache Leute' beschrieben.[131] Anders als bei

---

[124] K. GÜNDISCH, Siebenbürgen und die Siebenbürger Sachsen, ^{2}2005, S. 40.

[125] DEMKÓ, Lőcse története, Bd. 5, 1897, S. 1.

[126] K. GÜNDISCH, Ungarn im Mittelalter, in: FISCHER, Eine kleine Geschichte Ungarns, 1999, S. 38; HIGOUNET, Die deutsche Ostsiedlung im Mittelalter, 1990, S. 195 f.; SZABÓ, Sachsen in Ungarn und ihr Rechtsleben im Mittelalter und der frühen Neuzeit, in: SCHMIDT-RECLA [u. a.] (Hrsg.), Sachsen im Spiegel des Rechts, 2001, S. 96.

[127] CHALUPECKÝ, Die Ansiedlung der Sachsen in der Zips auf der Grundlage der Quellenüberlieferung, in: Karpaten Jahrbuch 61 (2010 [2009]), S. 59; PROTZE, Die Zipser Sachsen im sprachgeographischen und sprachhistorischen Vergleich zu den Siebenbürger Sachsen, in: Zeitschrift für Siebenbürgische Landeskunde 29,2 (2006), S. 142; HOENSCH, Die Zipser, in: GRIMM, ZACH (Hrsg.), Die Deutschen in Ostmittel- und Südosteuropa, 1995, S. 144; PAPSONOVÁ, Geographische Namen der Zips im Spiegel der Kulturgeschichte, in: KRIEGLEDER [u. a.] (Hrsg.), Deutsche Sprache und Kultur in der Zips, 2007, S. 24 f.

[128] BLAZOVICH, A Szász Tükör és a Szepesség joga, in: EIKE VON REPGOW, A Szász tükör, 2005, S. 45 f.

[129] HOENSCH, Die Zipser, in: GRIMM, ZACH (Hrsg.), Die Deutschen in Ostmittel- und Südosteuropa, 1995, S. 143 f.; PIIRAINEN, Deutsche Siedler und deutschsprachige Gesetze in der wirtschaftlichen Entwicklung der Slowakei, in: GRIMM [u. a.] (Hrsg.), Die Deutschen in Ostmittel- und Südosteuropa, Bd. 2, 1996, S. 138.

[130] DEMKÓ, Lőcse története, Bd. 5, 1897, S. 97.

[131] „[...] homines sunt simplices, et in iure Nobilium nequeunt conuersari, agriculturis et laboribus intenti [...]" CDH, Bd. V/1, 1829, S. 134. KRISTÓ, Nichtungarische Völker im mittelalterlichen Ungarn, 2008, S. 158; HELBIG, Die ungarische Gesetzgebung des 13. Jahrhunderts und die Deutschen, in: SCHLESINGER (Hrsg.), Die deutsche Ostsiedlung des Mittelalters als Problem der europäischen Geschichte, 1975, S. 519.

den Siebenbürger Sachsen gab es ursprünglich keine wesentlichen Standesunterschiede zwischen den Siedlern der Zips.

Das Zipser Siedlungsgebiet im Nordosten der heutigen Slowakei besaß sehr günstige Verkehrsverbindungen, so dass sich die von Landwirtschaft und Handwerk geprägten Siedlungen bald zu Handelszentren entwickelten. Ziel der Herrscher war es, das Waldgebiet in Ackerland umzuwandeln und den Bergbau zu entwickeln. Handel und Bergbau boten daher die Hauptbeschäftigung für die Zipser Sachsen. Außerdem wollten die ungarischen Könige mit der Ansiedlung auch den Grenzschutz verbessern.[132]

Die Siedlungen der Zipser Sachsen wurden in jener intensiven Phase der Stadtentwicklung gegründet, in der nach dem Mongolensturm zahlreiche Siedlungen wiederaufgebaut und mit Mauern befestigt wurden. Die gemeinschaftlichen Elemente des städtischen Zusammenlebens können deshalb bei den Zipser Sachsen relativ früh beobachtet werden, auch weil an bereits vor dem Mongolensturm beginnende städtische Selbstverwaltung in der Zips angeknüpft werden konnte.[133]

Zuerst war die Zipser Burg, der Sitz des königlichen Beamten (*comes*),[134] das administrative, wirtschaftliche und kulturelle Zentrum der Zipser Sachsen. Im Bereich des öffentlichen Rechts waren sie zwar dem ungarischen Zipser Grafen unterstellt, wobei diese Institution (*comes terrae Saxonum de Scepus*) der Stellung des Burggrafen in den deutschrechtlichen Regionen entsprach, in privatrechtlichen Angelegenheiten urteilten aber ihre eigenen Richter (*iudex/comes*). Ihr Gemeindeleben zeigt, dass sie in der Rechtsprechung eigene Rechtsgewohnheiten anwandten. Dieses durch die freie Richterwahl zur Geltung gekommene Hospes-Recht bestimmte das Zusammenleben der Zipser Sachsen noch am Anfang des 13. Jahrhunderts.[135] In der Folge entwickelte sich die Stadt Leutschau zur Hauptstadt der Zips, wie ein Privileg König Stephans V. aus dem Jahr 1271 belegt, in dem Leutschau als „*civitas provinciae capitalis*“ bezeichnet wird.[136]

Zu den wichtigsten Freiheiten der Zipser Sachsen gehörte, dass die Dienstverpflichtungen gegenüber dem König, das Terragium und der Kriegsdienst, schriftlich festgelegt waren. Im Siedlerprivileg war festgeschrieben, dass das Terragium, die Abgabe, in einer Summe zu leisten war, die nicht nach Hufen berechnet wurde, sondern für das ganze Siedlungsgebiet 300 Ofner Mark Feinsilber betrug.[137] Dazu kam noch die Festlegung des Kriegsdienstes: Die Zipser Sachsen mussten – wie auch die Siebenbürger Sachsen – 50 Soldaten entsenden.

---

[132] SCHWARZ, Die Herkunft der Siebenbürger und Zipser Sachsen, 1957, S. 201.

[133] DEMKÓ, Lőcse története, Bd. 5, 1897, S. 98.

[134] MAKAY, Comes, in: MJL, Bd. 2, 1899, S. 571.

[135] DEMKÓ, Lőcse története, Bd. 5, 1897, S. 11.

[136] CDH, Bd. V/1, 1829, S. 133.

[137] König Karl I. erhob 1312 das Terragium in Höhe von 1200 Mark, woraus sich eine Verbesserung der Vermögensverhältnisse der Zipser Sachsen ableiten lässt. DEMKÓ, Lőcse története, Bd. 5, 1897, S. 101.

Auf der Grundlage der königlichen Privilegien entstand also ein autonomes Selbstverwaltungsgebiet aus 24 Städten und den dazugehörenden dörflichen Siedlungen,[138] deren Rechtsgemeinschaft im Hinblick auf den Rechtstransfer eine besondere Bedeutung hatte.

V. Stadtentwicklung nach dem Mongolensturm

In der zweiten Hälfte des 13. Jahrhunderts, nachdem sich die Mongolen aus dem verwüsteten Land zurückgezogen hatten, begann eine neue Phase der Siedlungsentwicklung in Ungarn. König Béla IV. baute das Land neu auf und reorganisierte das Königreich. Im Zentrum seiner Städtepolitik stand die Befestigung der Städte durch Steinmauern.[139] Hierdurch entstanden geschlossene Einheiten, in denen sich das städtische Leben besser entfalten konnte. Daher lässt sich der Bau der Stadtmauern als Katalysator für die Siedlungsentwicklung bezeichnen. Der König lud zudem weitere Siedler in das Karpatenbecken ein[140] und sicherte den Zuwanderern ebenfalls wirtschaftliche und politische Freiheiten zu, so dass die ethnische Vielfalt innerhalb des Königreichs Ungarn weiter zunahm. König Béla IV. und seine Nachfolger förderten nach dem Mongolensturm sowohl bereits bestehende Siedlungen durch die Verleihung eines privilegierten Status als auch die Neugründung von Städten.[141] Zum Schutz der Siedler und um neue Siedlungen zu unterstützen, erließ der König weitere Privilegien.[142] Vor allem wurden verkehrsgünstig gelegene bzw. für den Handel geeignete Orte durch Stadtrechtsverleihungen gefördert.

Als die männliche Linie der Arpadenkönige 1301 ausstarb, brach erneut ein Thronfolgestreit aus. Aus dem Konflikt der miteinander rivalisierenden Barone[143] und designierten Thronfolger ging schließlich die neapolitanische Linie der Anjou als Sieger hervor. König Karl I. fiel die Aufgabe zu, wieder eine Phase der friedlichen Entwicklung des Landes einzuleiten.

---

[138] FATA, Ungarn, das Reich der Stephanskrone, im Zeitalter der Reformation und Konfessionalisierung, 2000, S. 7.

[139] KOSZTOLNYIK, Hungary in the thirteenth century, 1996, S. 320; CSIZMADIA, KOVÁCS, ASZTALOS, Magyar állam- és jogtörténet, 2010, S. 59; WECZERKA, Deutsche Siedlungen und Einflüsse deutschen Stadtrechts in den mittelalterlichen Fürstentümern Moldau und Walachei, in: KAISER, STASIEWSKI (Hrsg.), Stadt und Landschaft im deutschen Osten und in Ostmitteleuropa, 1982, S. 152.

[140] K. GÜNDISCH, Siebenbürgen und die Siebenbürger Sachsen, [2]2005, S. 45 f.

[141] FÜGEDI, Középkori magyar városprivilégiumok, in: Tanulmányok Budapest Múltjából 14 (1961), S. 17–107.

[142] KUBINYI, Zur Frage der deutschen Siedlungen im mittleren Teil des Königreichs Ungarn (1200–1541), in: SCHLESINGER (Hrsg.), Die deutsche Ostsiedlung des Mittelalters als Problem der europäischen Geschichte, 1975, S. 544.

[143] LÜBKE, Das östliche Europa, 2004, S. 294.

1. Stadtentwicklung während der Regierungszeit der Anjou und der Luxemburger

Unter König Karl I. aus dem Hause der Anjou begann die Blütezeit der Stadtentwicklung in der ungarischen Geschichte,[144] mit der die Städtepolitik der Arpaden fortgesetzt wurde. Insbesondere wirtschaftlich wurden die Städte gefördert, was vor allem mit Hilfe von Steuervergünstigungen und Handelsprivilegien gelang.[145]

Handel und Gewerbe erreichten in dieser Periode eine neue Stufe der Entwicklung; die Handels- und Bergstädte traten als Wirtschaftszentren hervor. Insbesondere die Bergstädte im Norden des Landes wurden von den Anjou-Königen unterstützt, da die Herrscher mangels königlicher Güter auf andere Quellen für Geldeinnahmen angewiesen waren. Dies förderte die Umgestaltung der Naturalwirtschaft zum Geldverkehr, denn die Abgaben wurden in Geld gezahlt. Neue Münzen wurden aus den Gold- und Silbervorkommen um die Bergstädte geprägt.[146] Auch aus Westeuropa gab es eine wachsende Nachfrage nach Gold und Silber aus den ungarischen Bergstädten. Die Ausfuhr der Edelmetalle erreichte am Ende des 15. Jahrhunderts ihren Höhepunkt. Später erfuhr der Kupferbergbau einen wesentlichen Aufschwung, denn Zentren der deutschen Metallverarbeitung wie Nürnberg und Aachen waren auf das ungarische Kupfer angewiesen.[147] Gleichzeitig führte der Bergbau zu einer Fortentwicklung der Städtekultur in Ungarn,[148] denn auch die Bürger der Bergstädte erhielten von den Königen Zollbefreiungen und Handelsprivilegien.

Ungarn war auch vielfältig in den Fernhandel eingebunden. Die Wege der Kaufleute aus Böhmen, Polen, Deutschland, Italien und Dalmatien kreuzten sich in Ungarn, so dass das Land und seine Städte wichtige Zentren des Tuch- und Gewürzhandels wurden.[149] Der große Radius der Handelsverbindungen der ungarischen Städte lässt sich auch aus Anfragen von Breslauer Bürgern an die Magdeburger Schöffen erschließen, in denen der ungarische Gulden als Zahlungsmittel[150] und ungarischer Wein[151] als Streitgegenstand vorkommen. Der rege Handel beförderte auch den kulturellen Austausch mit Westeuropa.[152]

---

144 MARSINA, Városfejlődés a Felvidéken, a mai Szlovákia területén a XV. század elejéig, in: Világtörténet 26 (1976), S. 33.

145 BORECZKY, A királyi tárnokmester hivatala, 1904, S. 49.

146 DITTRICH, Die sozialen und rechtlichen Grundlagen der deutschen Ostkolonisation, in: KLEINHEYER, STASIEWSKI (Hrsg.), Rechts- und Sozialstrukturen im europäischen Osten, 1975, S. 9.

147 SCHÖDL, Ungarns Städtewesen im Spätmittelalter, in: KAISER, STASIEWSKI (Hrsg.), Stadt und Landschaft im deutschen Osten und in Ostmitteleuropa, 1982, S. 130, 138f.

148 K. GÜNDISCH, Ungarn im Mittelalter, in: FISCHER, Eine kleine Geschichte Ungarns, 1999, S. 42.

149 NIKOLICZA, Boroszló és Görlicz lehetséges szerepe a budaiak magdeburgi joggal való megismerkedésében, in: GÁBOR [u. a.] (Hrsg.), Tiszteletkör, 2012, S. 157.

150 EBEL, Magdeburger Recht, Bd. II,1, 1989, Nr. 433, S. 489.

151 Ebd., Nr. 315, S. 215.

152 K. GÜNDISCH, Ungarn im Mittelalter, in: FISCHER, Eine kleine Geschichte Ungarns, 1999, S. 40.

Zudem ist für die Stadtentwicklung während der Regierung der Anjou bzw. Luxemburger ein wirtschaftlicher und sozialer Aufstieg des Stadtbürgertums charakteristisch. Die deutschen Patrizier erreichten hier eine bedeutende Stellung, sowohl in wirtschaftlicher als auch in politischer Hinsicht.[153] Während der Regierungszeit König Sigismunds (1387–1437) lebte in Ungarn auch eine große Zahl süddeutscher Kaufleute. Ab dem späten 14. Jahrhundert übernahmen Bürger aus Nürnberg eine besonders aktive Rolle, zumal sich vorher Kaufleute aus Regensburg in größerer Zahl in Ungarn im Handel betätigt hatten. Einige Handelsunternehmen in Ungarn sind sogar von Nürnberger Gläubigern finanziert worden,[154] die dadurch vielfältige wirtschaftliche und verwandtschaftliche Kontakte nach Ungarn vermittelt haben.[155]

Mehrere Bürger der Stadt Ofen kamen z. B. aus der einflussreichen Nürnberger Kaufmannsfamilie Haller. Der Begründer des ungarischen Zweigs dieser Familie war Ruprecht Haller.[156] Die Haller wurden Bürger von Ofen, gehörten hier zum Handelspatriziat und erreichten auch in der königlichen Verwaltung hohe Ämter. Ein weiterer Zweig der Familie siedelte nach Siebenbürgen um, wo Peter Haller ab 1543 Bürgermeister von Hermannstadt war.[157] Als Gesellschafter betrieben sie Tuchhandel mit Nürnberg.

Die Angehörigen der süddeutschen Kaufmannsfamilie Pemfflinger erlangten hohe Ämter in den Städten und in der königlichen Verwaltung Siebenbürgens. So wurde z. B. der als Fernkaufmann wirtschaftlich erfolgreiche Unternehmer Marcus Pemfflinger[158] Kammergraf der siebenbürgischen Salzgefälle. Außerdem pachtete er die Passzölle von Kronstadt und Hermannstadt. Schließlich ernannte ihn der König als Belohnung für sein Darlehen an den Hof 1522 zum Königsrichter.[159]

In der Städteförderung König Karls I. zeigt sich im Wesentlichen eine starke königliche Macht, denn der äußere Rahmen des Stadtlebens wurde vom Stadtherren, also hier vom König, festgelegt. Diesen *von oben* geschaffenen Rahmen

---

153 SCHÖDL, Ungarns Städtewesen im Spätmittelalter, in: KAISER, STASIEWSKI (Hrsg.), Stadt und Landschaft im deutschen Osten und in Ostmitteleuropa, 1982, S. 129.

154 KUBINYI, Die Nürnberger Haller in Ofen, in: Mitteilungen des Vereins für Geschichte der Stadt Nürnberg 52 (1963/64), S. 80; DRASKÓCZY, Das ungarländische Deutschtum, in: BRUNNER (Hrsg.), Die Deutschen in Ungarn, 1989, S. 11.

155 BLAZOVICH, A Szász tükör és a német jogkönyvek hatása Magyarországon, in: Jogtörténeti Szemle [13],2 (2011), S. 19.

156 KUBINYI, Soziale Stellung und Familienverbindungen des deutschen Patriziats von Ofen in der ersten Hälfte des 14. Jahrhunderts, in: Archiv für Sippenforschung und alle verwandten Gebiete 36 (1970), S. 446–454; DERS., Die Nürnberger Haller in Ofen, in: Mitteilungen des Vereins für Geschichte der Stadt Nürnberg 52 (1963/64), S. 80; SCHÖDL, Ungarns Städtewesen im Spätmittelalter, in: KAISER, STASIEWSKI (Hrsg.), Stadt und Landschaft im deutschen Osten und in Ostmitteleuropa, 1982, S. 140.

157 ROTH, Hermannstadt, 2006, S. 65; G. GÜNDISCH, Peter Haller, in: Südostdeutsches Archiv 32/33 (1989/1990), S. 5–89.

158 WITTSTOCK, „Pemfflinger, Marcus", in: ADB, Bd. 25, 1887, S. 343–350.

159 ROTH, Hermannstadt, 2006, S. 56–61.

des Stadtlebens füllten die Bürger durch Eigeninitiativen aus. Wie aus den städtischen Rechtsaufzeichnungen erkennbar ist, beruhte die verfassungsrechtliche Grundlage des Stadtlebens auf den königlichen Privilegien.

Im Ständestaat des 14. Jahrhunderts erhielten die Städte eine besondere Aufmerksamkeit seitens der ungarischen Könige. Sie wurden als wirtschaftliche Kraft und sozialer Gegenpol zum Adel verstanden. Die befestigten Städte waren zudem in das Verteidigungssystem des Landes eingebunden.

Die Städtepolitik der auf König Karl I. folgenden Herrscher zeigt teilweise eine andere Ausrichtung. Ab der zweiten Hälfte des 14. Jahrhunderts änderte sich die protektionistische Städtepolitik. Die Könige erhoben aus eigener Initiative z. B. keine Siedlungen mehr zur Stadt und für Privilegien verlangten sie hohe Geldsummen. Kaschau, Pressburg und Ofen mussten bei König Ludwig I. die Verleihung bzw. Bestätigung der Privilegien selbst beantragen und hierfür erhebliche Summen zahlen. Der Pressburger Bürgermeister entrichtete z. B. in Ofen 300 Forint[160] für die Bestätigung der Privilegien der Stadt.[161]

Auch die Luxemburger legten Wert auf diese königlichen Einnahmen aus den von ihnen privilegierten Städten. Ihre Politik kann daher nur bedingt als förderlich für die Städte angesehen werden. Zudem verschenkte oder verpfändete König Sigismund zur Finanzierung seiner Außenpolitik zahlreiche königliche Städte.[162] So traf es 1410 z. B. die Stadt Debreczin, die er an einen polnischen Kaufmann verpfändete[163] und im darauffolgenden Jahr an einen serbischen Würdenträger verschenkte. Auch dreizehn Städte in der Zips wurden von König Sigismund 1412 an den polnischen König verpfändet. Dadurch wurde die politische Einheit der Zips für mehrere Jahrhunderte aufgehoben. 1441 übertrug außerdem Königin Elisabeth die Stadtherrschaft über Ödenburg an den römisch-deutschen Kaiser.

Dennoch hatte sich König Sigismund weiterhin zum Ziel gesetzt, dass etliche Siedlungen eine privilegierte Rechtsstellung erhielten.[164] In seinem zweiten Dekret bestimmte er die Vereinheitlichung der Maße und Gewichte, die sich nach denen der königlichen Freistadt Ofen richten sollten,[165] um so eine Grundlage für einen reibungsloseren Warenverkehr zu schaffen. Der König verfügte auch über den Handel der fremden Kaufleute im Lande, verbot die Ausfuhr von Edelmetall und regelte den Rechtszug aus den Städten.

---

[160] Das Zahlungsmittel Forint (Goldgulden) wurde 1325 nach florentinischem Muster von König Karl I. eingeführt (K. Gündisch, Ungarn im Mittelalter, in: Fischer, Eine kleine Geschichte Ungarns, 1999, S. 42).

[161] König Ludwig I. verwendete diese Summen für seine neapolitanische Kriegsführung. Szentpéteri, A tárnoki ítélőszék kialakulása, in: Századok 68 (1934), S. 531 f.

[162] Németh, Várospolitika és gazdaságpolitika a 16–17. századi Magyarországon, Bd. 1, 2004, S. 72.

[163] Der König erhielt dafür von dem polnischen Kaufmann namens Andreas Baliczky 13.000 Forint. Iványi, Debrecen és a budai jog, 1924, S. 8.

[164] Siehe den Einleitungstext vor dem Gesetzesartikel 1405:2, in: CJH, Bd. 1, S. 210.

[165] Gesetzesartikel 1405:2, § 1, in: CJH, Bd. 1, S. 212.

All dies deutet darauf hin, dass es in der ersten Hälfte des 15. Jahrhunderts eine blühende Stadtwirtschaft und ein hoch entwickeltes Stadtleben im Königreich Ungarn gab. Die königlichen Freistädte erlangten im wirtschaftlichen und im juristischen Sinne eine weitgehend autonome Rechtsstellung, so dass sich das Bürgertum zu einem genossenschaftlichen Verband entwickelte. Die so gefestigte Bürgerschaft sorgte nun selbständig für die Bestätigung von Privilegien[166] und eine königliche Förderung war nicht mehr Voraussetzung ihres privilegierten Rechtsstatus.

2. Stadtkultur in Siebenbürgen

Die Städte in Siebenbürgen entwickelten sich nicht infolge herrschaftlicher Gründungsakte, sondern gingen aus Burgen und dörflichen Siedlungen hervor. Während der Herrschaft der Anjou kam der Gold- und Salzbergbau zu einer Blüte und auch die Siedlungen Siebenbürgens erlebten einen Aufschwung. Seit der Mitte des 14. Jahrhunderts entstanden daher auch dort wichtige Handwerks- und Handelszentren. Die führenden Städte im Gebiet der Siebenbürger Sachsen, Hermannstadt[167] und Kronstadt, hoben sich von den dörflichen Siedlungen durch ihre verkehrsgünstige Lage ab und entwickelten sich im Laufe des 14. Jahrhunderts zu wichtigen Handelszentren.[168]

Zu dieser Zeit begann sich die Sozialstruktur der sächsischen Siedler zu verändern. Die Rechtsstellung der Siebenbürger Sachsen war anfangs sehr unterschiedlich, es gab freie und unfreie Siedler.[169] Die ursprünglich bäuerlich-adelige Gesellschaft wurde nun vom Bürgertum der sächsischen Städte geprägt,[170] unter anderem, weil in den siebenbürgischen Städten Hausbesitzer und Steuerzahler das volle Bürgerrecht erhielten. Wohlhabende Kaufleute und Handwerker bildeten das Bürgertum und die Oberschicht bestand seit der Mitte des 14. Jahrhunderts nicht mehr aus Grafen (*comites*), sondern aus sächsischen Kaufleuten.[171] In den ärmeren Schichten findet man aber weiterhin vielfältige ethnische Gemeinschaften.

Das Siedlungsgebiet der Siebenbürger Sachsen wurde in Verwaltungseinheiten (Stühle und Distrikte) aufgeteilt. Die Städte Hermannstadt, Kronstadt, Mediasch und Bistritz entwickelten sich zu den wichtigsten Marktorten der siebenbürgischen Region. Von hier aus strahlte der Handel in Richtung Walachei und Moldau aus, was zur Stärkung der siebenbürgischen Städte beitrug.[172]

---

[166] SZENTPÉTERI, A tárnoki ítélőszék kialakulása, in: Századok 68 (1934), S. 532f.

[167] Hermannstadt wurde um 1150 als „villa Hermanni“ gegründet. ROTH, Hermannstadt, 2006, S. 5.

[168] DERS., Kleine Geschichte Siebenbürgens, ³2007, S. 13.

[169] DEMKÓ, A szepesi jog ‚(Zipser Willkühr)‘, 1891, S. 38.

[170] K. GÜNDISCH, Das Patriziat Siebenbürgischer Städte im Mittelalter, 1993, S. 233–286.

[171] GÖLLNER (Red.), Geschichte der Deutschen auf dem Gebiete Rumäniens, 1. Bd., 1979, S. 83.

[172] Ebd., S. 78; ROTH, Kleine Geschichte Siebenbürgens, ³2007, S. 13; VÖLKL, Moldau, in: HÖSCH [u. a.] (Hrsg.), Lexikon zur Geschichte Südosteuropas, 2004, S. 454; WECZERKA, Deutsche Siedlungen und Einflüsse deutschen Stadtrechts in den mittelalterlichen Fürstentümern Moldau und

Die Entwicklung der siebenbürgischen Städte verdankt sich vor allem der Unterstützung der ungarischen Könige und der Woiwoden, die den Kaufleuten aus Hermannstadt und Kronstadt Steuererleichterungen gewährten und sie von den Einfuhrzöllen in die Fürstentümer Walachei und Moldau befreiten.[173]

Die Städte Bistritz, Hermannstadt und Kronstadt erhielten bald das Stapelrecht,[174] das ihnen im Transithandel von den Fürstentümern Walachei und Moldau über Wien und Nürnberg bis nach Flandern eine herausragende Stellung sicherte.[175] Eine zweite Handelsroute verlief über Kaschau in Richtung Polen. Die siebenbürgischen Städte Hermannstadt und Kronstadt konkurrierten auch mit der nordungarischen Stadt Kaschau um die führende Rolle im Handel mit Polen bzw. Russland.[176]

Infolgedessen kamen zahlreiche Armenier, Griechen und Tataren als Kaufleute nach Siebenbürgen.[177] Mit jener neu geschaffenen Vermittlerrolle traten die sächsischen Städte in den Handel ein und etablierten sich auf diese Weise als Warenumschlagplätze. Bald schon beherrschten die Kaufleute dieser sächsischen Städte die Handelsrouten nach Osten, auf denen in erster Linie mit Tuch aus Deutschland und Polen gehandelt wurde.[178] Seit dem 15. Jahrhundert wurden auch Stoffe aus den Niederlanden, Nürnberg, Breslau, Krakau und Lemberg in den siebenbürgischen Städten verkauft.[179] Italiener und Griechen hingegen vermittelten venezianische Luxuswaren wie Kristall, Edelmetalle und Stoffe nach Klausenburg und in die siebenbürgisch-sächsischen Städte.[180] Beim Handel mit orientalischen Gewürzen, die durch die südlichen Pässe nach Siebenbürgen gebracht wurden, hatten griechische Kaufleute eine zentrale Stellung inne.[181]

Walachei, in: KAISER, STASIEWSKI (Hrsg.), Stadt und Landschaft im deutschen Osten und in Ostmitteleuropa, 1982, S. 166 f.; DRASKÓCZY, Das ungarländische Deutschtum, in: BRUNNER (Hrsg.), Die Deutschen in Ungarn, 1989, S. 17.

173 GÖLLNER, Siebenbürgische Städte im Mittelalter, 1971, S. 79.

174 Das Stapelrecht wurde Bistritz im Jahre 1368, Kronstadt im Jahre 1369 und Hermannstadt 1378 gewährt. KÖPECZI, Erdély története, Bd. 1, 1988, S. 336.

175 ROTH, Hermannstadt, 2006, S. 24; VÖLKL, Moldau, in: HÖSCH [u. a.] (Hrsg.), Lexikon zur Geschichte Südosteuropas, 2004, S. 454.

176 PACH, Die Verkehrsroute des Levantehandels nach Siebenbürgen und Ungarn zur Zeit der Könige Ludwig von Anjou und Sigismund von Luxemburg, in: MÄGDEFRAU (Hrsg.), Europäische Stadtgeschichte in Mittelalter und früher Neuzeit, 1979, S. 66; GÖLLNER, Siebenbürgische Städte im Mittelalter, 1971, S. 77.

177 PACH, Die Verkehrsroute des Levantehandels nach Siebenbürgen und Ungarn zur Zeit der Könige Ludwig von Anjou und Sigismund von Luxemburg, in: MÄGDEFRAU (Hrsg.), Europäische Stadtgeschichte in Mittelalter und früher Neuzeit, 1979, S. 85.

178 HONTERT, Adatok Erdély, Lengyelország és a két román vajdaság árucsereforgalmához és gazdaságtörténetéhez a XVI. és XVII. században, 1945, S. 32 f.

179 Ebd., S. 33, 60 f.

180 PACH, Die Verkehrsroute des Levantehandels nach Siebenbürgen und Ungarn zur Zeit der Könige Ludwig von Anjou und Sigismund von Luxemburg, in: MÄGDEFRAU (Hrsg.), Europäische Stadtgeschichte in Mittelalter und früher Neuzeit, 1979, S. 64; K. GÜNDISCH, Siebenbürgen und die Siebenbürger Sachsen, 22005, S. 58 f.

Aber auch die Produkte der siebenbürgischen Handwerker wurden auf ferne Märkte befördert.[182] Die Handelsrouten verbanden die siebenbürgisch-sächsischen Städte mit den Levanteniederlassungen der Genuesen am Schwarzen Meer und mit Lemberg, Krakau, Thorn und Danzig.[183] Der Levantehandel ging jedoch im 15. Jahrhundert infolge der osmanischen Eroberungen stark zurück.[184]

Als spezialisierte Handwerksorganisationen übernahmen seit der Mitte des 14. Jahrhunderts die Zünfte eine wichtige Rolle. Nicht nur in den Städten, sondern auch in einigen Dörfern waren solche Zunftorganisationen zu finden,[185] deren Rechtsstellung auf die Regelungen durch König Ludwig I. im Jahre 1376 zurückging. Die östlich von Siebenbürgen gelegenen Märkte förderten zudem das Handwerk. Insbesondere die Goldschmiedekunst erreichte einen hohen Grad an Professionalität.[186] Diese Entwicklung zog aus dem Römisch-Deutschen Reich weitere Kaufleute, Handwerker und Bergleute an, die in den Städten Siebenbürgens günstige Lebensbedingungen fanden. Ein typisches Beispiel für das neue Unternehmerpatriziat[187] sind die Haller, eine Kaufmannsfamilie, die ursprünglich aus Nürnberg stammte.[188] Angehörige dieser Familie pachteten Bergregale sowie Salzkammern in Siebenbürgen.[189] Aber auch aus anderen Gebieten des Königreichs Ungarn, wie etwa aus der Zips und den Bergstädten, zogen vor allem deutschsprachige Kauf- und Bergleute nach Siebenbürgen, insbesondere in die florierende Handelsstadt Hermannstadt.[190]

Die Stadtverfassung in Siebenbürgen war derjenigen in deutschen Städte ähnlich. Die wichtigsten Verfassungsorgane der siebenbürgischen Städte waren der Bürgermeister, der engere Rat, eine Hundertmannschaft (Kommunität), Stuhlrichter und der ‚Stadhann‘ (*villicus*).[191] Alle wurden gemäß den Siedlerprivilegien von den steuerpflichtigen Bürgern gewählt. Außerdem verfügten die Siebenbürger Sachsen über das Privileg der freien Pfarrerwahl.

---

181 HONTERT, Adatok Erdély, Lengyelország és a két román vajdaság árucsereforgalmához és gazdaságtörténetéhez a XVI. és XVII. században, 1945, S. 84; ZACH, Valachei, in: LexMa, Bd. 8, 1997, Sp. 1373.

182 ROTH, Hermannstadt, 2006, S. 24.

183 GÖLLNER (Red.), Geschichte der Deutschen auf dem Gebiete Rumäniens, 1. Bd., 1979, S. 51, 78.

184 WECZERKA, Deutsche Siedlungen und Einflüsse deutschen Stadtrechts in den mittelalterlichen Fürstentümern Moldau und Walachei, in: KAISER, STASIEWSKI (Hrsg.), Stadt und Landschaft im deutschen Osten und in Ostmitteleuropa, 1982, S. 152, 168.

185 KÖPECZI, Erdély története, Bd. 1, 1988, S. 337.

186 GÖLLNER, Siebenbürgische Städte im Mittelalter, 1971, S. 36.

187 K. GÜNDISCH, Das Patriziat Siebenbürgischer Städte im Mittelalter, 1993, S. 233–286.

188 Zur Familie Haller s. o. *S. 59*.

189 GÖLLNER (Red.), Geschichte der Deutschen auf dem Gebiete Rumäniens, 1. Bd., 1979, S. 83; G. GÜNDISCH, Peter Haller, in: Südostdeutsches Archiv 32/33 (1989/1990), S. 5–89.

190 ROTH, Hermannstadt, 2006, S. 26.

191 K. GÜNDISCH, Das Patriziat Siebenbürgischer Städte im Mittelalter, 1993, S. 101–104; GÖLLNER, Siebenbürgische Städte im Mittelalter, 1971, S. 209.

Um die Mitte des 15. Jahrhunderts ist ein Wandel in der Stadtverwaltung der siebenbürgischen Städte zu beobachten. Unter den Stadtschreibern begegnet man immer häufiger studierten Honoratioren,[192] wie Sándor Tonk am Beispiel von Klausenburg belegte.[193] Auch in Hermannstadt lassen sich studierte Notare finden. Georg Reichensdorffer war 1510–1512 Student an der Universität Wien,[194] wurde nach seiner Rückkehr Stadtschreiber in Hermannstadt, arbeitete danach als Sekretär der königlichen Kanzlei und 1527 sowie 1534 als Gesandter des Königs in Moldau.

3. Städtetypen

Die Städte im Königreich Ungarn lassen sich anhand gemeinsamer Entwicklungszüge typisieren. Es waren Städte mit kirchlicher Verwaltung sowie Wirtschaftszentren, welche die Stadtentwicklung dieser Region prägten.[195]

Das Netz der kirchlichen Verwaltung wurde von König Stephan I. angelegt. Er gründete zehn Bistümer und bestimmte Gran und Kalotscha als Sitze des Erzbischofs.[196] Um diese Verwaltungsorte herum bildeten sich die sogenannten Bischofsstädte, wie z. B. Fünfkirchen,[197] Großwardein, Veszprim und Weißenburg.

Eine für Ungarn spezifische Erscheinung im Hinblick auf die geographische Verteilung der bedeutenden mittelalterlichen Städte des Landes ist deren (mit Blick auf das Königreich Ungarn) Randlage.[198] Handelsstädte in Nordwestungarn, insbesondere Ödenburg, Komorn und Raab, entwickelten sich nach dem Mongolensturm zu Wirtschaftszentren. Auch die siebenbürgische Stadt Klausenburg hat in dieser Zeit eine wichtige Rolle im Handelsverkehr übernommen.[199] Im Süden des Landes war Szeged[200] die wohl bedeutendste Handelsstadt, die sich zum Zentrum des Salzhandels entwickelte[201] und auch als Umschlagplatz für agrarische Produkte diente.[202]

---

192 Zum Begriff „Honoratior“ siehe BADER, DILCHER, Deutsche Rechtsgeschichte, 1999, S. 390–400 und 557.

193 TONK, Erdélyiek egyetemjárása a középkorban, 1979, S. 151 f.

194 Ebd., S. 152, 239 f., Nr. 736.

195 DEÁK, Das Städtewesen der Länder der ungarischen Krone, T. 1, 1979, S. 20.

196 K. GÜNDISCH, Ungarn im Mittelalter, in: FISCHER, Eine kleine Geschichte Ungarns, 1999, S. 28.

197 PETROVICS, Foreign Ethnic Groups in the Towns of Southern Hungary in the Middle Ages, in: KEENE [u. a.] (Hrsg.), Segregation – Integration – Assimilation, 2009, S. 73–75.

198 SCHÖDL, Ungarns Städtewesen im Spätmittelalter, in: KAISER, STASIEWSKI (Hrsg.), Stadt und Landschaft im deutschen Osten und in Ostmitteleuropa, 1982, S. 130.

199 Ebd., S. 129.

200 PETROVICS, Foreign Ethnic Groups in the Towns of Southern Hungary in the Middle Ages, in: KEENE [u. a.] (Hrsg.), Segregation – Integration – Assimilation, 2009, S. 76–78.

201 GÖCKENJAN, Hilfsvölker und Grenzwächter im mittelalterlichen Ungarn, 1972, S. 59 f.

202 BLAZOVICH, Városok az Alföldön a 14–16. században, 2002; KÜRTI, PETROVICS, Szeged, in: KMTL, 1994, S. 622.

Im 14. Jahrhundert kam es durch den Aufschwung des Bergbaus zu einer regionalen Verdichtung, die sich positiv auf den Prozess der Stadtwerdung auswirkte. Schemnitz, Kremnitz und Neusohl wuchsen von einfachen Bergbausiedlungen zu einflussreichen Bergstädten heran,[203] deren wirtschaftliche Bedeutung auch ihre städtischen Gemeinschaften sowie die lokale Rechtsentwicklung beeinflusste. Nach dem Typ der Stadtherrschaft lassen sich die Bergstädte als königlich privilegierte Städte, königliche Freistädte sowie grundherrliche Städte unterscheiden. Die sogenannten niederungarischen Bergstädte wie Schemnitz, Kremnitz und Neusohl, die seit 1424 im Besitz der jeweiligen Königin waren, stellten den Typ der königlichen Freistadt dar.[204] Die oberungarischen Bergstädte wie z. B. Göllnitz und Schmöllnitz waren hingegen königlich privilegierte Bergstädte. Zum Typ der grundherrlichen Bergstädte gehörten die Städte Rosenau, Telkibánya und Rudabánya.

In der nördlichen Montanregion war Schemnitz die führende Stadt. Sie gilt zugleich als ältester Ort, an dem Silberbergbau betrieben wurde. Bergleute aus Thüringen siedelten sich beispielweise hier an[205] und erhielten um 1240 von König Béla IV. Privilegien, die 1352 von König Ludwig I. bestätigt wurden.[206] Im Laufe des 13. und 14. Jahrhunderts entwickelte sich Schemnitz zu einer der bedeutendsten Städte des nordungarischen Bergbaugebiets.[207] Während der Hussitenkriege wurde die Stadt erheblich zerstört. Danach, und insbesondere während der Regierungszeit König Matthias' I., erlebte Schemnitz aber erneut eine Blütezeit.

Als typische Ackerbürgerstadt im Königreich Ungarn lässt sich hingegen Debreczin charakterisieren, ebenso wie weitere Städte in der Tiefebene, da sie nicht durch Mauern von den umliegenden Dörfern abgegrenzt waren. Landwirtschaft und Handwerk stellten hier die Haupterwerbszweige der Stadtbürger dar. Debreczin beteiligte sich aber auch am Handel mit Schlesien, Polen und Wien, wobei Vieh-, Agrar- sowie Handwerksprodukte gehandelt wurden. Kaufleute aus Debreczin erreichten dabei Krakau sowie Lemberg. Im Jahre 1477 wurde die Stadt sogar vom Außenhandelszoll (,Dreißigste' oder *tricesima*) befreit.[208] Im Hinblick auf die Rechtsstellung war Debreczin ein privilegierter Marktort.

Ab der Mitte des 14. Jahrhunderts bildeten sich zwei unterscheidbare Städtekategorien heraus, die *civitates* und die *oppida*. Als *civitas* galten jene Städte, die auf königlichen bzw. geistlichen Gütern entstanden waren. Diese mit Mauern umgebenen Königs- bzw. Bischofssitze nannte man daher *civitates muratae*. Zum

---

203 WENZEL, Magyarország bányászatának kritikai története, 1880, S. 28.

204 Ebd., S. 36.

205 PIIRAINEN, Das Stadt- und Bergrecht von Banská Štiavnica/Schemnitz, 1986, S. 14.

206 GYÖRFFY, Schemnitz, in: LexMa, Bd. 7, 1995, Sp. 1449; PIIRAINEN, Das Stadt- und Bergrecht von Banská Štiavnica/Schemnitz, 1986, S. 13f.

207 GYÖRFFY, Schemnitz, in: LexMa, Bd. 7, 1995, Sp. 1449.

208 IVÁNYI, Debrecen és a budai jog, 1924, S. 15.

Typ *civitas* gehörten außerdem die am Fernhandel beteiligten Städte sowie die Bergstädte, von denen es im 14. Jahrhundert etwa dreißig gab. Eine wesentlich größere Zahl der Siedlungen gehörte zur Grundkategorie *oppidum*.[209] Diese waren mit Privilegien eines Marktortes ausgestattet und nahmen für ihre Umgebung zentralörtliche Funktionen wahr. Auch im Hinblick auf ihre Einwohnerzahl unterschied sich dieser Stadttyp von den *civitates*. Die Marktorte hatten wesentlich weniger Einwohner als die königlichen bzw. Bischofsstädte.

In den Quellen lässt sich nicht immer eindeutig zwischen *civitas* und *oppidum* unterscheiden, da die Bezeichnungen bisweilen wechselten. Am Beispiel der Zipser Städte lässt sich dieses Schwanken der Terminologie gut erkennen. Im Privileg der Zipser Sachsen bezeichnete König Stephan V. im Jahr 1271 die Stadt Leutschau als *civitas*, während König Sigismund bei der Verpfändung von 13 Zipser Städten von *oppida* sprach.[210]

4. Die königliche Freistadt Ofen

Charakteristisch für die Entwicklung der *civitas* im Königreich Ungarn ist die Geschichte der Handelsstadt Ofen. Sie wurde die bedeutendste Siedlung der Region an der Donau. Anhand der Entwicklung von Ofen lassen sich typische Merkmale der ungarischen Stadtentwicklung erkennen.

Die historischen Wurzeln dieser *civitas* reichen in die Zeit vor dem Mongolensturm zurück. Am linken Ufer der Donau entstand zuerst eine Siedlung königlicher Dienstleute, die muslimische Kaufleute und slawische Schiffer waren. Um 1220 wurde das linke Ufer dann von Deutschen besiedelt, die mehrheitlich österreichisch-süddeutscher Herkunft waren.[211]

Ofen ist die jüngste Siedlung der Städte an der Donau, da es sich um eine Spätgründung der Arpaden handelt, die erst zwischen 1242 und 1247 entstand. Die Bezeichnung *novus mons* in den Jahren 1247/48 weist auf eine neu entstandene Siedlung hin.

Aus dieser Zeit nach dem Mongolensturm stammt das Stadtprivileg, die Goldene Bulle von 1244, die der Bevölkerung eine breite Palette wirtschaftlicher und politischer Freiheiten zusicherte.[212] Für den Fernhandel besonders förderlich wirkten sich die Zollfreiheit, also die Befreiung vom Außenhandelszoll, dem

---

[209] DEÁK, Das Städtewesen der Länder der ungarischen Krone, T. 1, 1979, S. 23.

[210] DEMKÓ, Lőcse története, Bd. 5, 1897, S. 93.

[211] LÜCK, Budapest, in: ²HRG, Bd. 1, 2008, Sp. 708; SCHÖDL, Ungarns Städtewesen im Spätmittelalter, in: KAISER, STASIEWSKI (Hrsg.), Stadt und Landschaft im deutschen Osten und in Ostmitteleuropa, 1982, S. 134; KUBINYI, Zur Frage der deutschen Siedlungen im mittleren Teil des Königreichs Ungarn (1200–1541), in: SCHLESINGER (Hrsg.), Die deutsche Ostsiedlung des Mittelalters als Problem der europäischen Geschichte, 1975, S. 546.

[212] FÜGEDI, Középkori magyar városprivilégiumok, in: Tanulmányok Budapest Múltjából 14 (1961), S. 66f. und 78; HELBIG, WEINRICH, Urkunden und erzählende Quellen zur deutschen Ostsiedlung, Teil 2, 1970, S. 510–515; LÜCK, Budapest, in: ²HRG, Bd. 1, 2008, Sp. 708.

sogenannten ‚Dreißigsten' (*tricesima*), sowie das Stapelrecht aus. König Béla IV. gilt als Stadtgründer Ofens, der diese von Deutschen geprägte Niederlassung auf den Berg umsiedelte, um sie vor einem erneuten Mongoleneinfall zu schützen.[213] In der Folgezeit kamen auch Ungarn, Juden und Slawen nach Ofen.[214]

Während der Herrschaft der Anjou entwickelte sich Ofen zum Sitz der ungarischen Könige und zur Handelsmetropole, es wurde ein Zentrum des Fernhandels. Rheinländische, belgische und süddeutsche Kaufleute handelten vor allem mit flandrischem Tuch. Die Handelsstraße nach Norden verlief ebenfalls über Ofen und machte die Donaustadt zum Vermittler für den polnischen und böhmisch-mährischen Verkehr. Seit dem 14. Jahrhundert intensivierten sich auch die Handelsverbindungen zwischen Ofen und Italien. Während der Regierungszeit des neapolitanischen Zweigs der Anjou entstanden Kontakte zu den großen Bankiersfamilien in Neapel und Florenz. Da die Warenvermittlung aus dem Orient vom venezianischen Handel, dessen Handelsroute ebenfalls über Ofen verlief, beherrscht wurde, spielten in der Folge die Italiener bei der Finanzverwaltung eine entscheidende Rolle. Auch Waren des Levantehandels waren auf den Ofner Märkten präsent.[215] Dorthin kamen Kaufleute aus Wien, Regensburg, Prag, Siebenbürgen und Belgrad.[216] Im Ofner Stadtrechtsbuch aus dem 15. Jahrhundert finden sich Belege dafür, dass die Ofner Kaufleute mit Tuch aus Aachen und Köln, aus Polen und Brünn, Wien und Passau handelten.[217] So lässt sich erklären, dass die Wiener Mark als Zahlungsmittel in Ofen geläufig war.[218] Außerdem verfügte der Pelzhandel aus Osteuropa über einen Umschlagplatz in Ofen.

‚Gewölbherren' und ‚Kramherren' wurden die einflussreichen Kaufleute genannt, die sich in der Gilde ‚*fraternitas corporis Christi*' zusammenschlossen. Die Ofner Gewichte und Maße galten landesweit und der Budaer Denar war selbst in den Zipser Grenzstädten ein Zahlungsmittel.[219] Auch Weinbau und Landwirtschaft entwickelten sich in der Umgebung von Ofen auf vielfältige Weise. Das Ofner Handwerk war hingegen nicht sehr stark spezialisiert.

Um die Mitte des 14. Jahrhunderts wurde in Ofen eine Stadtmauer mit vier Toren errichtet. In der Stadt lebten parallel zwei größere Gemeinden nebeneinander, die deutsche und die ungarische. Juden wohnten eher im nördlichen Teil der

---

[213] RADY, Medieval Buda, 1985, S. 3.

[214] KUBINYI, Zur Frage der deutschen Siedlungen im mittleren Teil des Königreichs Ungarn (1200–1541), in: SCHLESINGER (Hrsg.), Die deutsche Ostsiedlung des Mittelalters als Problem der europäischen Geschichte, 1975, S. 545.

[215] PACH, Die Verkehrsroute des Levantehandels nach Siebenbürgen und Ungarn zur Zeit der Könige Ludwig von Anjou und Sigismund von Luxemburg, in: MÄGDEFRAU (Hrsg.), Europäische Stadtgeschichte in Mittelalter und früher Neuzeit, 1979, S. 66.

[216] FÜGEDI, Buda und Pest, in: LexMa, Bd. 2, 1983, Sp. 900.

[217] OSB 95.

[218] KAINDL, Studien zur Geschichte des deutschen Rechts in Ungarn und in dessen Nebenländern, in: Archiv für österreichische Geschichte 98 (1908), S. 391.

[219] KUBINYI, Die Anfänge Ofens, 1972, S. 89f.

Stadt, und Slawen wurden in den Suburbien angesiedelt.[220] Die Märkte und die verkehrsgünstige Lage Ofens zogen weitere Einwohner und Gäste an, so dass die Stadt in der Mitte des 15. Jahrhunderts 8.000–10.000 Einwohner zählte. Aus den deutschen Städten des Königreichs Ungarn[221] und aus dem süddeutsch-österreichischen Raum gab es zu jener Zeit eine stetige Einwanderung nach Ofen. Die Kontakte zu Nürnberg, Regensburg und Wien hatten für die Entwicklung des Rechts einen dauerhaften und wesentlichen Einfluss. Sie führten dazu, dass die kaufmännischen Usancen und Rechtsgewohnheiten aus diesen Regionen auch für Ofen prägend wurden, auch weil die Kaufleute das Stadtregiment und die jährliche Wahl des Gemeindevorstehers (*maior villae/villicus*) dominierten.

Die Ursprünge des Stadtrechts von Ofen gehen auf das Privileg von 1244 (die Goldene Bulle) zurück, in der die von König Andreas II. anerkannten Freiheiten bestätigt wurden. Durch die Verleihung des Rechts zur eigenen Gerichtsbarkeit sowie der verkehrsorientierten Freiheiten wurden mit diesem Freibrief die Grundlagen der Stadtautonomie gesichert. Vollständige städtische Autonomie erlangte Ofen durch dieses Privileg aber noch nicht, da bis 1347 ein vom König ernannter *rector* in der Stadt regierte.[222] Erst danach wurde die freie Richterwahl von König Karl I. bestätigt.[223]

Die Stadtregierung bestand aus dem Gemeindevorsteher und zwölf Geschworenen. Auf dieser Grundlage bildete sich das Ofner Stadtrecht heraus, das dann bis in die Neuzeit Geltung hatte. Die Rechtspraxis des Tavernikalgerichts, eines Appellationsforums der königlichen Freistädte, beruhte seit der Mitte des 15. Jahrhunderts auch auf dem Ofner Recht.[224] Ofen war außerdem die führende Stadt des einflussreichsten Städtebundes, zu dem sich die königlichen Freistädte zusammengeschlossen hatten.

5. Städtebünde und Rechtsgemeinschaften

Die wirtschaftliche und politische Entwicklung im Lande führte zu einer regionalen Verdichtung. Mehrere Städte schlossen sich zusammen, um gemeinsame Interessen besser vertreten zu können.[225] Die Städtebünde bildeten so eine politische Körperschaft, deren erste Aktivität in der Beteiligung an der Thronfolgediskussion in den Jahren 1301–1308 bestand. Die Zipser Städte unterstützten

---

[220] FÜGEDI, Buda und Pest, in: LexMa, Bd. 2, 1983, Sp. 901.

[221] Die verwandtschaftlichen Verbindungen führten im Fall eines Ofner Stadtrichters bis zur siebenbürgischen Bergstadt Altrodenau. In einem anderen Fall kamen Ofner Geschworene aus einer Tyrnauer Familie. Siehe dazu KUBINYI, Die Anfänge Ofens, 1972, S. 93.

[222] RADY, Medieval Buda, 1985, S. 29–33.

[223] KUBINYI, Die Anfänge Ofens, 1972, S. 73.

[224] WENZEL, A XV. századi tárnoki jog, in: Értekezések a társadalmi tudományok köréből 5,1 (1878), S. 11.

[225] BADER, DILCHER, Deutsche Rechtsgeschichte, 1999, S. 718.

gemeinsam den zukünftigen König Karl von Anjou, während sich die siebenbürgischen Städte mit einem anderen Kandidaten verbündeten.

Der erste Städtebund im Königreich Ungarn entstand im europäischen Vergleich[226] relativ spät. Erst im 14. Jahrhundert schlossen sich 24 Städte in der Zips zu einem Städtebund (*communitas Saxonum de Cips*) zusammen, der erstmals 1344 erwähnt wurde[227] und eine Verfassungs- und Rechtsgemeinschaft begründete. Jede Stadt hatte an ihrer Spitze von der Gemeinde gewählte Richter und Geschworene, die unter Einbeziehung eines äußeren Rates (Hundertleut) regierten. Seit 1344 führte der Bund auch ein eigenes Siegel mit der Inschrift *sigillum Saxonum de Cips*.

Der Zipser Städtebund verfügte über eine ausgeprägte Verfassungsstruktur. Hundert Vertreter der Städte, die sogenannte ‚Große Botschaft', hielten jährlich eine Sitzung ab, auf der der Richter der Sachsen (*comes*) gewählt wurde. Im Fall einer Friedensstörung bei der Richterwahl drohte eine Buße von drei Mark. Die Versammlung der Richter aller Städte zusammen mit dem Zipser Grafen, die sogenannte ‚Botschaft', war die höchste Gerichtsinstanz.

Der Städtebund der 24 Zipser Städte existierte bis 1412. In diesem Jahr verpfändete der ungarische König Sigismund im Vertrag von Altlublau 13 Zipser Städte an den polnischen König, die in das Königreich Polen bis zu dessen erster Teilung im Jahr 1772 eingegliedert wurden. Allerdings erlebten diese Städte unter der Herrschaft des polnischen Königs einen wirtschaftlichen Aufschwung und ihre Rechtsentwicklung zeigte neue Züge.

Die andere Hälfte des Zipser Städtebundes verblieb unter der Herrschaft des ungarischen Königs und bildete den Bund der elf Zipser Städte, der bis 1465 existierte. Seit dem 15. Jahrhundert gerieten diese Orte dann unter die Herrschaft des Zipser Gespans, womit ihre wirtschaftliche Blütezeit zu Ende ging. Schließlich verwalteten die ungarischen Magnatenfamilien die elf Zipser Städte selbst und gliederten sie in das königliche Komitat Zips ein, was auch die frühere Selbstverwaltung beendete.[228]

Eine eigene formal verfasste und schriftlich dokumentierte Verfassungseinheit stellten die niederungarischen[229] Bergstädte im Norden des Königreichs Ungarn zwar nicht dar,[230] sie waren jedoch in einer Interessengemeinschaft miteinander

---

[226] PUHLE, Die Stadt im frühen 13. Jahrhundert, in: DERS. (Hrsg.), Aufbruch in die Gotik, Bd. 1, 2009, S. 462 f.; DISTLER, Städtebünde im deutschen Spätmittelalter, 2006, S. 38–45.

[227] PIIRAINEN, Deutsche Siedler und deutschsprachige Gesetze in der wirtschaftlichen Entwicklung der Slowakei, in: GRIMM [u. a.] (Hrsg.), Die Deutschen in Ostmittel- und Südosteuropa, Bd. 2, 1996, S. 139; Lexikon der slowakischen Geschichte, 2002, S. 331.

[228] SZABÓ, Sachsen in Ungarn und ihr Rechtsleben im Mittelalter und der frühen Neuzeit, in: SCHMIDT-RECLA [u. a.] (Hrsg.), Sachsen im Spiegel des Rechts, S. 97.

[229] Die Ausdrücke ‚niederungarische Bergstädte' bzw. ‚oberungarische Bergstädte' beziehen sich auf ihre geographische Lage, vom Fluss Gran aus gesehen. In der slowakischen Historiographie heißen sie „mittelslowakische Bergstädte" bzw. „ostslowakische Bergstädte". Lexikon der slowakischen Geschichte, 2002, S. 331 f.

verbunden. Die wirtschaftlichen Interessen im Bergbau und die geographische Nähe im Tal des Flusses Gran verstärkten zusätzlich ihre Zusammengehörigkeit. Die Bürger dieser Städte waren gemäß den königlichen Privilegien frei, so dass allein schon die privilegierte Rechtsstellung die Bildung einer Interessengemeinschaft förderte. Auch historisch gesehen hatten diese Städte einen gemeinsamen Entwicklungsweg, der mit der Vereinigung von Bergsiedlungen begann, die später gemeinsam unter die Herrschaft der Königinnen gestellt wurden. Äußere Umstände (wie die Hussitenkriege) erzeugten außerdem das Bedürfnis nach einer gemeinsamen Verteidigung. Auch die im 14. Jahrhundert entstandenen Rechtsbeziehungen zwischen Schemnitz, Kremnitz und Neusohl führten dazu, dass seit 1405 eine Gemeinschaft der sechs (seit 1466 sieben) niederungarischen Bergstädte existierte.[231]

Führend in diesem Bund war die Stadt Schemnitz, deren Stadt- und Bergrecht Rechtsgrundlage weiterer Bergstädte wurde.[232] In Streitsachen des Bergbaus, später aber auch in zivilrechtlichen Fällen, war die Rechtsgemeinschaft der sieben niederungarischen Städte auch als zweite Berufungsinstanz zuständig. Dieses Obergericht, dessen Sitz in Kremnitz war,[233] entwickelte sich im 15. Jahrhundert durch die Entsendung von Bürgern.

Zum Sitz der königlichen Kammergrafen (*comes camerae*), die für die Verwaltung der königlichen Einnahmen zuständig waren, wurde hingegen Kremnitz gewählt.[234] Die Gemeinschaft der niederungarischen Bergstädte bestand bis zum Jahr 1863.[235]

Im Laufe des 15. Jahrhunderts schlossen sich die oberungarischen Bergstädte unter der Führung von Göllnitz zusammen. Zweck der Kooperation dieser nördlich des Flusses Gran gelegenen Bergstädte war unter anderem die gemeinsame Regelung der Bergbauangelegenheiten. In Göllnitz wurde auch das gemeinsame Obergericht für diese Fragen gegründet, das auch als Appellationsforum für die Stadtbürger dieser Rechtsgemeinschaft diente.

---

230 WENZEL, Magyarország bányászatának kritikai története, 1880, S. 62; PROBSZT, Die niederungarischen Bergstädte, 1966, S. 56; MEIER, PIIRAINEN, Der Schwabenspiegel aus Kaschau, 2000, S. 24.

231 CDH, Bd. X/4, 1841, S. 819. Zur Gemeinschaft der niederungarischen Bergstädte gehörten Kremnitz, Schemnitz, Königsberg, Pukkanz, Neusohl, Libethen und Dilln. Vgl. WENZEL, Magyarország bányászatának kritikai története, 1880, S. 42; CHALUPECKÝ, Stadtrechte im Gebiet der heutigen Slowakei, in: Karpaten Jahrbuch 63 (2012 [2011]), S. 53.

232 PIIRAINEN, Deutsche Siedler und deutschsprachige Gesetze in der wirtschaftlichen Entwicklung der Slowakei, in: GRIMM [u. a.] (Hrsg.), Die Deutschen in Ostmittel- und Südosteuropa, Bd. 2, 1996, S. 143; DERS., Das Stadt- und Bergrecht von Banská Štiavnica/Schemnitz, 1986, S. 14; WENZEL, Magyarország városai és városjogai a múltban és jelenben, 1877, S. 43.

233 FELHŐ, Buda elsősége a tárnoki városok között, in: Tanulmányok Budapest Múltjából 19 (1972), S. 154.

234 WENZEL, Magyarország bányászatának kritikai története, 1880, S. 44.

235 Ebd., S. 64.

Bei der Rechtsentwicklung am Ende des 15. Jahrhunderts übernahmen die nördlich, entlang der Handelsroute nach Polen gelegenen Handelsstädte eine besondere Rolle. Bartfeld, Eperies, Kaschau, Zeben und Leutschau gehörten seitdem zum Städtebund ‚Pentapolis‘.[236] Das Rechtsleben dieser Städte zeigt, dass hier sowohl der Sachsenspiegel als auch der Schwabenspiegel als Rechtsquelle bekannt waren.[237]

In jenen *civitates* des Landes, in denen das Stadtleben dank des Fernhandels und aufgrund des städtischen Bewusstseins der Bürger ein hohes Niveau erreichte, kam es zuerst zu einer nur lockeren Verbindung der Städte. Ausgangspunkt dafür war die Ähnlichkeit der Marktfreiheiten dieser Städte, so dass sie sich auch in juristischen Fragen untereinander berieten. Familienverbindungen und weitere Ansiedlungen verstärkten den Zusammenhalt. Auf diesen Grundlagen bildete sich um 1430 der Städtebund der sieben königlichen Freistädte: Kaschau, Pressburg, Ödenburg, Tyrnau, Ofen, Bartfeld und Eperies. Seit der Regierungszeit König Sigismunds waren diese Städte auch auf dem Landtag vertreten. Die königlichen Freistädte entsandten zudem ihre rechtskundigen Bürger an das königliche Gericht des Tarnakmeisters, der in den Angelegenheiten der Stadtbürger auf der Grundlage des Ofner Stadtrechts Recht sprach. In diesem Städtebund war die Stadt Ofen der *primus inter pares*.[238]

Auch die Entstehung ständischer Bünde lässt sich im Donau- und Karpatenraum beobachten. So konstituierte sich in Siebenbürgen eine bündnisähnliche Organisation der Sachsen, die sogenannte ‚Siebenbürgisch-Sächsische Nationsuniversität‘,[239] die sich 1437 als ständische Vereinigung der *unio trium nationum* mit den freien Szeklern und dem ungarischen Komitatsadel zusammenschloss.[240] Die politische Aktivität der Sachsen fand dabei im Rahmen der Städte statt, denn ihre Interessengemeinschaft entstand zum Schutz gegen das Osmanische Reich und gegen den Bauernaufstand.

---

[236] NÉMETH, Várospolitika és gazdaságpolitika a 16–17. századi Magyarországon, Bd. 1, 2004, S. 77; HALAGA, Pentapolis, in: MALÝ (Hrsg.), Městské právo v 16.–18. století v Evropě, 1979, S. 42f.; STOOB, Die mittelalterliche Städtebildung im Karpatenbogen, in: DERS. (Hrsg.), Die mittelalterliche Städtebildung im südöstlichen Europa, 1977, S. 217.

[237] BLAZOVICH, Das Ofner Stadtrecht und die Rechtsbücher von Ungarn, in: EIKE von Repgow, A Szász tükör, 2005, S. 95.

[238] PAPSONOVÁ, Das Tavernikalrecht und das Tavernikalbuch von Eperjes/Prešov, in: Zeitschrift für germanistische Sprach- und Literaturwissenschaft in der Slowakei 1 (2004), S. 42.

[239] K. GÜNDISCH, Siebenbürgen und die Siebenbürger Sachsen, [2]2005, S. 68.

[240] DERS., Ungarn im Mittelalter, in: FISCHER, Eine kleine Geschichte Ungarns, 1999, S. 45; DERZSI, Schuld und Sühne, in: Berichte und Forschungen 16 (2008), S. 232.

VI. Rechtsprechung auf Grundlage des Stadtrechts

Struktur und System der stadtrechtlichen Verbindungen lassen sich gut an König Sigismunds Stadtdekret aus dem Jahr 1405 erkennen.[241] Der König verfügte darin über die obere Gerichtsbarkeit der Städte. Der Rechtszug wurde im Dekret als *appellatio* bezeichnet und als ein zweistufiges Verfahren festgelegt. Die Etablierung eines derartigen Appellationsverfahrens war innerhalb Europas eine recht frühe Erscheinung.[242] Gemäß dem Stadtdekret König Sigismunds war diese Appellation aus den Städten auf zwei Wegen möglich. Bürger und Hospites der freien bzw. bedeutenderen Städte konnten sich, wenn sie mit einem Urteil ihrer Richter nicht zufrieden waren, entweder an das Gericht des Tarnakmeisters[243] (*magister tavernicorum regalium*) oder an jenes Stadtgericht wenden,[244] nach dessen Freiheiten die Städte lebten.[245]

Die Zuständigkeit des Tarnakmeisters für die rechtlichen Auseinandersetzungen der Stadtbürger beruhte auf der Gerichtshoheit des Königs, denn er war der Grundherr der bedeutenden Handelsstädte. Der Tarnakmeister, während der Herrschaft der Arpadenkönige für die königlichen Einnahmen zuständig, verwaltete auch die Abgaben dieser Städte.[246] Zur Zeit der Ostsiedlung war er zudem für die Einnahmen aus den Hospes-Siedlungen zuständig. Aus dieser Funktion entwickelte sich in der zweiten Hälfte des 13. Jahrhunderts und im 14. Jahrhundert die Gerichtsbarkeit des Tarnakmeisters. Er hielt seine Gerichtssitzungen als Stellvertreter des Königs ab.[247] Die judikativen Befugnisse des Tarnakmeisters wurden im Laufe des 14. Jahrhunderts von der Verwaltung der königlichen Einnahmen getrennt.

Der Tarnakmeister stammte aus den Reihen des Hochadels.[248] Mehrere Tarnakmeister des 15. Jahrhunderts kamen als hohe Würdenträger aus der lokalen

---

[241] Gesetzesartikel 1405:2, § 4 und § 12, in: CJH, Bd. 1, S. 212, 218.

[242] Vgl. WEITZEL, Über Oberhöfe, Recht und Rechtszug – eine Skizze, 1981, S. 4 f. und 126; DERS., Appellation, in: ²HRG, Bd. 1, 2008, Sp. 268 f.; DERS., Oberhof, in: LexMa, Bd. 6, 1993, Sp. 1331 f.; DUSIL, Die Soester Stadtrechtsfamilie, 2007, S. 249.

[243] Das Wort ‚Tarnak' ist ursprünglich türkischer Herkunft (Vieh) und wurde dank slawischer Vermittlung ins Ungarische übernommen. Vgl. BERTA, HOMOKI NAGY, Ein ungarischer rechtshistorischer Terminus türkischen Ursprungs, in: Studia Etymologica Cracoviensia 9 (2004), S. 9–27. Als ‚Tarnaken' (*tavernici*) wurden die Verwalter der Güter seit der Mitte des 13. Jahrhunderts bezeichnet. BORECZKY, A királyi tárnokmester hivatala, 1904, S. 5 f.

[244] MERTANOVÁ, Die Stellung von Preßburg in dem Berufungswesen der Tavernikalstädte (14.–16. Jh.), in: MARSINA (Hrsg.), Städte im Donauraum, 1993, S. 210 f.

[245] PETROVICS, A korai magyar városfejlődés és az idegen jog, in: BÉKÉSI [u. a.] (Hrsg.), Régi és új peregrináció, 1993, S. 269.

[246] Ebd., S. 17 f.

[247] SZENTPÉTERI, A tárnoki ítélőszék kialakulása, in: Századok 68 (1934), S. 515; BORECZKY, A királyi tárnokmester hivatala, 1904, S. 82; FELHŐ, Buda elsősége a tárnoki városok között, in: Tanulmányok Budapest Múltjából 19 (1972), S. 153.

[248] SZENTPÉTERI, A tárnoki ítélőszék kialakulása, in: Századok 68 (1934), S. 537.

Verwaltung und waren vorher Obergespane in den Komitaten gewesen. Die institutionelle Verfestigung des Tavernikalgerichts lässt sich auch dadurch belegen, dass ab 1405 ein weiterer Amtsträger für die städtischen Angelegenheiten, der Vizetarnakmeister (*vicemagister tavernicorum regalium*), als Stellvertreter vom König ernannt wurde.

Die Gerichtsbeisitzenden waren ursprünglich Prälaten bzw. Adelige[249] und urteilten anfangs anhand des adeligen Gewohnheitsrechts. Im Jahr 1383 wurden zum ersten Mal Beisitzer aus den Städten zum Tavernikalgericht berufen und seit 1416 stammten diese ausschließlich aus der Bürgerschaft.[250] Entscheidungsgrundlage für die Appellationen aus den königlichen Freistädten war daher nicht das adelige Gewohnheitsrecht, vielmehr konnten die Rechtsvorstellungen der Stadtbürger beim Rechtszug in die Urteilsfindung einfließen.[251] Dies fällt zeitlich mit der ständischen Formierung der Bürgerschaft zusammen, wodurch die Bürger der königlichen Freistädte auch auf der Ständeversammlung vertreten waren.[252]

Ab der Mitte des 15. Jahrhunderts hatte das Tavernikalgericht seine ausgeprägte Form erreicht.[253] Statuten, die von den Beisitzern verabschiedet und vom Tarnakmeister bestätigt waren, regelten die Konstituierung des Gerichts. Solche sind aus den Jahren 1456, 1479 (Artikel des Tarnakmeisters János Laki Thúz) und 1494 überliefert.[254] Die Statuten von 1479 bestimmten für das Tavernikalgericht sehr differenziert einen jährlichen Tagungsturnus. Dieses Gericht bestand mit gewissen Unterbrechungen bis zum Ende des ständischen Rechtssystems in Ungarn in der Mitte des 19. Jahrhunderts und trug wesentlich zur Vereinheitlichung des Stadtrechts bei.[255]

Die Zuständigkeit des Gerichts umfasste die sogenannte niedere Gerichtsbarkeit.[256] Die Zahl der zum Gericht des Tarnakmeisters gehörenden Städte verfestigte sich um die Wende vom 14. zum 15. Jahrhundert. Um diese Zeit etablierte sich das Gericht des Tarnakmeisters mit seinem Sitz in der Stadt Ofen[257] und einer festen Zahl von Assessoren (von den sieben königlichen Freistädten wurden je

---

[249] MERTANOVÁ, Die Stellung von Preßburg in dem Berufungswesen der Tavernikalstädte (14.–16. Jh.), in: MARSINA (Hrsg.), Städte im Donauraum, 1993, S. 212.

[250] SZENTPÉTERI, A tárnoki ítélőszék kialakulása, in: Századok 68 (1934), S. 541; FELHŐ, Buda elsősége a tárnoki városok között, in: Tanulmányok Budapest Múltjából 19 (1972), S. 154.

[251] Ebd.

[252] SZENTPÉTERI, A tárnoki ítélőszék kialakulása, in: Századok 68 (1934), S. 510.

[253] MERTANOVÁ, Ius tavernicale, 1985, S. 223 f.

[254] PAPSONOVÁ, Das Tavernikalrecht und das Tavernikalbuch von Eperjes/Prešov, in: Zeitschrift für germanistische Sprach- und Literaturwissenschaft in der Slowakei 1 (2004), S. 43.

[255] MERTANOVÁ, Ius tavernicale, 1985, S. 224; DIES., Die Stellung von Preßburg in dem Berufungswesen der Tavernikalstädte (14.–16. Jh.), in: MARSINA (Hrsg.), Städte im Donauraum, 1993, S. 215.

[256] WENZEL, A XV. századi tárnoki jog, in: Értekezések a társadalmi tudományok köréből 5,1 (1878), S. 11.

[257] Ebd., S. 12; FELHŐ, Buda elsősége a tárnoki városok között, in: Tanulmányok Budapest Múltjából 19 (1972), S. 154.

zwei bis drei Assessoren zum Tavernikalgericht geschickt).[258] Parallel dazu wandten sich die kleineren Städte in Rechtsfragen an Ofen.[259]

Die Funktionsweise dieser Institution deutet auf eine gewisse Parallele zu den städtischen Schöffenstühlen in anderen Teilen Ostmitteleuropas hin. Für beide war das Stadtrecht die Grundlage der Rechtsprechung. Entwickelte sich das Magdeburger Schöffenkollegium aus den städtischen Machtstrukturen, war das ungarische Tavernikalgericht hingegen von der stadtherrlichen Gerichtsbarkeit des Landesherren abhängig.[260] Der Tarnakmeister war Stellvertreter des Königs in städtischen Angelegenheiten, weshalb die Urteile des Tavernikalgerichts auch im Namen des Königs verfasst wurden. Erst im Laufe der Zeit entwickelte es sich zu einem gemeinschaftlichen Stadtgericht.[261]

Hinweise auf eine Rechtseinholung königlicher Städte von Gerichten außerhalb des Königreichs Ungarn ließen sich bislang nicht finden, so dass man davon ausgehen kann, dass diese Praxis durch die Existenz eines Obergerichts verhindert wurde. Da es im Königreich Ungarn keine Stadtgründungen gab, die sich ausdrücklich auf deutsches Recht beziehen, wandten sich die Städte entweder an das königliche Gericht oder an eine benachbarte Stadt. Die im Stadtdekret von 1405 verfügte Appellation an die Mutterstadt beschränkte zusätzlich den Radius der Stadtrechtsverbindungen auf Städte innerhalb Ungarns.[262]

Wie im Stadtdekret verfügt, waren einige Städte auch rechtlich miteinander verbunden. Die Rechtsgemeinschaft der Städte basierte also nicht nur auf den gemeinsamen Privilegien, vielmehr entstand diese auch aufgrund des Rechtszuges.[263] In der Regel wandten sich die kleineren Städte in Rechtsfragen an Ofen, wo der Richter zusammen mit den Geschworenen über diese Appellation in letzter Instanz entschied. In einigen Fällen stellten diese Städte auch außerhalb aktueller Gerichtsverfahren rechtliche Anfragen an Ofen.[264] Aber auch andere königliche Freistädte nahmen Stellung zu Rechtsfragen, die von den benachbarten kleineren Städten vorgebracht wurden. Beispielsweise sandten die Städte

---

[258] NÉMETH, Várospolitika és gazdaságpolitika a 16–17. századi Magyarországon, Bd. 1, 2004, S. 177–181.

[259] Hinweis bei KUBINYI, Városhálózat a késő középkori Kárpát-medencében, in: CSUKOVITS, LENGYEL (Hrsg.), Bártfától Pozsonyig, 2005, S. 25.

[260] RADY, Medieval Buda, 1985, S. 152.

[261] KUBINYI, Zur Frage der deutschen Siedlungen im mittleren Teil des Königreichs Ungarn (1200–1541), in: SCHLESINGER (Hrsg.), Die deutsche Ostsiedlung des Mittelalters als Problem der europäischen Geschichte, 1975, S. 564.

[262] FÜGEDI, Das mittelalterliche Königreich Ungarn als Gastland, in: SCHLESINGER (Hrsg.), Die deutsche Ostsiedlung des Mittelalters als Problem der europäischen Geschichte, 1975, S. 492; DERS., Der Stadtplan von Stuhlweißenburg und die Anfänge des Bürgertums in Ungarn, in: Acta Historica Academiae Scientiarum Hungariae 15 (1969), S. 134.

[263] BORECZKY, A királyi tárnokmester hivatala, 1904, S. 114–117.

[264] KUBINYI, Zur Frage der deutschen Siedlungen im mittleren Teil des Königreichs Ungarn (1200–1541), in: SCHLESINGER (Hrsg.), Die deutsche Ostsiedlung des Mittelalters als Problem der europäischen Geschichte, 1975, S. 564.

Güns und Steinamanger ihre Fälle als Appellation an das Stadtgericht von Ödenburg.[265] Auch Pressburg und Tyrnau übten solche Oberhoffunktionen aus.[266]

Ein gutes Beispiel für die stadtrechtlichen Verbindungen liefert ein Fall aus Sajószentpéter. Dieses Oppidum, das ursprünglich zu der Grundherrschaft der Adelsfamilie Pálóczi gehört hatte, wandte sich an den Richter und die Geschworenen von Ofen.[267] Das Urteil des Ofner Magistrats wurde 1474 gemäß dem Gewohnheitsrecht der Oppida gefällt und zusammen mit der ursprünglichen Anfrage nach Sajószentpéter zurückgeschickt.

Das Rechtsbuch von István Werbőczy von 1517 nannte aber nur die zwei königlichen Gerichte als Obergerichte.[268] Werbőczy unterschied das Tavernikalgericht von dem Gericht des ‚Personalis' (*personalis regiae maiestatis*), das für die Appellationen aus den Städten Stuhlweißenburg, Gran und der Zipser Stadt Leutschau zuständig war. Dieses Gericht besaß juristisch gebildete Urteilsfinder, die die Rechtsfälle professioneller lösen konnten als die Beisitzer des Tavernikalgerichts.[269] Die Grundlage für die Rechtsprechung des Gerichts des ‚Personalis' waren aber nicht die städtischen Normen, sondern das ungarische Gewohnheitsrecht.

Nach der Auflistung bei Werbőczy gehörten gemäß alter Gewohnheit des Landes acht königliche Freistädte zur Gerichtsbarkeit des Tarnakmeisters: Ofen, Pest,[270] Kaschau, Pressburg, Tyrnau, Ödenburg, Bartfeld und Eperies. Über die judikativen Funktionen der Mutterstädte schrieb Werbőczy jedoch nichts.

VII. Das Ende der Blütezeit der ungarischen Städte

Wirtschaftliche, außen- und auch innenpolitische Gründe sind Ursachen für den Zerfall der mittelalterlichen ungarischen Städtekultur. So richtete sich mit der Entdeckung der amerikanischen Goldquellen das Interesse der europäischen Geldmärkte nicht mehr auf den ungarischen Edelmetallbergbau. Am Ende des 15. Jahrhunderts löste dies eine Stagnation aus.[271] Es gab Versuche, den Bergbau mit Investitionen zu stützen, wie ein gemeinsames Unternehmen der Fugger aus Augsburg und der Zipser Familie Thurzó im Jahre 1495 in Neusohl und Göllnitz belegt.[272] Unter dem Namen ‚Ungarischer Handel' beteiligte sich diese

---

[265] HÁZI, NÉMETH (Hrsg.), Gerichtsbuch/Bírósági könyv, 2005, Nr. 338, S. 215 und Nr. 524, S. 339f.

[266] SZENTPÉTERI, A tárnoki ítélőszék kialakulása, in: Századok 68 (1934), S. 535.

[267] TÓTH, Válogatott források Sajószentpéter történetéhez, 2007, S. 35–37.

[268] WERBŐCZY, Tripartitum, 1990, Pars III, Tit. 8.

[269] DEGRÉ, Székesfehérvár városi joga a középkorban, in: KRALOVÁNSZKY (Hrsg.), Székesfehérvár évszázadai, Teil 2: Középkor, 1972 [u. 2004], S. 259.

[270] Pest zählte auch bereits am Ende des 15. Jahrhunderts zu den königlichen Freistädten. WENZEL, A XV. századi tárnoki jog, in: Értekezések a társadalmi tudományok köréből 5,1 (1878), S. 12f.

[271] PROBSZT, Die niederungarischen Bergstädte, 1966, S. 63.

[272] PIIRAINEN, Deutsche Siedler und deutschsprachige Gesetze in der wirtschaftlichen Entwicklung der

Unternehmergesellschaft europaweit am Handel und am Kupfer- und Silberbergbau. Die Geschäfte und die Expansion des Unternehmens stießen bei Adel und Bürgertum auf Ablehnung, was dazu führte, dass die Fugger-Thurzó-Gesellschaft die Pacht der Bergwerke nicht verlängerte und die Fugger das Bergbauunternehmen in der Mitte des 16. Jahrhunderts verließen.[273] Diese Entwicklung ist signifikant für die Stagnation des bisher europaweit erfolgreichen Bergbaus.

Außenpolitische Ursache für den Niedergang der Stadtkultur in dieser Region war die Eroberung des mittleren Teils von Ungarn durch das Osmanische Reich seit dem 14. Jahrhundert. Die Fernhandelswege waren unterbrochen und damit der Handel als Ganzes wesentlich beeinträchtigt.[274] Auch die sächsischen Städte Siebenbürgens wurden seit den zwanziger Jahren des 15. Jahrhunderts erobert und 1438 wurde Hermannstadt belagert. Dies führte zu einem erheblichen Bevölkerungsverlust.[275]

Auch die innenpolitischen Machtkämpfe seit dem 15. Jahrhundert und die geschwächte königliche Macht trugen dazu bei, dass die Städte im Königreich Ungarn an Bedeutung verloren.[276] Schon König Sigismund musste Teile seiner Macht an die ungarischen Barone abgeben.[277] Die auf ihn folgenden Herrscher konnten an die Tradition der Städteförderung nicht mehr anknüpfen.

Im Jahre 1541 wurde Ofen vom Osmanischen Reich erobert. Von nun an bis 1686 stand der mittlere Teil des Königreichs Ungarn unter seiner Herrschaft.[278] Viele Bürger flohen aus den eroberten Städten in die weiter nördlich gelegenen deutschen Städte im inzwischen habsburgischen Teil Ungarns, z. B. nach Pressburg und Kaschau. Dies verstärkte ebenfalls den Zerfall der bisherigen Städtekultur und beendete die ehemals blühenden Handelsbeziehungen zwischen Ost und West.[279]

Die Fernhandelsbeziehungen konnten sich wegen der geteilten Herrschaftsgebiete im nach 1541 als ‚königliches' Ungarn bezeichneten nördlichen Landesteil nicht mehr wie früher entfalten.[280] Abgeschlossen wurde damit ein Kapitel des kulturellen Austausches mit Westeuropa, der sich in der Zeit der Anjou und

Slowakei, in: GRIMM [u. a.] (Hrsg.), Die Deutschen in Ostmittel- und Südosteuropa, Bd. 2, 1996, S. 146; SCHÖDL, Ungarns Städtewesen im Spätmittelalter, in: KAISER, STASIEWSKI (Hrsg.), Stadt und Landschaft im deutschen Osten und in Ostmitteleuropa, 1982, S. 139; WENZEL, Magyarország bányászatának kritikai története, 1880, S. 31; Lexikon der slowakischen Geschichte, 2002, S. 58.

273 FISCHER, Eine kleine Geschichte Ungarns, 1999, S. 58.

274 K. GÜNDISCH, Ungarn im Mittelalter, in: FISCHER, Eine kleine Geschichte Ungarns, 1999, S. 49.

275 DRASKÓCZY, Das ungarländische Deutschtum, in: BRUNNER (Hrsg.), Die Deutschen in Ungarn, 1989, S. 20.

276 SCHÖDL, Ungarns Städtewesen im Spätmittelalter, in: KAISER, STASIEWSKI (Hrsg.), Stadt und Landschaft im deutschen Osten und in Ostmitteleuropa, 1982, S. 131.

277 BAK, Königtum und Stände in Ungarn im 14.–16. Jahrhundert, 1973, S. 30–37.

278 FISCHER, Eine kleine Geschichte Ungarns, 1999, S. 53.

279 Ebd., S. 57 f.

280 HALAGA, Pentapolis, in: MALÝ (Hrsg.), Městské právo v 16.–18. století v Evropě, 1979, S. 49.

Luxemburger hatte etablieren können.[281] Der Austausch fand nun auf anderen Wegen statt, z. B. durch Büchererwerbungen in anderen Ländern und – als Folge der Reformation – durch die Peregrination an die protestantischen Universitäten Deutschlands und der Niederlande.[282]

VIII. Rückblick

Im Hinblick auf die Siedlungsentwicklung wird von der ungarischen Geschichtsschreibung zwar eine gewisse Verzögerung im Vergleich zum übrigen Europa betont, doch führte die königliche Unterstützung dann zu einer raschen Entwicklung der strategisch wichtigen Marktorte. Für die Frühgeschichte des ungarischen Königreichs ist mit Ausnahme der Thronfolgestreitigkeiten bis zum Ende des 12. Jahrhunderts eine starke zentrale Macht charakteristisch.[283] Zu Beginn des 13. Jahrhunderts verlor der ungarische König seine Vorrangposition, denn die weltlichen Grundherren wurden durch Donationen und Immunitätsprivilegien gestärkt.[284] Seit der Goldenen Bulle König Andreas' II. im Jahre 1222 lässt sich Ungarn eher als eine Oligarchie denn als eine Monarchie beschreiben.[285]

Der König behielt aber weiterhin die Herrschaft über die bedeutendsten Handels- und Bergstädte, da er auf deren Einnahmen und politische Unterstützung angewiesen war. Im Gegenzug war seine Städtepolitik eine Art *laissez-faire*-Stadtherrschaft. Die königlichen Städte genossen große Freiräume, in denen sich die städtische Autonomie entfalten konnte und ihr privilegierter Status förderte die Gestaltungsspielräume der städtischen Rechtsentwicklung.

---

[281] K. GÜNDISCH, Ungarn im Mittelalter, in: FISCHER, Eine kleine Geschichte Ungarns, 1999, S. 40; KÜPPER, Rechtskultur(en) in Ostmitteleuropa, in: Berichte und Beiträge des Geisteswissenschaftlichen Zentrums Geschichte und Kultur Ostmitteleuropas e. V. 1998/1999 (1999), S. 343.

[282] FISCHER, Eine kleine Geschichte Ungarns, 1999, S. 60f.

[283] Dies erklärt auch, warum die ungarische mittelalterliche Gesellschaft anfangs nicht wesentlich vom Lehnssystem geprägt wurde (BÓNIS, Hűbériség és rendiség a középkori magyar jogban, 1947, S. 113f.).

[284] BALOGH, Az Aranybulla helye a magyar alkotmánytörténetben, in: BESENYEI [u. a.] (Hrsg.), De Bulla Aurea Andreae II Regis Hungariae MCCXXII, 1999, S. 65.

[285] Die deutsche Ostsiedlung ⟨Teil 2⟩, 1972, S. 180.

E. Rechtstransfer (*Katalin Gönczi*)

I. Zur Forschungsproblematik in der ungarischen Sekundärliteratur

Ausgehend von der Struktur der ungarischen Rechtsordnung im Mittelalter lässt sich feststellen, dass die Grundlagen des sächsisch-magdeburgischen Rechts im *städtischen* Bereich zu verorten sind. Die Frage nach der Geltung des sächsisch-magdeburgischen Rechts im Königreich Ungarn führt zu einer in der ungarischen Stadtrechtsforschung seit langem geführten Diskussion, die den Einfluss des sächsisch-magdeburgischen Rechts entweder grundsätzlich infrage stellt bzw. danach fragt, in welchem Maße sich das deutsche Recht auf die Rechtsordnung der Städte im Königreich Ungarn auswirkte. Die Ungarische Akademie der Wissenschaften war ein Zentrum dieser Auseinandersetzung. Hier fanden Rechtshistoriker bzw. Historiker im 19. Jahrhundert unterschiedliche Antworten.

Der führende ungarische Rechtshistoriker in der zweiten Hälfte des 19. Jahrhunderts, Gusztáv Wenzel, bestritt einen Einfluss des sächsisch-magdeburgischen Rechts, als er 1877 die Stadtrechtsentwicklung im europäischen Vergleich untersuchte. Wenzel war in dieser für die Ungarische Akademie der Wissenschaften verfassten Arbeit der Meinung, dass sich die Stadtrechte in Ungarn anders als jene in Polen entwickelten, wo das Magdeburger und das lübische Recht rezipiert worden waren.[1]

Eine etwas modifizierte These vertrat der Gymnasiallehrer und Historiker Kálmán Demkó, der sich mit der Geschichte der ‚oberungarischen' Städte befasste. In einer Studie aus dem Jahr 1890 wiederholte Demkó die Aussage von Wenzel, aber mit einer gewissen Abschwächung. Aufgrund seiner Forschungen zur Geschichte der Zips stellte er fest, dass die Grundprinzipien des ungarischen Stadtrechts aus dem Ausland ‚eingebracht' worden seien.[2] In seiner von der Ungarischen Akademie der Wissenschaften publizierten Abhandlung aus dem Jahr 1891 setzte sich Demkó mit den Verbindungen zwischen dem Zipser und dem deutschen Recht auseinander.[3] 1897 widersprach Demkó sogar offen der von Wenzel geprägten herrschenden Meinung. In einer Abhandlung über die Geschichte der Stadt Leutschau stellte Demkó erneut fest, dass bei den Rechtsgewohnheiten der von Fremden gegründeten Städte zumindest deren Grundprinzipien ‚eingebracht' worden seien.[4]

Mehrere Generationen später wurde die Frage der Geltung des deutschen Rechts in Ungarn erneut in der wissenschaftlichen Öffentlichkeit diskutiert. Der ungarische Historiker András Kubinyi, der sich jahrzehntelang mit der Geschichte

---

[1] WENZEL, Magyarország városai és városjogai a múltban és jelenben, 1877, S. 44.

[2] Übersetzung der Verfasserin aus dem Ungarischen. DEMKÓ, A felső-magyarországi városok életéről a XV–XVII. században, 1890, S. 5.

[3] DERS., A szepesi jog ‚(Zipser Willkühr)', 1891, S. 22–42.

[4] DERS., Lőcse története, Bd. 5, 1897, S. 87.

von Pest und Ofen beschäftigte, vertrat 1972 die Ansicht, dass es eine „volle Übernahme" eines ungarischen oder ausländischen Rechts im Fall Ofens nicht gegeben hätte und sprach stattdessen von einer „teilweisen Übernahme".[5]

Wie dieser Diskurs der ungarischen Wissenschaftler zu unterschiedlichen Zeiten zeigt, war die Problematik des Rechtseinflusses im Königreich Ungarn zwar zusammen mit der Stadtrechtsentwicklung untersucht worden, aber lediglich mit Blick auf Ungarn. Das städtische Normensystem ist das Ergebnis mehrerer Entwicklungsphasen und kann geographisch isoliert nicht adäquat verstanden werden. Vielmehr müssen die Formen der Ausstrahlung des Magdeburger Rechts in die benachbarten ostmitteleuropäischen Länder bei der Beurteilung Ungarns/Rumäniens berücksichtigt werden. Im Vergleich zu den Entwicklungen in Polen können nun die Ergebnisse des hier vorliegenden Bandes von der Wissenschaft ausgewertet werden.[6] Die aktuelle Forschung zu den Rechtsaufzeichnungen deutet darauf hin, dass im mittelalterlichen Ungarn eine gewisse *Symbiose der Rechtskreise* festgestellt werden kann.[7]

II. Geltung des deutschen Rechts kraft Privilegien

Die Geltung des sächsisch-magdeburgischen Rechts lässt sich anhand von Siedlerfreiheiten und der besonderen Form der Gerichtsbarkeit sowie Rechtsaufzeichnungen des jeweiligen Untersuchungsgebiets nachweisen. Zu prüfen ist also, ob sich die Wege des Transfers auch bei der Rechtsentwicklung im Donau- und Karpatenraum finden lassen.

1. Siedlerfreiheiten

Zu den frühesten Schichten des städtischen Rechtssystems im Donau- und Karpatenraum gehören die Privilegien, in denen die Könige die Freiheiten der Siedler bestätigten. Diese Siedlerprivilegien bezogen sich auf eine Gruppe, für die das ursprüngliche Personalitätsprinzip noch galt, was sich daran zeigt, dass die Rechtsstellung der Latini bzw. Teutonici oder Saxones im Vergleich zum Status der übrigen Landbewohner hervorgehoben wurde.

Die in den Privilegien garantierte freie Richterwahl führte zur Geltung der Rechtsgewohnheiten der Siedler. Auf diese Weise nahm das städtische Rechtssystem[8] die Hospes-Gewohnheiten auf. Diese frühe Schicht lässt sich auch später

---

[5] KUBINYI, Die Anfänge Ofens, 1972, S. 102.

[6] BILY, CARLS, GÖNCZI, Sächsisch-magdeburgisches Recht in Polen, 2011.

[7] BLAZOVICH, Der Sachsenspiegel und das Recht der Zips, in: EICHLER, LÜCK (Hrsg.), Rechts- und Sprachtransfer in Mittel- und Osteuropa, 2008, S. 29–36; DERS., Die Wirkung des Schwabenspiegels in Ungarn, in: Acta Juridica et Politica 71, Fasc. 17.3 (2008), S. 531–543.

[8] BADER, DILCHER, Deutsche Rechtsgeschichte, 1999, S. 608–612; KROESCHELL, Deutsche Rechtsgeschichte, Bd. 1, 2008, S. 275.

noch in den Rechtsaufzeichnungen des 14. und 15. Jahrhunderts nachweisen. Die Landesherren boten den Siedlern Schutz, wie an den Arengen der ersten erhaltenen Privilegien aus dem 13. Jahrhundert erkennbar ist.[9]

Die Könige von Ungarn sicherten den Hospes-Gemeinden ihre eigene Gerichtsbarkeit zu,[10] so dass die Siedler ihr Gewohnheitsrecht weiter praktizieren konnten.[11] So erkannte das Privileg der Siebenbürger Sachsen aus dem Jahr 1224 die freie Richterwahl an.[12] In den Prozessen, die vor dem gewählten Richter geführt wurden, kam somit das Gewohnheitsrecht der Siedler zur Anwendung. Auch der Freibrief der Zipser Sachsen aus dem Jahr 1271 deutet darauf hin, dass die Siedler das Recht hatten, einen eigenen Richter zu wählen.[13] Dieser Richter, der Graf der Zipser Sachsen (*comes*)[14], urteilte nicht aufgrund des ungarischen Gewohnheitsrechts, sondern nach dem Recht und den Gewohnheiten des Zipser Gebiets. Dies wird im Privileg damit begründet, dass die Bewohner der Zips einfache Leute seien, die sich im Recht der Adeligen nicht auskennen würden und daher ein von ihnen gewählter Richter in den Angelegenheiten der Zipser Sachsen urteilen sollte. Der Zipser Graf war demnach zuständig für die niedere Gerichtsbarkeit. In Blutsachen (hohe Gerichtsbarkeit) urteilte der Richter der Sachsen zusammen mit dem Burggrafen.

Hospes-Freiheiten bilden die ältesten Bestandteile des Stadtrechts im Karpatenbecken. Dieses Recht bestand aus den von den Hospites mitgebrachten und mündlich tradierten Rechtsgewohnheiten und ist erstmals für die Zeit nach dem Mongolensturm überliefert.[15] Auf die langjährige Geltung dieser Privilegien wurde auch in den Rechtsbüchern hingewiesen. „Die wir von alters her besitzen“ oder ähnliche Formeln waren häufige Redewendungen in den Rechtsaufzeichnungen.[16] Die mitgebrachten Rechtsgewohnheiten der Siedler galten also kraft der Siedlungsverträge, die einen wichtigen Stellenwert beim Landesausbau besaßen.

---

[9] PAPSONOVÁ, Geographische Namen der Zips im Spiegel der Kulturgeschichte, in: KRIEGLEDER [u. a.] (Hrsg.), Deutsche Sprache und Kultur in der Zips, 2007, S. 25.

[10] CDH, Bd. V/1, 1829, S. 132–135.

[11] KUBINYI, Zur Frage der deutschen Siedlungen im mittleren Teil des Königreichs Ungarn (1200–1541), in: SCHLESINGER (Hrsg.), Die deutsche Ostsiedlung des Mittelalters als Problem der europäischen Geschichte, 1975, S. 533.

[12] ZIMMERMANN, WERNER, Urkundenbuch zur Geschichte der Deutschen in Siebenbürgen, Bd. 1, 1892 [2007], Nr. 43.

[13] Privileg vom 25. August 1271, in: CDH, Bd. V/1, 1829, S. 134. CHALUPECKÝ, Die Ansiedlung der Sachsen in der Zips auf der Grundlage der Quellenüberlieferung, in: Karpaten Jahrbuch 61 (2010 [2009]), S. 59–66. Dieses Privileg wurde von König Karl I. im Jahre 1317 und danach bis 1669 fünfmal bestätigt. SZABÓ, Sachsen in Ungarn und ihr Rechtsleben im Mittelalter und der frühen Neuzeit, in: SCHMIDT-RECLA [u. a.] (Hrsg.), Sachsen im Spiegel des Rechts, 2001, S. 97.

[14] MARSINA, Zips, in: LexMa, Bd. 9, 1999, Sp. 626.

[15] DEMKÓ, Lőcse története, Bd. 5, 1897, S. 88.

[16] DERS., A felső-magyarországi városok életéről a XV–XVII. században, 1890, S. 9.

Das Siedlerrecht umfasste ein breites Spektrum an Freiheiten, was sich anhand der Urkunden nachweisen lässt. Es wurde als *more saxonum* oder *more teutonico* bezeichnet, aber auch der Ausdruck *libertas* bzw. *ius saxonum* kam in den Siedlerprivilegien vor.[17] Hierunter wurden einerseits die Freiheiten der Zipser Sachsen verstanden, die sich auf das Terragium, den Kriegsdienst, die freie Richter- und Pfarrerwahl sowie die Trennung der niederen und hohen Gerichtsbarkeit bezogen.[18] Andererseits wurde mit der Bezeichnung *ius saxonum* auf das allgemeine Siedlerrecht hingewiesen.

Die Formulierung *libertates iure teutonico* deutet ebenfalls auf die gesonderte Rechtsstellung der Siedler hin. Der Begriff *ius teutonicum* ist im Donau- und Karpatenraum eher in Zusammenhang mit den Dörfern bekannt und gelangte über Kleinpolen in die Zips.[19] Das *ius teutonicum* entsprach inhaltlich den Freiheiten der Siedler gemäß dem Siedlungsvertrag. So durften die Siedler der Dörfer ihre Abgaben in Geld entrichten, es stand ihnen Freizügigkeit zu und sie verfügten über ein größeres Maß an persönlichen Freiheiten als die Einheimischen.[20]

Die Geltung des deutschen Rechts wurde auch von den ungarischen Königen anerkannt, wie aus einer Urkunde aus dem Jahr 1325 erkennbar ist. König Karl I. bestätigte die Schenkung eines Ehemannes an seine Frau gemäß *deutschem* Recht, wobei die Schenkung in der Urkunde ausdrücklich als Morgengabe gedeutet wurde.[21] Zudem hatte Karl I. in einem im Jahre 1330 ausgegebenen Privileg geregelt, dass die königliche Stadt Deutschliptsch über dieselben Freiheiten verfügen solle wie andere Städte mit *deutschen* Freiheiten.[22] Daraus lässt sich schließen, dass zu jener Zeit mehrere Städte mit den Freiheiten nach deutschem Recht ausgestattet waren. In dieser Urkunde präzisierte dann der Landesherr, dass in der nun privilegierten Stadt Deutschliptsch die Freiheiten der Bürger von Karpfen gelten sollten. In der Mitte des 14. Jahrhunderts war also Karpfen als deutschrechtliche Stadt bereits Vorbild für andere Städte.[23]

---

[17] CDH, Bd. V/2, 1829, S. 598–603.

[18] KÖRMENDY, Vergleichende Untersuchungen über die Siedlungsbewegung im östlichen Mitteleuropa im 13.–14. Jahrhundert, 1995, S. 172.

[19] FÜGEDI, Das mittelalterliche Königreich Ungarn als Gastland, in: SCHLESINGER (Hrsg.), Die deutsche Ostsiedlung des Mittelalters als Problem der europäischen Geschichte, 1975, S. 503.

[20] KÖRMENDY, Vergleichende Untersuchungen über die Siedlungsbewegung im östlichen Mitteleuropa im 13.–14. Jahrhundert, 1995, S. 178.

[21] Die Urkunde wurde am 06.07.1325 ausgestellt (Budapest, Magyar Országos Levéltár, 2307).

[22] CDH, Bd. VIII/3, 1832, S. 416 f.

[23] PIIRAINEN, Der Anfang und die frühe Entwicklung der Städte in der Mittelslowakei, in: Karpaten Jahrbuch 61 (2010 [2009]), S. 69.

2. Rechtsverleihungen in der Grenzregion zu Kleinpolen

In den Anfängen der ungarischen Siedlungsentwicklung war die Übertragung des Magdeburger Rechts – so der bisherige Forschungsstand[24] – nur in der Grenzregion zu Kleinpolen bekannt. Das Fehlen von Rechtsverleihungen lässt sich mit den unterschiedlichen politischen Kräfteverhältnissen in Schlesien und in Ungarn zur Zeit des Landesausbaus erklären. Während die zentrale Macht im 13. Jahrhundert zur Regierungszeit Herzog Heinrichs I. in Schlesien immer mehr Raum gewann und es im Rahmen des planmäßigen Landesausbaus zu deutschrechtlichen Gründungen kam, verlor in der gleichen Zeit der ungarische König seine alleinige politische Macht.[25] Städte und Dörfer wurden im Königreich Ungarn, wie beschrieben, nicht vorrangig nach deutschem Recht gegründet.[26] Die Gründung deutschrechtlicher Siedlungen war nur für die nördliche Region des Königreichs Ungarn charakteristisch. Im letzten Drittel des 13. Jahrhunderts kamen in der Zips Siedlungsverträge auf, die eine gewisse Ähnlichkeit mit den Neugründungen nach deutschem Recht in Schlesien und Kleinpolen aufwiesen. Auch in die Urkundensammlung Codex Diplomaticus Hungariae wurden mehrere Privilegien aufgenommen, die zwar von polnischen Herrschern ausgegeben worden waren, in denen aber bei Rechtsverleihungen in der Grenzregion zu Polen auf das Magdeburger Recht hingewiesen wurde.

Beispielsweise wurde der Schultheißengemeinde Pudlein im Tal des Flusses Poprad deutsches Recht gemäß Magdeburger Recht verliehen.[27] Pudlein fungierte dabei im Hinblick auf die Rechtsverbindungen zur Region Kleinpolen als ‚Brückenkopf'.[28] Wie aus der Bestätigungsurkunde der Herzogin Kunigunde von 1289 hervorgeht, war ihr Mann, der polnische Herzog Bolesław der Schamhafte, der Erste, welcher der Gemeinde Pudlein Privilegien zuerkannte.[29] Kunigunde wies in diesem Privileg ausdrücklich auf die Freiheiten von Krakau hin, nach denen deutsches Recht in Pudlein gelten sollte.

Krakau verfügte über eine langjährige Rechtstradition, die über die Grenzen Polens hinweg ausstrahlte. 1257 wurde Krakau das Magdeburger Recht nach dem Muster von Breslau übertragen. Durch Vermittlung über Krakau kam also

---

[24] Moldt wies 2009 darauf hin, dass das sächsisch-magdeburgische Recht vielfältige Auswirkungen in Siebenbürgen hatte (MOLDT, Deutsche Stadtrechte im mittelalterlichen Siebenbürgen, 2009, S. 229). Auf die Frage der Rechtsübertragung ging er nicht ein.

[25] HELBIG, Die ungarische Gesetzgebung des 13. Jahrhunderts, in: SCHLESINGER (Hrsg.), Die deutsche Ostsiedlung des Mittelalters als Problem der europäischen Geschichte, 1975, S. 511.

[26] KÖRMENDY, Vergleichende Untersuchungen über die Siedlungsbewegung im östlichen Mitteleuropa im 13.–14. Jahrhundert, 1995, S. 244.

[27] PETROVICS, A korai magyar városfejlődés és az idegen jog, in: BÉKÉSI [u. a.] (Hrsg.), Régi és új peregrináció, 1993, S. 266; MARSINA, Városfejlődés a Felvidéken, a mai Szlovákia területén a XV. század elejéig, in: Világtörténet 26 (1976), S. 39.

[28] KÖRMENDY, Vergleichende Untersuchungen über die Siedlungsbewegung im östlichen Mitteleuropa im 13.–14. Jahrhundert, 1995, S. 157.

[29] Codex Diplomaticus Patrius, Bd. VI, 1876, Nr. 249.

Magdeburger Recht – und zwar durch herrschaftlichen Willensakt – in die nördliche Grenzregion Ungarns. Nach diesem Privileg konnten auch die Bewohner von Pudlein ihre Grundstücke gemäß Magdeburger Recht besitzen. Die Formulierungen in der Urkunde lassen erkennen, dass das Magdeburger Recht ein allgemein bekannter Begriff der Urkundensprache war. In seinem Privileg für Pudlein von 1292 wiederholte der polnische Herzog Wenzel die Formel der Übertragung Magdeburger Rechts, nach der es in Pudlein in gleicher Form gelten sollte, wie es in Krakau in Gebrauch war.[30]

Im Zusammenhang mit dem Hospes-Recht des 13. Jahrhunderts findet sich in den Quellen auch der Ausdruck *mos sculteturum*, der sich auf die Person des Schultheißen bezieht.[31] In der Zipser und Scharoscher Region war er als Siedlungsunternehmer bekannt. Die Institution des Schultheißen deutet nach Körmendy auf die Gründung deutschrechtlicher Siedlungen hin.[32] Der Schultheiß übernahm bei der Rodung der Wälder bzw. bei der Gründung der Siedlungen eine führende Rolle.[33] Die lateinische Bezeichnung *scultetus* kam dabei eindeutig aus Polen. In Ungarn erfuhr das Amt des Schultheißen einen signifikanten Bedeutungswandel hin zum Dorfrichter,[34] dessen Amt erblich war.

Der ursprüngliche Aufgabenbereich des Schultheißen war das Anwerben von Siedlern sowie die technische Abwicklung des Siedlungsunternehmens, wofür er gewisse Gegenleistungen (*scultetia*) erhielt. Zu diesen gehörten das freie Ausschank- und das Mühlenrecht. Außerdem übte er die niedere Gerichtsbarkeit im Namen des Grundherrn aus und konnte einen Teil des sogenannten *census* behalten.[35] Die Gerichtsgewalt wurde in den Siedlerprivilegien als Freiheit an die Gemeinde übertragen.[36]

Das Amt des Schultheißen war auch in den mit Polen und Galizien benachbarten Gebieten bekannt und wurde hier im Zusammenhang mit dem Magdeburger Recht stets *scultetus more teutonico* genannt. In einem Schultheißenprivileg aus dem Jahr 1334 wird das Magdeburger Recht unter der eher allgemeinen Bezeichnung „ius teutonum Magdeburgense" gefasst.[37] In dieser Urkunde wurden dem Schultheißen von Szafflar[38] seine Rechte nach Magdeburger Recht bestätigt.

---

[30] CDH, Bd. VI/1, 1830, S. 231f.

[31] LÜCK, Schultheiß, in: Reallexikon der Germanischen Altertumskunde, 2004, S. 373; EBEL, Schultheiß, in: LexMa, Bd. 7, 1995, Sp. 1592.

[32] KÖRMENDY, Vergleichende Untersuchungen über die Siedlungsbewegung im östlichen Mitteleuropa im 13.–14. Jahrhundert, 1995, S. 152.

[33] DRASKÓCZY, Das ungarländische Deutschtum, in: BRUNNER (Hrsg.), Die Deutschen in Ungarn, 1989, S. 11, 13.

[34] Der Ausdruck Schultheiß ist auch in der ungarischen Sprache als *soltész* zu finden.

[35] KÖRMENDY, Vergleichende Untersuchungen über die Siedlungsbewegung im östlichen Mitteleuropa im 13.–14. Jahrhundert, 1995, S. 172.

[36] Die deutsche Ostsiedlung ⟨Teil 2⟩, 1972, S. 92.

[37] CDH, Bd. VIII/5, 1835, S. 222–224, hier S. 223.

[38] Der Name ‚Szafflar' deutet auf den heutigen kleinpolnischen Ort Szaflary hin, gelegen an der polnisch-slowakischen Grenze.

Zugesichert wurden hier u. a. das Mühlen- und Ausschankrecht sowie Einnahmen von sechs Denaren. Außerdem gab es weitere Vorrechte, die ihm und seinen Nachkommen nach Magdeburger Recht zustanden. An dieser Stelle diente der Hinweis auf das Magdeburger Recht als eine Art Generalklausel, die auch für namentlich nicht erwähnte Freiheiten steht.

In einem Privileg von König Kasimir III. aus dem Jahr 1356, das sich ebenfalls in der ungarischen Urkundensammlung von Fejér findet,[39] geht es um die Verleihung des Magdeburger Rechts an einen Grenzort. Die Empfängerstadt wurde als Mala-Musina bezeichnet und kann als das heutige Muszyna an der polnisch-slowakischen Grenze identifiziert werden. Im Zusammenhang mit der Gerichtsbarkeit des Schultheißen wurde auch hier ausdrücklich auf das Magdeburger Recht verwiesen.

Zur Wirkung des deutschen Rechts in der Zips trug wesentlich die Nachbarschaft zur historischen Region Kleinpolen bei, denn der Sachsenspiegel und das Magdeburger Recht kamen durch die Vermittlung polnischer Städte in die Zips. Dabei spielten insbesondere Breslau und Krakau eine zentrale Rolle. Das aus Schlesien und Kleinpolen mitgebrachte Hospes-Recht bestimmte das Gemeindeleben der Zipser Sachsen noch am Anfang des 13. Jahrhunderts.[40] Dieses archaische Recht wurde zusammen mit weiteren Schichten im 14. Jahrhundert in der Zipser Willkür fixiert.

3. Grundlagen ungarischer Stadtprivilegien

Die neuesten Ergebnisse der Stadthistoriographie, wie jene von István Petrovics aus dem Jahr 2009, deuten darauf hin, dass die Ursprünge des Stadtrechts in Ungarn nicht eindeutig im deutschen Recht gesehen werden können.[41] Es gab bei der Herausbildung des Stadtrechts im mittelalterlichen Königreich Ungarn eine Vielfalt von Einflüssen, die sich in den Siedlerprivilegien widerspiegeln.

Die Freiheiten der Stuhlweißenburger Bürger (*libertates civium Albensium*) bildeten lange Zeit die Grundlage für die Stadtprivilegien in Ungarn.[42] Die Bestätigungsurkunde für die Stuhlweißenburger Bürger von 1237 wurde zum Vorbild für die Privilegien der Siedlergemeinden von Tyrnau (1238), Neutra (1248), Raab (1271), Sathmar (1271), Ödenburg (1277) und Vasvár (1279).[43]

---

[39] CDH, Bd. IX/2, 1833, S. 489–491.

[40] Demkó, Lőcse története, Bd. 5, 1897, S. 11.

[41] Petrovics, Foreign Ethnic Groups in the Towns of Southern Hungary in the Middle Ages, in: Keene [u. a.] (Hrsg.), Segregation – Integration – Assimilation, 2009, S. 67.

[42] Deák, Das Städtewesen der Länder der ungarischen Krone, T. 1, 1979, S. 19f.; Rady, Medieval Buda, 1985, S. 152; Berend, Immigrants and locals in medieval Hungary, in: Herbers, Jaspert (Hrsg.), Grenzräume und Grenzüberschreitungen, 2007, S. 210.

[43] Fügedi, Középkori magyar városprivilégiumok, in: Tanulmányok Budapest Múltjából 14 (1961), S. 26; Lexikon der slowakischen Geschichte, 2002, S. 332.

Über die Wurzeln der Stuhlweißenburger Freiheiten gab es in der deutschsprachigen Literatur einige Vermutungen. 1909 bemerkte Kaindl aber treffend, dass das „Stadtrecht von Stuhlweißenburg" wenig bekannt sei.[44] Er vermutete jedoch einen Zusammenhang mit dem Wiener Stadtrecht. Allerdings wurden die Stuhlweißenburger Freiheiten von der deutschen nationalistischen Literatur ohne Quellenbeleg auf das Magdeburger Recht zurückgeführt und folglich als Beleg für die Verbreitung des Magdeburger Rechts im Königreich Ungarn herangezogen. Es wurde dort vom Stuhlweißenburger *Stadtrecht* gesprochen, obwohl in den Privilegien nur von den *Freiheiten* der Stuhlweißenburger die Rede war.[45]

Diese These findet sich auch in der slowakischen Historiographie in einem Aufsatz von Darina Lehotská von 1959,[46] in dem sie das Stuhlweißenburger Recht ohne Quellenbeleg dem Magdeburger Recht zuschreibt.[47] Um den Wirkungskreis des Magdeburger Rechts besser lokalisieren zu können, sollen die Herkunft und der Inhalt der Freiheiten der Stuhlweißenburger Bürger näher untersucht werden.

Die Siedler von Stuhlweißenburg waren Latini aus dem romanischen Teil des Römisch-Deutschen Reichs. Inhaltlich sind die Freiheiten der Stuhlweißenburger Bürger aus den Urkunden der Jahre 1411 und 1496 bekannt.[48] Diese Dokumente enthalten Hinweise auf die Bestätigung der Freiheiten der Stuhlweißenburger Bürger durch König Béla IV. im Jahr 1237.[49] In diesen Bestätigungsprivilegien wurden zudem die vom ersten ungarischen König abgeleiteten Freiheiten der Stuhlweißenburger Gemeinde anerkannt. Fügedi vermutete, dass das verlorengegangene Stuhlweißenburger Privileg auf die Mitte des 12. Jahrhunderts zu datieren ist,[50] womit diese Freiheiten bereits zu einem relativ frühen Zeitpunkt vom König anerkannt worden wären. Im Vergleich dazu statteten die polnischen Herzöge neugegründete Orte in Schlesien erst ab dem Beginn des 13. Jahrhunderts mit deutschem Recht aus.

Die Freiheiten der Stuhlweißenburger Latini lassen sich als Freiheitssystem und als Einschränkung des Herrschaftsbereiches der weltlichen und geistlichen

---

[44] KAINDL, Studien zur Geschichte des deutschen Rechts in Ungarn und in dessen Nebenländern, in: Archiv für österreichische Geschichte 98 (1908), S. 391.

[45] Die deutsche Ostsiedlung ⟨Teil 2⟩, 1972, S. 93; KUBINYI, Zur Frage der deutschen Siedlungen im mittleren Teil des Königreichs Ungarn (1200–1541), in: SCHLESINGER (Hrsg.), Die deutsche Ostsiedlung des Mittelalters als Problem der europäischen Geschichte, 1975, S. 541, Anm. 80.

[46] LEHOTSKÁ, Vývoj mestského práva na Slovensku, in: Zborník Filozofickej Fakulty Univerzity Komenského. Historica 10 (1959), S. 79, 109.

[47] CHALUPECKÝ, Stadtrechte im Gebiet der heutigen Slowakei, in: Karpaten Jahrbuch 63 (2012 [2011]), S. 47.

[48] ZSOLDOS, NEUMANN, Székesfehérvár középkori kiváltságai, 2010, S. 10–12.

[49] CDH, Bd. IV/1, 1829, S. 73f. Dazu PETROVICS, Foreign Ethnic Groups in the Towns of Southern Hungary in the Middle Ages, in: KEENE [u. a.] (Hrsg.), Segregation – Integration – Assimilation, 2009, S. 70.

[50] FÜGEDI, Der Stadtplan von Stuhlweißenburg und die Anfänge des Bürgertums in Ungarn, in: Acta Historica Academiae Scientiarum Hungariae 15 (1969), S. 121–125.

Grundherren charakterisieren. Sie schufen bei der Stadtentwicklung einen Freiraum, in dem sich in der nachmongolischen Zeit das Stadtrecht herausbilden konnte.[51]

Die genaue Herkunft der Stuhlweißenburger Freiheiten lässt sich aber nicht eindeutig feststellen, worauf Erik Fügedi und András Kubinyi – zwei führende ungarische Historiker – hingewiesen haben.[52] „Im 13. Jahrhundert lässt sich weder ein ungarisches noch ein ausländisches Stadtrecht nachweisen", erklärte Fügedi.[53] Kubinyi verglich die städtischen Urkunden in Ungarn und kam zu dem Schluss, dass die Urkundenpraxis innerhalb des Königreichs Ungarn ein einheitliches Bild zeigt. In den ungarischen Stadtprivilegien wurden stets die gleichen Formeln benutzt, die nicht der städtischen Urkundenpraxis eines benachbarten oder anderen Landes entsprächen. Vielmehr würden sich Parallelen in der Urkundenpraxis der ungarischen königlichen Kanzlei, der Gerichte und der sogenannten ‚glaubwürdigen Orte' feststellen lassen.[54]

Dennoch sind die Freiheiten der Stuhlweißenburger als Grundlage des frühen Stadtrechts im Königreich Ungarn zu bezeichnen.[55] Die Gemeinde der Stuhlweißenburger Bürger war noch keine geschlossene Einheit, was sich aus der Übertragbarkeit der Privilegien an Zugezogene folgern lässt. Inhaltlich gesehen wurde den Bürgern von Stuhlweißenburg in erster Linie die freie Richterwahl zugesichert. Sie konnten einen Richter (*maior villae*) und zwölf Geschworene frei wählen, die dann berechtigt waren, in *allen* Streitfragen ein Urteil zu sprechen. Außerdem besaßen sie die Zollfreiheit im ganzen Land.[56] Diese Freiheiten galten aufgrund der häufigen Verleihungen als Grundlage des ungarischen Stadtrechts.

Der Rechtshistoriker Alajos Degré wies nach einem Vergleich mehrerer Stadtprivilegien darauf hin, dass Teile der Stuhlweißenburger Freiheiten an andere Orte verliehen wurden.[57] In den Stadtprivilegien konnte man sich auf die Stuhlweißenburger Freiheiten berufen, da sie landesweit große Anerkennung fanden. Inhaltlich waren diese *libertates civium Albensium* eher allgemein gehalten, so dass sie an die jeweiligen konkreten Bedürfnisse angepasst werden konnten.

---

[51] KUBINYI, Zur Frage der deutschen Siedlungen im mittleren Teil des Königreichs Ungarn (1200–1541), in: SCHLESINGER (Hrsg.), Die deutsche Ostsiedlung des Mittelalters als Problem der europäischen Geschichte, 1975, S. 543.

[52] Ebd., S. 541; FÜGEDI, Középkori magyar városprivilégiumok, in: Tanulmányok Budapest Múltjából 14 (1961), S. 106.

[53] Übersetzung der Verfasserin aus dem Ungarischen. Ebd.

[54] KUBINYI, Székesfehérvár középkori oklevélkiadása és pecsétei, in: FITZ (Hrsg.), Székesfehérvár évszázadai, Bd. 2, 1972, S. 158.

[55] So auch PETROVICS, A korai magyar városfejlődés és az idegen jog, in: BÉKÉSI [u. a.] (Hrsg.), Régi és új peregrináció, 1993, S. 268.

[56] FÜGEDI, Die Entstehung des Städtewesens in Ungarn, in: Alba Regia 10 (1969), S. 111.

[57] DEGRÉ, Székesfehérvár városi joga a középkorban, in: KRALOVÁNSZKY (Hrsg.), Székesfehérvár évszázadai, Teil 2: Középkor, 1972 [u. 2004], S. 252–259.

Gleich im Folgejahr nach der Verleihung des Stuhlweißenburger Privilegs erhielt Tyrnau diese Freiheiten.[58] In diesem Privileg wurde über die freie Richterwahl (wenn auch unter der Voraussetzung einer königlichen Bestätigung), die freie Pfarrerwahl sowie über eine prozessrechtliche Erleichterung, die Abschaffung des Zweikampfes, verfügt. Außerdem wurde die Beteiligung am Kriegsdienst geregelt. Die Zollfreiheit wurde sogar ausdrücklich als Teil der Stuhlweißenburger Freiheiten angesehen. Über den Richter konnte man sich gemäß dem Tyrnauer Privileg beim König beschweren.[59]

Auch im Stadtprivileg von Neutra wurde 1248 auf die Stuhlweißenburger Freiheiten Bezug genommen.[60] Ein Rechtszug nach Stuhlweißenburg lässt sich aus diesem Privileg aber ebenfalls nicht entnehmen, da sich die Bürger von Neutra mit ihren Beschwerden an das königliche Gericht wenden mussten. Stuhlweißenburg war offensichtlich keine Berufungsinstanz für diese Städte.

König Ladislaus IV. verlieh 1277 die Freiheiten der Stuhlweißenburger an Ödenburg.[61] Das Privileg nahm Bezug auf die Freiheiten der Stuhlweißenburger,[62] wonach auch den Ödenburgern eine eigene Gerichtsbarkeit eingeräumt wurde. Man berief sich dabei auf eine lange gewohnheitsrechtliche Tradition, nach der die Stuhlweißenburger ihre eigene Gerichtsbarkeit ausgeübt haben. Der König bestätigte außerdem das Recht zur Richterwahl, die am Sankt Georgentag stattfinden sollte.

Im Privileg von Vasvár aus dem Jahr 1279 findet sich schließlich ein allgemeiner Hinweis auf die Freiheiten der Stuhlweißenburger Bürger.[63] Genannt wurden die freie Richterwahl, das Zweikampfverbot und die Festlegung des Kriegsdienstes.

Wenngleich die Verleihung der Stuhlweißenburger Freiheiten zwar stets Bestandteil der Privilegien war, führte dies in der Rechtspraxis jedoch nicht zu stadtrechtlichen Verbindungen.[64] Entsprechend hat der Historiker Dirk Moldt kürzlich darauf hingewiesen, dass sich Stuhlweißenburg nicht als Oberhof bezeichnen lässt und somit auch nicht von einer ‚Stuhlweißenburger Stadtrechtsfamilie‘ gesprochen werden kann.[65]

---

[58] CDH, Bd. IV/1, 1829, S. 152. Seewann bewertet diese Privilegierung als Verleihung des deutschen Stadtrechts, um die Besiedlung Westungarns durch Deutsche zu belegen. SEEWANN, Geschichte der Deutschen in Ungarn, Bd. 1, 2012, S. 15.

[59] DEGRÉ, Székesfehérvár városi joga a középkorban, in: KRALOVÁNSZKY (Hrsg.), Székesfehérvár évszázadai, Teil 2: Középkor, 1972 [u. 2004], S. 255.

[60] CDH, Bd. IV/2, 1829, S. 455.

[61] CDH, Bd. V/2, 1829, S. 399.

[62] „Villicus ipsorum pro tempore constitutus, quem iidem ciues communiter in festo S. Georgii elegerint, iudicet, et decernat more ciuium Albensium, et aliorum Hospitum in regno nostro existentium.“ Ebd.

[63] „Item statuimus et concessimus declarandum vt in alys articulis libertatum more et libertate Ciuium nostrorum de Alba gaudeant et fruantur.“ Codex diplomaticus patrius, Bd. V, 1873, S. 62.

[64] FÜGEDI, Der Stadtplan von Stuhlweißenburg und die Anfänge des Bürgertums in Ungarn, in: Acta Historica Academiae Scientiarum Hungariae 15 (1969), S. 133.

Die Stuhlweißenburger Freiheiten kannten keine Testierfreiheit, sondern es galt der Heimfall an den König. In der Stadt Stuhlweißenburg und in der Umgebung der königlichen Güter konnte so kein bürgerliches Eigentum entstehen. Weil die Bürger anderer Städte bei der Bestätigung ihrer Freiheiten ausdrücklich um die Gewährung der Testierfreiheit baten, verloren die Stuhlweißenburger Freiheiten mit der Entstehung der Bürgergemeinden in ungarischen Städten im Laufe der Zeit ihre Attraktivität.

Bis zum Ausgang des 13. Jahrhunderts lässt sich im Königreich Ungarn also kein Stadtrecht im klassischen Sinne nachweisen,[66] das sich auf der Grundlage der Stuhlweißenburger Freiheiten entwickelt hätte. Ihre Verleihung kann also nicht als Übertragung eines fremden Rechts angesehen werden, wie auch von Erik Fügedi festgestellt wurde. Folglich sind die Stuhlweißenburger Freiheiten nicht auf Einflüsse des Magdeburger Rechts zurückzuführen auch wenn beide inhaltliche Gemeinsamkeiten aufweisen. Beide trugen zur Erleichterung des Handelsverkehrs bei und zeigen im Hinblick auf das Leben einer Kaufmannsniederlassung strukturelle Parallelen. Ein nachweisbarer Einfluss des Magdeburger Rechts auf die ungarische Stadtrechtsentwicklung zeigt sich erst in einer späteren Phase, nämlich in der Zeit des Ofner Stadtrechts.

Die nach dem Mongolensturm auf dem Berg gegründete Stadt Ofen wurde alsbald eine sich dynamisch entwickelnde Handelsstadt. Bereits 1263 wurden das Marktrecht und die freie Richterwahl nach dem Ofner Muster an Füzitő, einen Fähr- und Zollort an der Donau, verliehen.[67] Ab dem 14. Jahrhundert, während der Regierung der Könige aus den Dynastien der Anjou und Luxemburger, verdrängte das Ofner Recht die Stuhlweißenburger Freiheiten bei den Rechtsverleihungen.[68]

Ofen entwickelte sich im Laufe des 14. Jahrhunderts zur angesehensten Stadt des Landes und die Stadt an der Donau wurde Handelsmittelpunkt und Residenzstadt.[69] Viele neuprivilegierte Städte, insbesondere Handelsstädte, erhielten ihre Freiheiten von Ofen.[70] Das Ofner Recht wurde u. a. an Ödenburg, Pressburg,

---

[65] Moldt, Deutsche Stadtrechte im mittelalterlichen Siebenbürgen, 2009, S. 13. Auch der Rechtshistoriker Alajos Degré sprach sich im Fall von Stuhlweißenburg gegen die Annahme einer Stadtrechtsfamilie aus. Vgl. Degré, Székesfehérvár városi joga a középkorban, in: Kralovánszky (Hrsg.), Székesfehérvár évszázadai, Teil 2: Középkor, 1972 [u. 2004], S. 252–259.

[66] Fügedi, Der Stadtplan von Stuhlweißenburg und die Anfänge des Bürgertums in Ungarn, in: Acta Historica Academiae Scientiarum Hungariae 15 (1969), S. 133.

[67] Ders., Középkori magyar városprivilégiumok, in: Tanulmányok Budapest Múltjából 14 (1961), S. 66 f.; Kubinyi, Zur Frage der deutschen Siedlungen im mittleren Teil des Königreichs Ungarn (1200–1541), in: Schlesinger (Hrsg.), Die deutsche Ostsiedlung des Mittelalters als Problem der europäischen Geschichte, 1975, S. 554.

[68] Iványi, Debrecen és a budai jog, 1924, S. 13; Johanek, Ofener Stadtrechtsbuch, in: Verfasserlexikon, Bd. 7, ^{2}1989, Sp. 19.

[69] Fügedi, Buda und Pest, in: LexMa, Bd. 2, 1983, Sp. 900.

[70] Iványi, Debrecen és a budai jog, 1924, S. 14.

Kaschau, Sillein, Bartfeld und Eperies verliehen.[71] Inhaltlich bedeuteten die Ofner Freiheiten zu dieser Zeit vor allem Abgabe- und Zollerleichterungen zur Entwicklung des Handels und des Handwerks.

Das Stadtrecht von Ofen wurde im 14. und 15. Jahrhundert eines der am häufigsten verliehenen Stadtrechte im Königreich Ungarn.[72] Auch geographisch war seine Verbreitung sehr groß, sogar die bedeutendsten Städte Siebenbürgens – Hermannstadt und Kronstadt – erhielten im Laufe des 14. Jahrhunderts die Marktprivilegien und das Stapelrecht nach dem Ofner Muster.[73] Das Ofner Stadtrecht wurde später auch die Grundlage der königlichen Gerichtsbarkeit in städtischen Angelegenheiten.[74]

Außerdem stärkte das Ofner Recht die persönliche Freiheit der Stadtbewohner, was vor allem für kleinere Städte von Bedeutung war. Exemplarisch sei hier die Verleihung der Ofner Freiheiten an das Oppidum Pásztó genannt. Den Einwohnern wurde 1407 von König Sigismund Immunität in weltlichen und kirchlichen Angelegenheiten verliehen. Die Bürger von Pásztó durften daher nur vor ihrem eigenen Gericht Recht suchen und konnten vor keinem anderen Gericht angeklagt werden. Darüber hinaus erlaubte König Sigismund der Siedlung, die Freiheiten der königlichen Freistadt Ofen zu übernehmen.[75]

Auch Debreczin, eine größere Stadt mit agrarischem, handwerklichem und Handelsprofil an der Schnittstelle der Handelsrouten zwischen Polen, Russland und dem Schwarzmeerraum, erhielt 1405 die Freiheiten der Stadt Ofen.[76] Debreczin bekam zudem eine Rechtsmitteilung von Ofen, was belegt, dass auch hier jene „Gewohnheiten, Freiheiten, Vorteile, Privilegien und Rechte"[77] gelten sollten, die für die Stadt Ofen und für deren Bürger maßgebend waren. Hinzu kamen der Beherbergungszwang (*ius descensus regii*),[78] das Recht zweimal im Jahr Markt zu halten und zudem das Terragium in einem Geldbetrag[79] leisten zu dürfen.

---

[71] Szentpéteri, A tárnoki ítélőszék kialakulása, in: Századok 68 (1934), S. 543.

[72] Rady, Medieval Buda, 1985, S. 152f.

[73] Pach, Die Verkehrsroute des Levantehandels nach Siebenbürgen und Ungarn zur Zeit der Könige Ludwig von Anjou und Sigismund von Luxemburg, in: Mägdefrau (Hrsg.), Europäische Stadtgeschichte in Mittelalter und früher Neuzeit, 1979, S. 61; Weczerka, Deutsche Siedlungen und Einflüsse deutschen Stadtrechts in den mittelalterlichen Fürstentümern Moldau und Walachei, in: Kaiser, Stasiewski (Hrsg.), Stadt und Landschaft im deutschen Osten und in Ostmitteleuropa, 1982, S. 166.

[74] Wenzel, A XV. századi tárnoki jog, in: Értekezések a társadalmi tudományok köréből 5,1 (1878), S. 11; Kovachich, Codex authenticus iuris tavernicalis [...], 1803, S. 129f.

[75] Zsigmondkori oklevéltár, Bd. 2, [2.], 1958, S. 40, Nr. 5450 (Urkunde vom 26. April 1407).

[76] Das Privileg wurde am 2. April 1405 von König Sigismund erlassen. Iványi, Debrecen és a budai jog, 1924, S. 7. Auch im Handwerk findet man Verbindungen von Debreczin zu Ofen. Die Debrecziner Zünfte haben im 15. Jahrhundert ihre Zunftregel aus Ofen besorgt. So wandte sich z. B. die Schneiderzunft 1497 an die Schneider aus Ofen, um deren Zunftregel zu übernehmen. Diese wurde ihnen dann vom Richter und dem Magistrat von Ofen mitgeteilt. Ebenso verfuhren 1512 die Fleischer aus Debreczin, die ebenfalls ihre Zunftregel aus Ofen erhielten (Iványi, Debrecen és a budai jog, 1924, S. 17).

[77] Iványi, Debrecen és a budai jog, 1924, S. 7.

[78] Zitiert nach ebd.

Die Ofner Freiheiten beinhalteten unter anderem die freie Richter- und Geschworenenwahl. Wie in Ofen wählte man auch in Debreczin seine Stadtvorsteher am Sankt Georgentag. Das Kollegium der Geschworenen sollte die Prozesse gemäß dem Ofner Stadtrecht entscheiden. Wie in den königlichen Freistädten appellierten die Bürger von Debreczin entweder an den Magistrat der Stadt Ofen oder an den königlichen Tarnakmeister. In zweiter Instanz war für Appellationen der König zuständig. Allerdings wandte man sich aus Debreczin schon wegen der hohen Kosten nur selten an den Ofner Rat, sondern nutzte eher den kürzeren Weg zum Tarnakmeister, wenn dieser sich in der Gegend von Debreczin aufhielt.

Debreczin blieb zeitweise sogar am Anfang des 15. Jahrhunderts während der Stadtherrschaft des serbischen Despoten Branković von der grundherrlichen Gerichtsbarkeit ausgenommen. Im Laufe des 15. Jahrhunderts bestätigten dann die Landesherren den Berufungsweg zum König. Debreczin nahm auf diese Weise eine Zwischenstellung ein. Einerseits stand es nach der Schenkung *iure perpetuo* im Jahre 1411 unter der patrimonialen Herrschaft des serbischen Despoten, andererseits wurde die Zuständigkeit der Stadt Ofen bzw. des Tarnakmeisters im Falle von Appellationen immer wieder bestätigt.

4. Stadtrechtliche Verbindungen

Durch Privilegien entstanden rechtliche Zusammenhänge, die mittelfristig zu stadtrechtlichen Verbindungen führten.[80] Außer den frühen Verleihungen der Stuhlweißenburger Freiheiten und des Ofner Stadtrechts gab es in der ungarischen Stadtrechtsgeschichte noch weitere Rechtsübertragungen, wobei die sich daraus ergebenden Verbindungen von Gusztáv Wenzel als ‚Rechtsgemeinschaft' bezeichnet werden.[81] In der Zeit der Könige aus den Geschlechtern der Anjou und der Luxemburger lassen sich außer Stuhlweißenburg und Ofen auch Nagy-Szőllős, Hermannstadt und Agram als Siedlungen feststellen, von denen ‚Mutterrechte' ausgingen.[82] Diese Rechtsbeziehungen führten aber nur in Einzelfällen zu Rechtsauskünften.

Besonders enge Rechtsbeziehungen entwickelten die niederungarischen Bergstädte. Richtungsweisend war dabei das Stadt- und Bergrecht von Schemnitz.[83] 1255 erhielt Neusohl das Stadtrecht von Schemnitz[84] und im Jahre 1327 wurde das Schemnitzer Recht an die führende Bergstadt Göllnitz verliehen.[85]

---

[79] Die Summe betrug ‚300 feines Goldforint'. Ebd., S. 6.

[80] BADER, DILCHER, Deutsche Rechtsgeschichte, 1999, S. 626; KROESCHELL, Deutsche Rechtsgeschichte, Bd. 1, 2008, S. 276.

[81] WENZEL, Magyarország városai és városjogai a múltban és jelenben, 1877, S. 45f.

[82] DEMKÓ, Lőcse története, Bd. 5, 1897, S. 87; MOLDT, Läßt sich das Rechtsgebiet der Siebenbürger Sachsen einer Stadtrechtsfamilie zuordnen?, in: Zeitschrift für Siebenbürgische Landeskunde 26,1 (2003), S. 60f.

[83] DEMKÓ, A szepesi jog ‚(Zipser Willkühr)', 1891, S. 4.

[84] PIIRAINEN, Deutsche Siedler und deutschsprachige Gesetze in der wirtschaftlichen Entwicklung der Slowakei, in: GRIMM [u. a.] (Hrsg.), Die Deutschen in Ostmittel- und Südosteuropa, Bd. 2, 1996, S. 143.

Für Ungarn war es charakteristisch, dass die Rechtsverleihungen in der Regel *innerhalb* des Landes stattfanden.[86] Folgt man Gusztáv Wenzel,[87] so erfolgte die einzige Verleihung eines nicht-ungarischen Rechts an eine ungarische Stadt im Fall von Kremnitz. Durch ein Privileg Karls I. erhielt Kremnitz im Jahre 1328 die Freiheiten der königlichen Stadt Kuttenberg aus Böhmen.[88] Dieser Vorgang lässt sich mit der schnellen Entwicklung der Münzprägung im Königreich Ungarn erklären, weshalb auch etliche Münzmeister aus Kuttenberg in die Bergstadt Kremnitz kamen und dort der Münzprägung eine landesweite Bedeutung verschafften.[89] Nach der Verleihung der Kuttenberger Freiheiten wurde in Kremnitz 1329 auch eine Münzstätte gegründet,[90] deren Silber- und Goldabgaben die königlichen Einkünfte wesentlich vermehrten. Diese einzige rechtliche Verbindung mit einer Stadt außerhalb der Landesgrenzen war eine pragmatische Entscheidung des Herrschers mit dem Ziel, seine Macht zu stärken.

War dieses Ziel erreicht, wurden weitere Einflüsse fremden Rechts ausdrücklich untersagt. So galt in der Stadt Sillein, im Tal des Flusses Waag gelegen, anfangs das Recht der oberschlesischen Stadt Teschen,[91] das seinerseits zunächst dem flämischen Recht nahestand und später in den Einflussbereich des Löwenberger Rechts (und damit des Magdeburger Rechts) geriet.[92] Auf herrschaftlichen Befehl wurde die Rechtsverbindung zwischen Teschen und Sillein jedoch gelöst, als die Teschener begannen, sich am Breslauer Recht zu orientieren und in Rechtsfragen an den Breslauer Schöffenstuhl zu wenden.[93] König Ludwig I. verfügte

---

[85] PROBSZT, Die niederungarischen Bergstädte, 1966, S. 179; WENZEL, Magyarország bányászatának kritikai története, 1880, S. 35; PAPSONOVÁ, Geographische Namen der Zips im Spiegel der Kulturgeschichte, in: KRIEGLEDER [u. a.] (Hrsg.), Deutsche Sprache und Kultur in der Zips, 2007, S. 25; ZYCHA, Das böhmische Bergrecht des Mittelalters auf der Grundlage des Bergrechts von Iglau, Bd. 1, 1900, S. 84.

[86] MARSINA, Városfejlődés a Felvidéken, a mai Szlovákia területén a XV. század elejéig, in: Világtörténet 26 (1976), S. 44.

[87] KÖRMENDY, Kremnitz, in: LexMa, Bd. 5, 1991, Sp. 1485 f.; WENZEL, Magyarország városai és városjogai a múltban és jelenben, 1877, S. 46.

[88] CDH, Bd. VIII/3, 1832, S. 296; HLAVAČEK, Kuttenberg, in: LexMa, Bd. 5, 1991, Sp. 1593 f.; TOMASCHEK, Der Oberhof Iglau und seine Schöffensprüche aus dem 13.–16. Jahrhundert, 1868, S. 7; PROBSZT, Die niederungarischen Bergstädte, S. 184; WENZEL, Magyarország bányászatának kritikai története, 1880, S. 45; PIIRAINEN, Das Stadt- und Bergrecht von Kremnica/Kremnitz, 1983, S. 14, 17; ZYCHA, Das böhmische Bergrecht des Mittelalters auf der Grundlage des Bergrechts von Iglau, Bd. 1, 1900, S. 84.

[89] PIIRAINEN, Deutsche Siedler und deutschsprachige Gesetze in der wirtschaftlichen Entwicklung der Slowakei, in: GRIMM [u. a.] (Hrsg.), Die Deutschen in Ostmittel- und Südosteuropa, Bd. 2, 1996, S. 145.

[90] KÖRMENDY, Kremnitz, in: LexMa, Bd. 5, 1991, Sp. 1485.

[91] Die oberschlesische Stadt Teschen wurde nach deutschem Recht zwischen 1260 und 1263 gegründet (LANDWEHR VON PRAGENAU, Geschichte der Stadt Teschen, 1976, S. 16 f.).

[92] PETROVICS, A korai magyar városfejlődés és az idegen jog, in: BÉKÉSI [u. a.] (Hrsg.), Régi és új peregrináció, 1993, S. 269.

[93] DEMKÓ, A felső-magyarországi városok életéről a XV–XVII. században, 1890, S. 37; KUBINYI,

1379, dass bei weiteren Rechtsfragen für Sillein das Recht der nähergelegenen Stadt Karpfen maßgebend sei.[94] Karpfen verfügte seit 1244 über eine vergleichsweise große städtische Autonomie und die Hospes-Gemeinde war von der Gerichtsbarkeit des königlichen Beamten befreit.[95]

III. Rechtstransfer bei den Zipser Sachsen

Die Zipser Willkür[96] aus dem Jahr 1370 ist die primäre Rechtsquelle der nordöstlichen Region des Königreichs Ungarn, für die Übereinstimmungen mit dem Sachsenspiegel nachgewiesen werden können. Um die Wende vom 19. zum 20. Jahrhundert wurde bereits festgestellt, dass „einige Bestimmungen der Zipser Willkür größtenteils mit dem Recht des Sachsenspiegels übereinstimmen".[97] Kálmán Demkó verglich zudem etliche Rechtsinstitute aus der Zipser Willkür mit dem deutschen Recht.[98]

Vertreter der gegenwärtigen Handschriften- und Stadtrechtsforschung – so Ulrich-Dieter Oppitz, Heiner Lück und László Blazovich – haben jene Stellen, die Ähnlichkeiten des Rechtsbuchs der Zipser Sachsen mit dem Sachsenspiegel zeigen, zahlenmäßig erfasst.[99] Ulrich-Dieter Oppitz und Heiner Lück nannten 16 Stellen aus der Zipser Willkür,[100] László Blazovich fand 37 Artikel,[101] die mit den Regeln des Sachsenspiegels gewisse Parallelen zeigen. Diese Gemeinsamkeiten,

---

Városhálózat a középkori Kárpát-medencében, in: CSUKOVITS, LENGYEL (Hrsg.), Bártfától Pozsonyig, 2005, S. 25; BADA, A zsolnai városkönyv, in: CSUKOVITS, LENGYEL (Hrsg.), Bártfától Pozsonyig, 2005, S. 187.

[94] CDH, Bd. IX/7, 1842, S. 619f.; WENZEL, Magyarország városai és városjogai a múltban és jelenben, 1877, S. 46f.; KIRÁLY, Pozsony város joga a középkorban, 1894, S. 17; LÜCK, Zur Rezeption des sächsisch-magdeburgischen Rechts in Osteuropa, in: BREMER (Hrsg.), Grenzen überschreiten, 2001, S. 26; PAPSONOVÁ, Das Magdeburger Recht und das Silleiner Rechtsbuch, 2003, 22f.; PIIRAINEN, Der Anfang und die frühe Entwicklung der Städte in der Mittelslowakei, in: Karpaten Jahrbuch 61 (2010 [2009]), S. 69.

[95] CDH, Bd. IV/1, 1829, S. 329–331.

[96] Zur Überlieferung s. a. *Kap. F.I.1., S. 117.*

[97] Übersetzung der Verfasserin aus dem Ungarischen. SCHILLER, Szepesi jog, in: MJL, Bd. 6, 1907, S. 390; genauso LINDNER (Hrsg.), Az Altenbergerféle Codex, 1885 [1973], S. VIII.

[98] DEMKÓ, A szepesi jog ‚(Zipser Willkühr)', 1891, S. 20–41.

[99] OPPITZ, Zipser Willkür, in: HRG, Bd. 5, 1998, Sp. 1722; LÜCK, Zur Rezeption des sächsisch-magdeburgischen Rechts in Osteuropa, in: BREMER (Hrsg.), Grenzen überschreiten, 2001, S. 27; BLAZOVICH, A Szepesség joga és a Szász tükör, in: CSUKOVITS, LENGYEL (Hrsg.), Bártfától Pozsonyig, 2005, S. 185.

[100] Zipser Willkür Art. 2, 6, 7, 9, 12, 13, 15, 17, 29, 38, 42, 51, 53 u. 64–66 – Edition in MICHNAY, LICHNER (Hrsg.), Ofner Stadtrecht von MCCXLIV–MCCCCXXI, 1845, S. 221–235. OPPITZ, Zipser Willkür, in: HRG, Bd. 5, 1998, Sp. 1722; LÜCK, Zur Rezeption des sächsisch-magdeburgischen Rechts in Osteuropa, in: BREMER (Hrsg.), Grenzen überschreiten, 2001, S. 27.

[101] BLAZOVICH, Der Sachsenspiegel und das Recht der Zips, in: EICHLER, LÜCK (Hrsg.), Rechts- und Sprachtransfer in Mittel- und Osteuropa, 2008, S. 36.

die zugleich einen Transfer des sächsisch-magdeburgischen Rechts belegen, lassen sich auf eine langjährige Symbiose mehrerer Rechtskulturen im Karpatenbecken zurückführen.

Außerdem können Normen des Iglauer Stadtrechts, der Schöffensatzungen der Stadt Brünn und aus dem flämischen Recht in der Zipser Willkür nachgewiesen werden.[102] Neben dem deutschen Recht prägten auch das ungarische Gewohnheitsrecht (*ius patrium*) und das verwillkürte Recht das Rechtsleben der Zipser Sachsen. Einflüsse verschiedener Rechtskulturen zeigen auch die Bestimmungen der Zipser Willkür, die z. T. aus dem ungarischen Gewohnheitsrecht übernommen wurden.[103] Einen weiteren Teil des aufgezeichneten Zipser Rechts bilden die an die neuen Rechtsverhältnisse angepassten, also ‚verwillkürten' Normen.[104]

Die ursprünglichen Regeln des Zipser Rechts weichen zum Teil vom sächsisch-magdeburgischen Recht ab.[105] Darauf deuten jene Bestimmungen der Zipser Willkür hin, in denen keine Unterscheidung zwischen den Geschlechtern erfolgte. Im Zipser Recht wurde beispielsweise nicht zwischen den Gruppen der *agnatus*- und *cognatus*-Verwandten unterschieden. Das Gleiche gilt im Hinblick auf die Geschlechter für die Grenze der Volljährigkeit. Sowohl Jungen als auch Mädchen wurden mit dem 14. Lebensjahr volljährig.[106] Diese Bestimmungen gehen zurück auf das Privileg von 1271, wonach die gewählten Richter nach territorialem Gewohnheitsrecht urteilten.[107] Diese Rechtspraxis fand dann Eingang in die Zipser Willkür.

Das Zipser Recht enthält außerdem mehr Bestimmungen für die Rechte der Frauen als das sächsisch-magdeburgische Recht.[108] So durfte eine Witwe bis zur erneuten Eheschließung Vormund ihrer Kinder sein und auch in Vermögensfragen hatten Frauen eine gewisse Verfügungsfreiheit.[109]

Im Übrigen weist das Rechtsinstitut des Freidrittteils auf fränkische Grundlagen hin. Gemäß dem Zipser Recht konnten die Eheleute über ein Drittel der Vermögenshälfte frei verfügen. Dabei ging es nicht nur um die letztwillige Verfügung an die Kirche, sondern die Eheleute konnten ihre Habe auch an Verwandte übertragen. Anders als im Sachsenspiegel und im Magdeburger Recht erhielt der

---

[102] OPPITZ, Zipser Willkür, in: HRG, Bd. 5, 1998, Sp. 1722 und DERS., Zipser Wilkür, in: Verfasserlexikon, Bd. 10, 1999, Sp. 1561.

[103] CHALUPECKÝ, Stadtrechte im Gebiet der heutigen Slowakei, in: Karpaten Jahrbuch 63 (2012 [2011]), S. 50.

[104] DEMKÓ, Lőcse története, Bd. 5, 1897, S. 91.

[105] Ebd., S. 111.

[106] Zipser Willkür Art. 7 u. 64 – Edition in MICHNAY, LICHNER (Hrsg.), Ofner Stadtrecht von MCCXLIV–MCCCCXXI, 1845, S. 221–235.

[107] Ebd., S. 238.

[108] SZABÓ, Sachsen in Ungarn und ihr Rechtsleben im Mittelalter und der frühen Neuzeit, in: SCHMIDT-RECLA [u. a.] (Hrsg.), Sachsen im Spiegel des Rechts, 2001, S. 104.

[109] Zipser Willkür, Art. 2 – Edition in MICHNAY, LICHNER (Hrsg.), Ofner Stadtrecht von MCCXLIV–MCCCCXXI, 1845, S. 221–235.

überlebende Gatte einen Anteil vom gemeinsamen Gut der Eheleute.[110] Daran anschließend wurde in der Zipser Willkür die Gleichstellung der Ehefrau mit dem Ehemann im Hinblick auf die letztwillige Verfügung betont.[111]

Prozessfähigkeit wurde der Frau hingegen im Zipser Recht nicht zugestanden; insoweit war es dem sächsisch-magdeburgischen Recht ähnlich. Prozessvertreter der Frau war der nächste männliche Verwandte, also ihr Mann bzw. ihr Vater. Witwen und Waisen wurden im Prozess auch durch männliche Vorsprecher vertreten.

Parallele Strukturen des Zipser Rechtsbuchs zum Sachsenspiegel lassen sich auch bei der Erbfolge der Nachkommen, beim Nachlass, bei der Morgengabe und bei den Regeln zur Vormundschaft nachweisen. Auch der Schutz des Hausfriedens im Zipser Rechtsbuch lässt sich auf den Sachsenspiegel zurückführen.

Das Zipser Recht entwickelte sich nach seiner Aufzeichnung weiter,[112] wie aus der Leutschauer Handschrift der Zipser Willkür aus dem 16. Jahrhundert zu erkennen ist.[113] Zum Beispiel findet sich in dieser Handschrift bei den Bestimmungen zur Morgengabe ein Hinweis auf das Landrecht des Sachsenspiegels.[114]

Ein Eintrag in der Leutschauer Handschrift der Zipser Willkür deutet außerdem darauf hin, dass im 16. Jahrhundert bei der Rechtsprechung die Regeln des Sachsenspiegels angewandt wurden. Es ging dabei um die Verwaltung der Güter der Waisen.[115] Wie aus einem Protokolleintrag des Leutschauer Rates von 1585 ersichtlich ist, wurde diese Bestimmung gemäß dem Sachsenspiegel verändert.[116] Die Wirkung des sächsisch-magdeburgischen Rechts lässt sich also als Infiltration aus den polnischen Gebieten beschreiben, wobei die Impulse aus den Städten des Königreichs Polen das Zipser Recht modifizierten.[117]

Die Lösungen des Zipser Rechts zum Schutz des Eigentums bzw. von Grundbesitz weisen ebenfalls parallele Strukturen zum Recht des Sachsenspiegels auf. Der Einbruch in ein Haus bzw. in den dazugehörenden Garten wurde mit der

---

110 Ebd.; Ogris, Freiteil, in: ²HRG, Bd. 1, 2008, Sp. 1784; Blazovich, A Szász tükör és a Szepesség joga, in: Eike von Repgow, A Szász tükör, 2005, S. 52.

111 „[...] und sein frau dasselbe recht hab, als der mann, auf das, das die frauen als gut recht haben in diesem lande, als die mannen." Zipser Willkür, Art. 2 – Edition in Michnay, Lichner (Hrsg.), Ofner Stadtrecht von MCCXLIV–MCCCCXXI, 1845, S. 221–235.

112 Demkó, A szepesi jog ‚(Zipser Willkühr)', 1891, S. 41; Kaindl, Studien zur Geschichte des deutschen Rechts in Ungarn und in dessen Nebenländern, in: Archiv für österreichische Geschichte 98 (1908), S. 398.

113 Eine Beschreibung der Handschrift findet sich bei Szabó, A szepesi jog forrásai, in: Jogtörténeti tanulmányok 8 (2005), S. 450.

114 Zipser Willkür, Leutschauer Handschrift, Art. 13: „Im landtbuch steet alszo, Szo hat dye fraw mit sampt dem kindt czw alle der das do ist." – Edition in Demkó, Lőcse története. Bd. 5, 1897, S. 11.

115 Zipser Willkür, Leutschauer Handschrift, Art. 17 – Edition in Demkó, Lőcse története. Bd. 5, 1897.

116 Michnay, Lichner (Hrsg.), Ofner Stadtrecht von MCCXLIV–MCCCCXXI, 1845, S. 224 f.; Demkó, Lőcse története, Bd. 5, 1897, S. 10; Wenzel, Magyarország városai és városjogai a múltban és jelenben, 1877, S. 47.

117 Demkó, Lőcse története, Bd. 5, 1897, S. 13.

Todesstrafe sanktioniert.[118] Damit regelte die Zipser Willkür die Folgen eines Obstdiebstahls in der gleichen Weise wie das sächsisch-magdeburgische Recht. In diesem waren Haus und Zaun, Kirche, Friedhof und Stadtmauer gleichgestellt und das Zipser Recht war ebenfalls von diesen Prinzipien geprägt.

Bei der Rechtsterminologie gab es Übernahmen sowohl aus dem ungarischen als auch aus dem deutschen Recht. Dies zeigt sich z. B. an der Bezeichnung für Geldstrafe in der Zipser Willkür. Das Zipser Rechtsbuch kannte dafür zwei Termini: ‚Birsche'[119] und ‚Buße'.[120] Der Ausdruck ‚Birsche' war ein auf das ungarische Wort *bírság* (Geldstrafe) zurückzuführender Rechtsbegriff, der ein im ungarischen Recht und in der ungarischen Sprache üblicher Terminus für die Gerichtsstrafe war.[121] So wurde das *birsagium*, eine latinisierte Form des ungarischen *bírság*, bereits im Privileg der Zipser Sachsen von 1271 verwendet.[122] Parallel zu ‚Birsche' wurde ‚Buße' in der Zipser Willkür im Sinne des deutschen ‚Gewette'[123] verwendet. Es war als Alternative zur ‚Birsche' ein an den Richter zu zahlendes Strafgeld, womit es dem spätmittelalterlichen deutschen Rechtsverständnis entsprach.[124] Auch an dieser Stelle zeigt sich das Zipser Recht als vielschichtige Rechtsquelle. Das deutsche Recht stand somit mit dem ungarischen Gewohnheitsrecht in Wechselwirkung.

Übereinstimmungen mit dem sächsisch-magdeburgischen Recht lassen sich auch bei weiteren Regelungen im Familien-, Erb-, Schuld- und Strafrecht der Zipser Willkür beobachten. Zugleich zeigt die Entwicklung des Zipser Rechts Einflüsse aus dem Umfeld des ungarischen Gewohnheitsrechts.[125] Bei einer Zusammenstellung der Rechtsquellen, die das Zipser Recht beeinflusst haben, lässt sich das sächsisch-magdeburgische mit dem ungarischen Recht demnach auf eine Stufe stellen. Aus dieser Symbiose entwickelte sich ein Beispiel einer europäischen Rechtskultur.

---

[118] Zipser Willkür, Art. 34 – Edition in MICHNAY, LICHNER (Hrsg.), Ofner Stadtrecht von MCCXLIV–MCCCCXXI, 1845, S. 221–235.

[119] Zipser Willkür, Art. 30: „[...] der soll dem richter und bürgeren drei mark birsche geben [...]" u. Art. 51: „[...] das der richter ein mark birsche von im neme [...]" – Edition ebd.

[120] Zipser Willkür, Art. 30: „Und ab sie der birsche nicht vorrichten wolden, so sollen sie dieweil kein recht haben, bis sie dem richter und den bürgeren umb ir busz gerecht werden.", Art. 62: „[...] und der erbar mann soll 2 teil busze nemen, und unser grof soll an der busz ein dritteil nehmen [...]" u. Art. 71: „[...] welcher weinschenk zu kleine masz hat, der pleibt an des landes busze [...]" – Edition ebd.

[121] DEMKÓ, A szepesi jog ‚(Zipser Willkühr)', 1891, S. 20; KOVÁCS, A magyar jogi terminológia kialakulása, 1964, S. 130.

[122] CDH, Bd. V/1, 1829, S. 133. Auch bei Werbőczy lässt sich der Terminus wiederfinden: WERBŐCZY, Tripartitum, 1990, Pars I, Art. 134.

[123] SCHUMANN, Gewette, in: ²HRG, Bd. 2, 2012, Sp. 360.

[124] DIES., Buße, in: ²HRG, Bd. 1, 2008, Sp. 792.

[125] DEMKÓ, A szepesi jog ‚(Zipser Willkühr)', 1891, S. 30.

Diese Verflechtungen lassen sich anhand von Archivalien belegen. Im Archiv der Zipser Stadt Pudlein, die wie andere Städte im Jahre 1412 durch den Vertrag von Altlublau an Polen verpfändet wurde, sind polnischsprachige Bearbeitungen des sächsisch-magdeburgischen Rechts als Handschriften nachweisbar.[126] Es handelt sich hierbei um Werke des Krakauer Rechtsgelehrten Bartłomiej Groicki[127], die die Praxis des Krakauer Gerichts im Hinblick auf das Magdeburger Recht darstellten.[128] Außerdem findet sich in diesem Archiv eine Leipziger Sachsenspiegelausgabe.[129] Ein weiterer Druck mit polnischen Rechtsquellen zum Magdeburger Recht wurde 1749 vom Stadtschreiber erworben.

Die Zipser Stadt Kniesen, die seit 1412 ebenfalls zum Königreich Polen gehörte, erwarb später Drucke von zwei Bearbeitungen des sächsisch-magdeburgischen Rechts von Bartłomiej Groicki.[130] Das Werk ‚Artykuły'[131] wurde nach Einschätzung Klein-Bruckschwaigers[132] viel benutzt und mit handschriftlichen Notizen versehen.[133]

Diese Handschriften und Drucke liefern also weitere Belege für die Anwendung der Krakauer Variante des Magdeburger Rechts in den an Polen verpfändeten Städten der Zipser Region. Die Aufnahme der sächsisch-magdeburgischen Rechtsquellen lässt sich auch durch die Nähe zum Krakauer Obergericht des Magdeburger Rechts und damit zum Krakauer Rechtskreis erklären.

Das sächsisch-magdeburgische Recht fand auch auf anderen Wegen Eingang in das städtische Rechtsleben, denn die Rationalisierung des Rechts ebnete den Weg für die Rezeption und zwar zeitgleich mit der Intensivierung der Handelsverbin-

---

[126] „Porzadek Sadow y spraw Mieyskich, Prawa Magdeburgskiego: ktory wydax Bartholomeus Grochicki R. M. D. LX na on czas Podwoyći Krakowsky" [Übersetzung bei Klein-Bruckschwaiger: „Ordnung der städtischen Gerichte und Angelegenheiten nach Magdeburger Recht"] und „Artykuly Prawa Magdeburskiego Ktore zowia Speculum Saxonum Z Lacinskiego Jezyka na Polski przelozone y znowu Druckowane Roku 1560" [Übersetzung bei Klein-Bruckschwaiger: „Artikel des Magdeburger Rechtes, genannt Speculum Saxonium [!]" – KLEIN-BRUCKSCHWAIGER, Ergebnisse einer Archivreise in der Slowakei, in: Südost-Forschungen 13 (1954), S. 203].

[127] JANICKA, Groicki, Bartolomaeus (um 1534–1605), in: ²HRG, Bd. 2, 2012, Sp. 561 f.; URUSZCZAK, Groicki, Bartłomiej, in: STOLLEIS (Hrsg.), Juristen, 1995, S. 256.

[128] GROICKI, Porządek sądów i spraw miejskich prawa majdeburskiego w Koronie Polskiej [1559], hrsg. von KORANYI, 1953; DERS., Artykuły Práwá Máydeburskiego, Ktore zową Speculum Saxonum, 1558 [Neudr. einer späteren Ausg. durch Koranyi: GROICKI, Artykuły prawa majdeburskiego. Postępek sądów około karania na gardle. Ustawa płacej u sądów, [1588] hrsg. von KORANYI, 1954].

[129] KLEIN-BRUCKSCHWAIGER, Ergebnisse einer Archivreise in der Slowakei, in: Südost-Forschungen 13 (1954), S. 207.

[130] GROICKI, Porządek sądów i spraw miejskich prawa majdeburskiego w Koronie Polskiej [1559], hrsg. von KORANYI, 1953; DERS., Artykuły Práwá Máydeburskiego, Ktore zową Speculum Saxonum [1588], hrsg. von KORANYI, 1954.

[131] Ebd.

[132] KLEIN-BRUCKSCHWAIGER, Ergebnisse einer Archivreise in der Slowakei, in: Südost-Forschungen 13 (1954), S. 209.

[133] Ebd., S. 207.

dungen zu Polen,[134] mit der Herausbildung der Zünfte und mit dem Aufschwung des ungarischen Bergbaus.

Der Bedarf an einer Vereinheitlichung der Normen und des Verfahrens im Handel und im Handwerk sowie im Bergbau waren die Hauptursachen für die Rezeption des sächsisch-magdeburgischen Rechts in den Städten des Königreichs Ungarn. Besonders für den Handel mit den Städten in Schlesien und in Polen diente das sächsisch-magdeburgische Recht als gemeinsame Grundlage.[135] Daher lässt sich die subsidiäre Geltung des Magdeburger Rechts in den Zipser Städten auf die Zeit ab der Mitte des 16. Jahrhunderts datieren.[136]

Im Zuge einer intensiven Auseinandersetzung mit dem römischen und dem kanonischen Recht wurde das Recht der Zipser Städte im 16. und 17. Jahrhundert auch von neueren Rechtsquellen beeinflusst. Zugleich fand der Prozess der Romanisierung des sächsisch-magdeburgischen Rechts statt, so dass es ein fester Bestandteil des *ius commune* wurde. Die Spuren dieses *ius commune* sind auch in der Zips zu finden.

Diese Entwicklungen sind vor allem auf die akademischen Verbindungen von Zipser Studenten zurückzuführen. So gingen aus Leutschau etliche Studenten als Stipendiaten der Stadt ins Ausland,[137] wobei neben den Gymnasien in Schlesien und in der Lausitz die Universität Wittenberg das am meisten frequentierte Ziel der Leutschauer Studenten war. Namentlich bekannt ist der Jurist Thomas Homonnay, der an der Universität Wittenberg zwei Jahre lang studierte und die dort erworbenen juristischen Kenntnisse in die Zips mitbrachte.[138] Mehrere Studenten aus Leutschau schlossen das Studium an der Universität Wittenberg mit einer staatsrechtlichen Dissertation ab.[139]

Die Wahl der Gymnasien und Universitäten spiegelt zum Teil auch die Handelsverbindungen der Zips wider.[140] Zum Beispiel besuchten Bürgersöhne aus der Zips Gymnasien in den Städten Schweidnitz, Goldberg und Görlitz, die auch wichtige Empfängerstädte des Magdeburger Rechts waren.

---

[134] Im 16. Jahrhundert lassen sich intensive Handelsverbindungen zwischen den nordöstlichen Städten der heutigen Slowakei und Krakau nachweisen. IVÁNYI, Az írás és könyvek Eperjesen a XV–XVI. században, in: Magyar könyvszemle (Új folyam) 19,2 (1911), S. 144.

[135] DEMKÓ, A felső-magyarországi városok életéről a XV–XVII. században, 1890, S. 9f.

[136] DERS., A szepesi jog ‚(Zipser Willkühr)', 1891, S. 41.

[137] SILLER, „Lasset sie nur ein wenig leiden, wenn sie nicht gelt haben, so studiren sie desto vleissiger!", in: Südostdeutsches Archiv 38/39 (1995/1996), S. 6–8.

[138] KATONA, LATZKOVITS, Lőcsei stipendiánsok és literátusok, 1990, S. 123.

[139] SZABÓ, Előtanulmány a magyarországi joghallgatók külföldi egyetemeken a XVI–XVIII. században készített disputatióinak (dissertatióinak) elemzéséhez, in: Publicationes Universitatis Miskolciensis. Sectio Juridica et Politica 8, Fasc. 5 (1993), S. 125; DERS., Magyarországiak politica-disputatiói nyugat-európai egyetemeken a 17. században, in: DÉNES [u. a.] (Hrsg.), A szabadság felelőssége, 2011, S. 295, 304 f.

[140] KATONA, LATZKOVITS, Lőcsei stipendiánsok és literátusok, 1990, S. 7.

Im Jahre 1628 wurde in der Zipser Stadt Kirchdrauf vom Stadtschreiber Balthasar Apel ein deutschsprachiges Rechtsbuch unter dem Titel Collectanea Allerley Nutzlicher Vnnd Nothwendiger Regeln des Rechtens zusammengestellt,[141] das die wissenschaftliche Auseinandersetzung mit dem Sachsenspiegel, dem Magdeburger Recht und dem römischen sowie kanonischen Recht in der Zips belegt.[142] Es handelt sich um ein für amtliche Zwecke verfasstes Kompendium, in dem Rechtsbegriffe in alphabetischer Reihenfolge erläutert wurden.[143] Die abstrahierenden Beschreibungen der Rechtstermini und die zahlreichen Verweise auf den Sachsenspiegel, auf das Magdeburger Recht und die Rechtsprechung der Leipziger Schöffen[144] verdeutlichen, dass der Stadtschreiber juristisch gebildet und so Träger des Rechtstransfers geworden war.

Rechtshonoratioren wie dieser Stadtschreiber aus Kirchdrauf trugen wesentlich dazu bei, dass eine wissenschaftliche Auseinandersetzung mit dem sächsisch-magdeburgischen Recht stattfinden konnte. Balthasar Apel gab sogar die Gedankenführung des Sachsenspiegels wieder, so dass man davon ausgehen muss, dass ihm der Sachsenspiegel auch beim Verfassen seines Werks vorlag.[145]

Zusammenfassend lässt sich feststellen, dass die Zipser Sachsen von Anfang an mit Schlesien und mit Kleinpolen in vielfältiger Weise in Verbindung standen, so dass im Bereich des Handwerks, des Handels und der Kultur ein reger Austausch stattfand.[146] Auch auf diesem Weg kam das Zipser Recht also mit dem sächsisch-magdeburgischen Recht in Berührung. Durch das Hospes-Recht erreichten erste Impulse des Magdeburger Rechts die Zips, in Folge dessen sich Spuren dieses Rechts auch in den Rechtsaufzeichnungen der Zips nachweisen lassen. Es gab damit eine Symbiose zwischen dem ungarischen und dem Zipser Recht, durch die das Recht in der Zips sozusagen eine weitere Färbung erhielt. Wie aus Balthasar Apels Zusammenstellung ersichtlich ist, erreichte der Transfer des sächsisch-magdeburgischen Rechts im Zeitalter der wissenschaftlichen Auseinandersetzungen seinen Höhepunkt.

Die enge Verknüpfung von Rechtstexten aus dem Zipser Gebiet Siebenbürgens belegt auch eine Handschrift aus dem Jahr 1599, die sich im 17. Jahrhundert im Besitz des Schäßburger Apothekers Andreas Bertramus befand und heute in

---

141 Zur Edition der Quelle siehe PIIRAINEN, ZIEGLER (Hrsg.), Collectanea allerlay nutzlicher vnnd nothwendiger Regeln des Rechtens, 1995; s. a. *Kap. F.I.2., S. 121.*

142 DEMKÓ, A szepesi jog ‚(Zipser Willkühr)‘, 1891, S. 37.

143 Vgl. CARLS, Abecedarien, in: ²HRG, Bd. 1, Sp. 6–8.

144 Beim Stichwort ‚Ehebruch‘ zitierte der Autor zum Beispiel das Magdeburger Recht und die Praxis des Leipziger Schöffenkollegiums: „Ehebrecher sol man endhaupten“. PIIRAINEN, ZIEGLER (Hrsg.), Collectanea allerlay nutzlicher vnnd nothwendiger Regeln des Rechtens, 1995, S. 61.

145 Im Rechtsbuch von Apel heißt es: „Ein weib mag Jhres guttes nichts Vergeben ohne ihres Mannes willen“ (PIIRAINEN, ZIEGLER (Hrsg.), Collectanea allerlay nutzlicher vnnd nothwendiger Regeln des Rechtens, 1995, S. 63), die entsprechende Stelle im Sachsenspiegel lautet: „Wip en mag nicht vergeben ane ihres mannes willen [...]“ (Sachsenspiegel Landrecht, I 31).

146 DEMKÓ, A felső-magyarországi városok életéről a XV–XVII. században, 1890, S. 9f.

Braşov in Rumänien aufbewahrt wird.[147] Diese Handschrift enthält eine jüngere Fassung der Zipser Willkür zusammen mit dem Privileg der Zipser Deutschen sowie das Eigen-Landrecht der Siebenbürger Sachsen. Das Rechtsleben der Zips und Siebenbürgens ist – wie auch die Wirtschaftsgeschichte zeigt – nicht voneinander zu trennen.

IV. Rechtstransfer bei den Siebenbürger Sachsen

Das Rechtsleben der Siebenbürger Sachsen wurde wie das der Zipser gemäß den Privilegienverfügungen durch eine autonome Gerichtsbarkeit geprägt.[148] Maßgebend waren die mitgebrachten Rechtsgewohnheiten, auf deren Grundlage die Rechtsstreitigkeiten gelöst wurden.

Dabei zeigte das Rechtsinstitut des ‚Drittteils', dass im sächsisch-magdeburgischen Recht nicht nachweisbar ist,[149] bei den Siebenbürger Sachsen eine langjährige Tradition, die auf das mündlich tradierte Gewohnheitsrecht zurückgeht. In einer Schenkungsurkunde aus dem Jahr 1323 wird das Drittteil als *consuetudo Cybiniensis* bezeichnet.[150] Im Testament des Hermannstädter Bürgermeisters Thomas Altemberger aus dem Jahr 1485 erfolgte später eine Verfügung über ein Drittteil der Kleider des Verstorbenen.[151] Ebenso sind im Textteil Magdeburger Weichbild des Codex Altemberger Verweise auf das Frauendrittteil zu finden.[152]

Dem Drittteil begegnete man aber auch im 16. Jahrhundert in Fronius' Rechtsbuch Eigen-Landrecht der Siebenbürger Sachsen.[153] Fronius benannte den Ursprung des Drittteils als „von rechts und gewohnheit wegen". Demnach sollte der Vater unter den hinterlassenen Kindern ein Drittel des Nachlasses der verstorbenen Frau binnen einer Frist aufteilen. Von Fronius wurden dafür als Rechtstermini die Bezeichnungen „Mutter dritteil" oder ‚mütterliches Drittteil' verwendet.[154] Auch das vom Vater hinterlassene Grundstück („Ackerland") sollte „gedritteilt" werden.[155] Diese Textstellen belegen, dass die Hospes-Gewohnheiten unter den Siebenbürger Sachsen auch im 16. Jahrhundert noch galten. Damit lässt sich das

[147] Opp. 227, HC 22021.

[148] SZABÓ, Sachsen in Ungarn und ihr Rechtsleben im Mittelalter und der frühen Neuzeit, in: SCHMIDT-RECLA [u. a.] (Hrsg.), Sachsen im Spiegel des Rechts, 2001, S. 103 f.

[149] OBLADEN, Magdeburger Recht auf der Burg zu Krakau, 2005, S. 135.

[150] ZIMMERMANN, WERNER, Urkundenbuch zur Geschichte der Deutschen in Siebenbürgen, Bd. 1, 1892 [2007], S. 374 f., Nr. 404.

[151] Ungarisches Landesarchiv Dl, Nr. 36920. Zitiert nach G. GÜNDISCH, Der Hermannstädter Bürgermeister Thomas Altemberger († 1491), in: DERS. (Hrsg.), Aus Geschichte und Kultur der Siebenbürger Sachsen, 1987, S. 132, 135.

[152] Codex Altemberger, fol. CXV – Edition in LINDNER (Hrsg.), Az Altenbergerféle Codex, 1885 [1973], S. 219.

[153] FRONIUS Eigen-Landrecht, 2. Buch, Titel 4,2.

[154] Ebd., Titel 4,3.

[155] Ebd., Titel 4,6.

Drittteil außer in Böhmen, Mähren, Schlesien und der Mark Meißen[156] auch in der südosteuropäischen Region nachweisen.[157]

Das Gewohnheitsrecht wurde immer wieder ergänzt und war äußerst flexibel und doch gab es bis zum 16. Jahrhundert keine Versuche, das Recht aufzuzeichnen. Ein Schritt in Richtung eines schriftlichen Rechts folgte erst im späten 15. Jahrhundert, als der Königsrichter und spätere Hermannstädter Bürgermeister Thomas Altemberger ein Rechtsbuch, den sogenannten Codex Altemberger, nach Hermannstadt mitbrachte.[158] Altemberger hatte diese Handschrift entweder während seiner langjährigen Studienzeit an der Wiener Universität[159] oder anschließend im Laufe seiner Tätigkeit in der königlichen Kanzlei in Ofen erworben. Damit wurde versucht, Normen aus auswärtigen Rechtskreisen in der städtischen Rechtspraxis Hermannstadts zu etablieren. Im Codex Altemberger waren Regelungen aus dem Landrecht des Schwabenspiegels, aus dem Magdeburger Weichbild und aus dem Iglauer Stadt- und Bergrecht enthalten.[160] Der Inhalt des Codex kann als alternatives bzw. ergänzendes Material verstanden werden. Um von Subsidiarität sprechen zu können, fehlen aber entsprechende Quellenbelege.

Wie sich aus der Verwendung der Eidesformel erkennen lässt, wurde dieses Rechtsbuch in der Praxis des Magistrats viel benutzt.[161] Nach der Einführung der Reformation in Siebenbürgen im Jahre 1536 erfolgte dann die Streichung der Verbindung zu Maria und den Heiligen.[162] Im Hermannstädter Obergericht wurde der Codex jahrzehntelang auch als Quelle des Gewohnheitsrechts verwendet.[163]

---

[156] OBLADEN, Magdeburger Recht auf der Burg zu Krakau, 2005, S. 134.

[157] Auch im Stadtrechtsbuch von Sillein begegnet man dem Rechtsinstitut des Drittteils (PIIRAINEN (Hrsg.), Das Stadtrechtsbuch von Sillein, 1972, S. 80 f., Nr. 122; siehe dazu PAPSONOVÁ, Das Magdeburger Recht und das Silleiner Rechtsbuch, 2003, S. 214; GÁL (Hrsg.), Die Summa legum brevis levis et utilis des sogenannten Doctor Raymundus von Wiener-Neustadt, 1926, S. 80 f.

[158] LINDNER (Hrsg.), Az Altenbergerféle Codex, 1885 [1973], S. IV; MOLDT, Deutsche Stadtrechte im mittelalterlichen Siebenbürgen, 2009, S. 216 f.

[159] Altembergers Studienzeit lässt sich aus den Matrikeln der Jahre 1454 und 1459 der Universität Wien erschließen. Er erhielt dort den Titel *magister artium*, wie aus dem Ausgabenverzeichnis der Hermannstädter Provinz ersichtlich ist. Laut den Einträgen in den Universitätsmatrikeln der Universität Wien erhielt Altemberger auch den Titel *baccalaureus iuris canonici*. Vgl. G. GÜNDISCH, Der Hermannstädter Bürgermeister Thomas Altemberger († 1491), in: DERS. (Hrsg.), Aus Geschichte und Kultur der Siebenbürger Sachsen, 1987, S. 130 f. u. TONK, Erdélyiek egyetemjárása a középkorban, 1979, S. 335, Nr. 2310.

[160] LINDNER, Der Schwabenspiegel bei den Siebenbürger Sachsen, in: ZRG GA 6 (1885), S. 113; MOLDT, Deutsche Stadtrechte im mittelalterlichen Siebenbürgen, 2009, S. 215–218; LÜCK, Kohärenzen, Parallelen, Divergenzen, in: Acta Juridica et Politica 71, Fasc. 17.7 (2008), S. 593.

[161] MOLDT, Deutsche Stadtrechte im mittelalterlichen Siebenbürgen, 2009, S. 217 f.; K. GÜNDISCH, Siebenbürgen und die Siebenbürger Sachsen, ^{2}2005, S. 70.

[162] LINDNER (Hrsg.), Az Altenbergerféle Codex, 1885 [1973], S. IV.

[163] SZABÓ, Die Rezeption des römischen Rechts bei den Siebenbürger Sachsen, in: Publicationes Universitatis Miskolciensis. Sectio Juridica et Politica 9, Fasc. 1–13 (1994), S. 175.

Entstehungsort des Codex Altemberger war die *süddeutsche* Region, so dass parallel zu den regen Handelsverbindungen zwischen den Städten des Heiligen Römischen Reichs und Siebenbürgens der Rechtstransfer aus dem süddeutschen Raum erfolgte. Die Quellen des Codex Altemberger deuten auch auf den *Weg* des Transfers hin, wobei in erster Linie der süddeutsche Rechtskreis als Herkunftsort zu nennen ist. Damit lässt sich eine These von Dietlinde Munzel-Everling[164] zum Verbreitungsgebiet des Magdeburger Rechts erweitern, denn mit der Einbeziehung Siebenbürgens ist ein weiterer Nachweis des Magdeburger Rechts in Südosteuropa möglich.

Auf den Transfer des sächsisch-magdeburgischen Rechts deuten neben dem Codex Altemberger noch weitere schriftliche Belege hin. Eine Handschrift des Ofner Stadtrechtsbuchs mit Textteilen aus dem Sachsen- bzw. Schwabenspiegel wurde für die siebenbürgische Stadt Klausenburg erstellt.[165] Novum dieser Handschrift ist ein lehnrechtlicher Textteil, der Übereinstimmungen mit dem Schwabenspiegel Lehnrecht zeigt. Relković verweist in ihrer Arbeit auf mehrere Textstellen im Ofner Stadtrechtsbuch, die Parallelen in der Gedankenführung und im Hinblick auf den Rechtsgegenstand mit den deutschen Rechtsspiegeln belegen.[166]

Eine Untersuchung der Bücherverzeichnisse der Siebenbürger Sachsen[167] zeigt, dass im 16. Jahrhundert sowohl das römische als auch das sächsisch-magdeburgische Recht als Subsidiärquelle bereitstanden. Der Sachsenspiegel sowie Statuten aus Stadtrechten standen häufig auf Bücherlisten der Bürger,[168] wurden aber hauptsächlich von Mitgliedern der Stadtverwaltung bzw. von Juristen benutzt.[169]

Ab der zweiten Hälfte des 16. Jahrhunderts setzte sich bei den Siebenbürger Sachsen die Rezeption des römischen Rechts gegenüber der des sächsisch-magdeburgischen Rechts durch.[170] Justinians Werk und das Eigen-Landrecht waren bei den Siebenbürger Sachsen – wie aus den genannten Bücherlisten erkennbar – recht häufig vorhanden.[171]

---

[164] MUNZEL, Ofener Stadtrechtsbuch, in: HRG, Bd. 3, 1984, Sp. 1185.

[165] RELKOVIĆ, A Budai Jogkönyv (Ofner Stadtrecht) harmadik kézirata a Fővárosi Könyvtárban, 1941, S. 17.

[166] Ebd., S. 18–20.

[167] VERÓK, Über die Bücherverzeichnisse der Siebenbürger Sachsen im 16. Jahrhundert, in: WIEN [u. a.] (Hrsg.), Humanismus in Ungarn und Siebenbürgen, 2004.

[168] MOLDT, Deutsche Stadtrechte im mittelalterlichen Siebenbürgen, 2009, S. 213.

[169] MONOK, ÖTVÖS, VERÓK (Hrsg.), Lesestoffe der Siebenbürger Sachsen 1575–1750, 2004; VERÓK, Über die Bücherverzeichnisse der Siebenbürger Sachsen im 16. Jahrhundert, in: WIEN [u. a.] (Hrsg.), Humanismus in Ungarn und Siebenbürgen, 2004, S. 228 f.

[170] SZABÓ, Sachsen in Ungarn und ihr Rechtsleben im Mittelalter und der frühen Neuzeit, in: SCHMIDT-RECLA [u. a.] (Hrsg.), Sachsen im Spiegel des Rechts, 2001, S. 108; DERZSI, Schuld und Sühne, in: Berichte und Forschungen 16 (2008), S. 236.

[171] SZABÓ, Sachsen in Ungarn und ihr Rechtsleben im Mittelalter und der frühen Neuzeit, in: SCHMIDT-RECLA [u. a.] (Hrsg.), Sachsen im Spiegel des Rechts, 2001, S. 108, Fn. 47; DERS., Juristischer Buchbesitz bei den Siebenbürger Sachsen in der Frühen Neuzeit, in: KRIEGLEDER [u. a.] (Hrsg.), Deutsche Sprache und Kultur in Siebenbürgen, 2009, S. 115.

Auf die Subsidiarität des römischen Rechts wurde im Eigen-Landrecht ausdrücklich hingewiesen.[172] Dass Fronius in seinem Rechtsbuch das römische und nicht das sächsisch-magdeburgische Recht bevorzugte, kann mit der engeren Bindung der Siebenbürger an die Rechtswissenschaft begründet werden. Mehrere Bürgersöhne aus Hermannstadt, Kronstadt und Bistritz besuchten die Universität Wittenberg,[173] so dass der Prozess der Verwissenschaftlichung des Rechts nicht zuletzt aus diesem Grund in Siebenbürgen vor allem durch die Auslegung römischrechtlicher Rechtssätze stattfand.

V. Städtische Rechtsaufzeichnungen und Rechtstransfer

Ein intensiver Kulturaustausch zwischen dem okzidentalen Europa und dem Königreich Ungarn erfolgte vor allem während der Zeit der Herrschaft der Könige aus den Geschlechtern der Anjou und der Luxemburger. Die Städte erhielten im Donau- und Karpatenraum vermehrt Impulse aus dem okzidentalen Ausland und der Rechtstransfer betraf in erster Linie das Stadtrecht.[174] Der Sachsenspiegel, das Magdeburger Recht und der Schwabenspiegel fanden Eingang in die lokalen Rechtsordnungen, indem ihre Normen übernommen und weiterentwickelt wurden.[175]

Der Rechtstransfer kann in den Stadtrechtsaufzeichnungen der bedeutenden Handelsstädte vermehrt nachgewiesen werden. Die Rechtsverbindungen zu den Donauhandelsstädten vermittelten die Rechtseinflüsse aus den österreichischen und süddeutschen Regionen. Auch gab es vielfältige Kontakte mit den Gebieten des sächsisch-magdeburgischen Rechts. In erster Linie sind hier die Handelsbeziehungen nach Krakau und Breslau zu erwähnen.[176] Das deutsche Patriziat der Handelsstädte war somit ein wichtiger Katalysator der mittelalterlichen Stadtrechtsentwicklung.

Ein weiterer Weg der Handelsverbindungen führte nach Kleinpolen. Die Handels-, Universitäts- und Residenzstadt Krakau beeinflusste ebenfalls die Rechtsentwicklung der in der heutigen Slowakei gelegenen Städte. So kaufte die Stadt

---

[172] FRONIUS Eigen-Landrecht, 1. Buch, Titel 1,7.

[173] Das Verzeichnis der Disputationen siehe bei SZABÓ, Előtanulmány a magyarországi joghallgatók külföldi egyetemeken a XVI–XVIII. században készített disputatióinak (dissertatióinak) elemzéséhez, in: Publicationes Universitatis Miskolciensis. Sectio Juridica et Politica 8, Fasc. 5 (1993), S. 128, 137 sowie DERS., Magyarországiak politica-disputatiói nyugat-európai egyetemeken a 17. században, in: DÉNES [u. a.] (Hrsg.), A szabadság felelőssége, 2011, S. 295–307.

[174] KIRÁLY, Pozsony város joga a középkorban, 1894, S. 17.

[175] K. GÜNDISCH, Ungarn im Mittelalter, in: FISCHER, Eine kleine Geschichte Ungarns, 1999, S. 40.

[176] HALAGA, Verbindungen ostslowakischer Städte mit dem europäischen Markt über Polen und die Ostsee und die „Pacta mutua“ Krakau-Kaschau, in: ENGEL [u. a.] (Hrsg.), Hansische Stadtgeschichte – Brandenburgische Landesgeschichte, 1989, S. 132–143; NIKOLICZA, Boroszló és Görlitz lehetséges szerepe a budaiak magdeburgi joggal való megismerkedésében, in: GÁBOR [u. a.] (Hrsg.), Tiszteletkör, 2012, S. 155.

Eperies z. B. Papier aus Polen, was sich anhand von Wasserzeichen aus dem 14. Jahrhundert belegen lässt.[177] Aber auch Einträge in Rechnungsbüchern zeigen, dass ab 1510 Papier und Regestenbücher regelmäßig in Krakau erworben wurden.

Kaschau, die zweitwichtigste Stadt im Königreich Ungarn im 14. Jahrhundert, war ein beliebter Handelsplatz für Kaufleute aus Polen und Russland. Es entstand sogar eine gewisse Rivalität zwischen den Handelsmetropolen Krakau und Kaschau.[178] Krakau besaß das Stapelrecht, das es im Laufe des 15. Jahrhunderts gegenüber fremden Kaufleuten geltend machte. Die Handelsbeziehungen der Zips und der Fernhandelsstädte Bartfeld und Kaschau reichten aber über Krakau weit hinaus: Thorn, Danzig, Brügge und sogar Städte in Süditalien waren Umschlagplätze der Waren aus dem Königreich Ungarn. Der rege Handelsverkehr mit Kaufleuten aus polnischen Gebieten[179] führte zur Übernahme von Handelsgewohnheiten und damit auch zum Rechtstransfer. Die Gebiete des Magdeburger Rechts kamen auf diese Weise mit der Region der Zips und den Städten der Pentapolis in Verbindung.

Ausgehend von den intensiven Handelsbeziehungen zwischen den Städten Krakau und Kaschau ergaben sich auch akademische Verbindungen. Die rechtskundigen Honoratioren der Städte vermittelten das während ihres Studiums erworbene Wissen in die jeweiligen städtischen Rechtsordnungen und prägten entscheidend die Rechtskultur der eigenen Stadt. Besonders hervorzuheben sind z. B. die Universitäten Krakau und Wien, wo im Laufe des 15. und 16. Jahrhunderts zahlreiche junge Bürger aus den Handelsstädten des Königreichs Ungarn studierten.[180]

Das Zentrum der Rechtsfortbildung war für die nordöstlichen Städte des Karpatenraumes die Krakauer Universität, zu deren Absolventen die späteren führenden Persönlichkeiten der Städte gehörten.[181] So hätte z. B. Cristan Czibner während seiner Studienzeit[182] an der Krakauer Universität den Beginn der wissenschaftlichen Bearbeitung des sächsisch-magdeburgischen Rechts verfolgen können. Er war von 1497 an Stadtschreiber in Eperies, wo er 1530 starb.[183] Nach

---

[177] IVÁNYI, Az irás és könyvek Eperjesen a XV–XVI. században, in: Magyar könyvszemle (Új folyam) 19,2 (1911), S. 140f.

[178] HALAGA, Verbindungen ostslowakischer Städte mit dem europäischen Markt über Polen und die Ostsee und die „Pacta mutua" Krakau-Kaschau, in: ENGEL [u. a.] (Hrsg.), Hansische Stadtgeschichte – Brandenburgische Landesgeschichte, 1989, S. 132–143.

[179] Ebd., S. 138, 142.

[180] CAPROŞ, Students from Košice at foreign universities before and during the Reformation period in the town, 2010; SPIRITZA, Von einem halben maister der hohen schuel zu wyenn, Stadtschreiber und Skriptor Liebhard Egkenfelder, in: Karpaten-Jahrbuch 60 (2009 [2008]), S. 40.

[181] PIIRAINEN, Das Rechtsbuch der XI Zipser Städte, 2003, S. 14.

[182] Er findet sich in den Quellen als „almae universitatis Cracoviensis arcium liberalium baccalarius". SZENDE, Gyermekek, testvérek, házastársak, in: CSUKOVITS, LENGYEL (Hrsg.), Bártfától Pozsonyig, 2005, S. 313; KLEIN-BRUCKSCHWAIGER, Ergebnisse einer Archivreise in der Slowakei, in: Südost-Forschungen 13 (1954), S. 199–258.

[183] IVÁNYI, Das Deutschtum der Stadt Eperies im Mittelalter, in: Südost-Forschungen 5 (1940), S. 389.

seiner Rückkehr von der Universität befasste er sich mit der Zusammenstellung des Amtsbuchs von Eperies, in das er das Magdeburger Recht zusammen mit den Normen, die das ungarische Tavernikalgericht geschaffen hatte, aufnahm.[184]

Es sind also die Rechtsordnungen der königlichen Freistädte, die sich für die Suche nach Belegen für den Transfer sächsisch-magdeburgischen Rechts anbieten. Für diese Städte war das Stadtrecht von Ofen richtungsweisend, was durch die Rechtsprechung des städtischen Obergerichts verstärkt wurde. Fundorte der Handschriften, Übereinstimmungen der Textteile und strukturelle Parallelen weisen darauf hin, dass im Donau- und Karpatenraum sächsisch-magdeburgisches Recht zusammen mit süddeutschen Rechtsaufzeichnungen in vielfältiger Weise präsent war.

1. Ofner Stadtrechtsbuch und europäische Rechtsauffassung

Die deutschsprachige Rechtsaufzeichnung der Stadt Ofen entstand zwischen 1405 und 1421.[185] Sie war die „wichtigste und umfangreichste Quelle für das mittelalterliche und auch für das neuzeitliche Rechtsleben nicht nur Ofens (ung. *Buda*) und der sog. königlichen freien Städte, sondern der Städte in Ungarn",[186] schrieb treffend Karl Mollay, Herausgeber der kritischen Edition des Ofner Stadtrechtsbuchs. Das Ofner Stadtrecht galt seit dem 14. Jahrhundert in den wichtigsten Städten des Königreichs, z. B. in Kaschau, Bartfeld und Eperies, die sich am Fernhandel mit Polen beteiligten. Das hier aufgezeichnete Stadtrecht galt nicht nur in den einzelnen Städten des Königreichs Ungarn, sondern war auch richtungsweisend für die Rechtsprechung des städtischen Obergerichts (*sedes tavernicalis*).

Von der Vervielfältigung und Verbreitung der Handschriften des Ofner Stadtrechtsbuchs kann auch auf die Bedeutung des Stadtrechts von Ofen geschlossen werden. Es zeigt sich, dass das Stadtrecht von Ofen auch nach der Eroberung Ofens durch das osmanische Heer in den wichtigsten Handelsstädten Ungarns präsent war. Ofen geriet 1541 unter die Herrschaft des Osmanischen Reichs und wurde in die dortige Verwaltung eingegliedert. Eine Verwendung des Rechtsbuchs in Ofen nach 1541 ist daher auszuschließen. Allerdings entstand in den 1560er Jahren in Kaschau eine Handschrift, die sich im Besitz des Kaschauer Stadtschreibers Leonhard Cromer befand.[187] Aufbewahrungsort dieser sogenannten Cromer-Handschrift des Ofner Stadtrechtsbuchs war jene Stadt Kaschau, in der auch ein Exemplar des Schwabenspiegels nachgewiesen wurde.[188] Ebenso finden sich in Pressburg sowohl eine Handschrift des Ofner Stadtrechtsbuchs, als auch

[184] KLEIN-BRUCKSCHWAIGER, Ergebnisse einer Archivreise in der Slowakei, in: Südost-Forschungen 13 (1954), S. 243.

[185] BAK, Ofen, Stadtrecht, in: LexMa, Bd. 6, 1993, Sp. 1366.

[186] MOLLAY, Einleitung, in: DERS. (Hrsg.), Das Ofner Stadtrecht, 1959, S. 7.

[187] KRONES, Deutsche Geschichts- und Rechtsquellen aus Oberungarn, 1865, S. 31.

[188] BLAZOVICH, Die Wirkung des Schwabenspiegels in Ungarn, in: Acta Juridica et Politica 71, Fasc. 17.3 (2008), S. 541.

Schöffensprüche aus Magdeburg, Willküren der Stadt Halle sowie Bearbeitungen des Sachsenspiegels.[189]

In der Eingangsformel des Ofner Stadtrechtsbuchs heißt es:

> „Hye hebet sich an das Rechtpuech nach Ofnerrstat Rechten, Vnd mit helet in etlichen dingen oder stugken Maidpurgerischem rechten, [...]"[190]

Dieser Satz wurde in der frühen ungarischen Forschungsliteratur nicht als Beleg für einen Einfluss deutschen Rechts angesehen. Diesen Tenor gab Kálmán Demkó 1891 vor,[191] der im Ofner Stadtrechtsbuch keine Verbindung zu den deutschen Rechtsbüchern erkennen konnte. Nach Demkó handelte es sich um die Regelung allgemeiner Befugnisse der Stadtverwalter sowie um die Festlegung von Regeln für Handwerk und Handel.

In der Forschung setzte sich dieser Trend bis in die 1980er Jahre fort. Der Einfluss des Magdeburger Rechts auf das Ofner Stadtrechtsbuch wurde als nicht bewiesen angesehen, auch weil fundierte Quellenstudien fehlten. Diese Position vertrat noch 1975 auch András Kubinyi, als er behauptete, der Verfasser des Ofner Stadtrechtsbuchs habe sich lediglich um des Ansehens willen auf das Magdeburger Recht berufen.[192] In der Zusammenfassung des Forschungsstands vor 1989 verwies Peter Johanek auf die Ergebnisse von Néda Relković, die im Ofner Stadtrechtsbuch immerhin „ganz geringe Einflüsse" des magdeburgischen Rechtskreises entdecken konnte.[193] Nach Johanek beruhe das Ofner Stadtrechtsbuch im Wesentlichen auf süddeutschen, insbesondere auf Wiener Quellen.[194] Außerdem erklärt er die Berufung auf das Magdeburger Recht wie schon zuvor Kubinyi mit dem hohen Ansehen dieser Rechtsquelle.

Die neuere rechtshistorische Forschung ist von dieser Position abgerückt und weist auf Übereinstimmungen zwischen dem Ofner Stadtrechtsbuch und dem sächsisch-magdeburgischen Recht hin. Dietlinde Munzel-Everling z. B. stellte bereits 1984 fest, dass sich im Ofner Stadtrechtsbuch „Anklänge" an den Sachsenspiegel, an das Iglauer und das Wiener Recht finden.[195] Heiner Lück wies 2001 darauf hin, dass im Ofner Stadtrechtsbuch neben süddeutschen Quellen ganz offensichtlich der Sachsenspiegel und das Magdeburger Recht verarbeitet worden seien.[196] Zu den Quellen des Ofner Stadtrechtsbuchs zählte Lück außerdem das Magdeburg-Breslauer Recht (1261) und das Magdeburg-Görlitzer Recht (1304).[197]

---

[189] Opp. 1294, HC 23669 [verschollen] u. Opp. 1294a.

[190] OSB 1.

[191] DEMKÓ, A szepesi jog ‚(Zipser Willkühr)', 1891, S. 37.

[192] KUBINYI, Zur Frage der deutschen Siedlungen im mittleren Teil des Königreichs Ungarn (1200–1541), in: SCHLESINGER (Hrsg.), Die deutsche Ostsiedlung des Mittelalters als Problem der europäischen Geschichte, 1975, S. 563.

[193] JOHANEK, Ofener Stadtrechtsbuch, in: Verfasserlexikon, Bd. 7, ^{2}1989, Sp. 20.

[194] Ebd.

[195] MUNZEL, Ofener Stadtrechtsbuch, in: HRG, Bd. 3, 1984, Sp. 1185.

[196] LÜCK, Zur Rezeption des sächsisch-magdeburgischen Rechts in Osteuropa, in: BREMER (Hrsg.), Grenzen überschreiten, 2001, S. 23.

Der Szegeder Historiker László Blazovich bestätigte zwar die Eigenständigkeit des Ofner Stadtrechtsbuchs, stellte aber fest, dass rund 20 Prozent der Bestimmungen des Ofner Rechtsbuchs auf Verbindungen zu anderen Quellen hinweisen.[198] Er betonte den Einfluss auswärtiger Stadtrechte auf das Ofner Stadtrechtsbuch mit dem Hinweis darauf, dass das Magdeburger Recht aus *Stadt*rechten und nicht aus den *Land*rechten des Sachsen- bzw. Schwabenspiegels übernommen wurde.[199] Die Wirkung der Spiegelrechte lässt sich also nur indirekt über die Vermittlung von Stadtrechten erklären. Die Quellen des Ofner Stadtrechtsbuchs wurden von Blazovich nach Rechtsbereichen eingeteilt. Während für das öffentliche Recht die königlichen Privilegien als Grundlage dienten, stimmen Familien-, Erb-, Schuld- und Strafrecht mit dem deutschen Recht überein.[200]

Fasst man die Diskussion zusammen, die hier ausgehend von dem Anfangssatz des Ofner Stadtrechtsbuchs in Auszügen wiedergegeben wurde, lässt sich feststellen, dass dieser Satz ein zeitgenössischer Beleg für die Bekanntheit des Magdeburger Rechts im 15. Jahrhundert im Königreich Ungarn ist. Die Nennung des Magdeburger Rechts gleich zu Beginn des Ofner Stadtrechtsbuchs unterstreicht das hohe Ansehen, dass dieses Recht in der königlichen Stadt Ofen genoss.[201]

Zur Problematik des Rechtstransfers liefert die Suche nach dem Verfasser[202] des Rechtsbuchs weitere Belege. Károly Mollay identifizierte den im Rechtsbuch als Johannes[203] genannten Verfasser als den Stadtschreiber und späteren Stadtrichter Johannes Siebenlinder.[204] Dieser hatte Zugang zu den Privilegien der Stadt,[205] die er aus dem Lateinischen ins Deutsche übersetzte. Er kannte sich außerdem mit den Rechtsgewohnheiten und den Ratsbeschlüssen der Stadt aus. Nach den Quellenbefunden um die Wende vom 14. zum 15. Jahrhundert ist Johannes Siebenlinder jener Autor, der 1392 als *magister Johannes litteratus* in verschiedenen Texten erwähnt wird.[206] Bis 1440 finden sich Erwähnungen von ihm als Geschworener und als Stadtrichter. Vermutlich kommt Siebenlinder aus der in der Nähe von Eperies liegenden Gemeinde Siebenlinden (Lipany/Héthárs). Es spräche, so Blazovich, auch einiges dafür, dass er bereits mit dem Magdeburger Recht vertraut

---

[197] Ebd., S. 24.

[198] BLAZOVICH, SCHMIDT (Hrsg., Übers.), Buda város jogkönyve, Bd. I, 2001, S. 34, 152.

[199] BLAZOVICH, Die Wirkung des Schwabenspiegels in Ungarn, in: Acta Juridica et Politica 71, Fasc. 17.3 (2008), S. 531.

[200] BLAZOVICH, SCHMIDT (Hrsg., Übers.), Buda város jogkönyve, Bd. I, 2001, S. 32 f.; BAK, Ofen, Stadtrecht, in: LexMa, Bd. 6, 1993, Sp. 1366.

[201] Die gleiche Meinung findet sich bei RÜTHER, Stadtrecht, Rechtszug, Rechtsbuch, in: HERBERS, JASPERT (Hrsg.), Grenzräume und Grenzüberschreitungen im Vergleich, 2007, S. 140.

[202] Für János Németh ist die Verfasserfrage noch nicht geklärt (NÉMETH, Die Abweichungen der drei Handschriften des Ofner Stadtrechts, [Manuskript] 2000).

[203] „Dw solt gedächtig sein des Johannes Zu ewigen zeitenn." (OSB 1).

[204] MOLLAY, Einleitung, in: DERS. (Hrsg.), Das Ofner Stadtrecht, 1959, S. 21 f.

[205] RADY, Medieval Buda, 1985, S. 46.

[206] MOLLAY, Einleitung, in: DERS. (Hrsg.), Das Ofner Stadtrecht, 1959, S. 22.

war,[207] schließlich gilt die königliche Stadt Eperies als Fundort einer Handschrift mit Magdeburger Recht aus dem 14. Jahrhundert.[208]

Inhaltlich spiegelt das Ofner Stadtrechtsbuch die damalige Rechtsauffassung in Europa wider, was sich durch eine indirekte Wirkung des Sachsenspiegels und des Schwabenspiegels erklären lässt.[209] Thematisch zeigt die Aufnahme der Zweischwerterlehre[210] in das Ofner Rechtsbuch[211] die Wirkung der Spiegelrechte, deren Priorität aber nicht nachgewiesen werden kann.[212] Zu Beginn des konsequent im Sinne der Herrscherpyramide zusammengestellten Ofner Stadtrechtsbuchs wird die Zweischwerterlehre über das Verhältnis der geistlichen und weltlichen Herrschaft verhandelt, die auch ein zentrales Thema des Sachsenspiegels und des Schwabenspiegels ist.

Im Mittelpunkt des Anfangsgedankens stehen im Ofner Stadtrechtsbuch wie auch im Sachsenspiegel die Anrufung Gottes (*invocatio Dei*) sowie die Ableitung des Rechts bzw. der Gerechtigkeit von Gott. Johannes, der Verfasser des Ofner Stadtrechtsbuchs, stellt sich als Vermittler der Weisheit Gottes und des von Gott bestimmten Rechts vor. Seine Bitte um Weisheit, die auch in anderen städtischen Rechtsaufzeichnungen vorkommt,[213] findet sich auch im Sachsenspiegel. Dort gibt der Verfasser Eike von Repgow seine Lehre als ein von Gott gegebenes Recht aus, weshalb er nach der richtigen ‚Spiegelung' des von Gott bestimmten Rechts strebe.

Die Wirkung des Sachsenspiegels auf das Ofner Stadtrechtsbuch lässt sich anhand dieser Stellen als eine funktionale charakterisieren, die auf die Bildung des Verfassers, einer offensichtlich rechtskundigen Person, zurückzuführen ist. Im Ofner Stadtrechtsbuch zeigt sich also eine Rechtsauffassung des europäischen Bildungsstands,[214] die sich auf der Grundlage der großen Rechtsspiegel entwickelt hatte und die auch die Ausführungen zum Verhältnis von Papst und Kaiser, zur Tugendlehre[215] sowie den Hinweis auf das Magdeburger Recht prägte.

Das Ofner Stadtrechtsbuch lässt sich nach Themenwahl, Gedankengang und Stil in die Reihe der europäischen Rechtsaufzeichnungen einordnen, die Eike von Repgow mit dem Sachsenspiegel maßgeblich mitbegonnen hatte. Es ist naheliegend, dass die deutsche Rechtsbuchliteratur inspirierend für den Verfasser des

---

[207] BLAZOVICH, Die Wirkung des Schwabenspiegels in Ungarn, in: Acta Juridica et Politica 71, Fasc. 17.3 (2008), S. 532; DERS., SCHMIDT (Hrsg., Übers.), Buda város jogkönyve, Bd. I, 2001, S. 27.

[208] Opp. 1292a, HC 8138.

[209] WENZEL, A XV. századi tárnoki jog, in: Értekezések a társadalmi tudományok köréből 5,1 (1878), S. 12; MAKAY, Budai jogkönyv, in: MJL, Bd. 2, 1899, S. 290.

[210] Zum Ursprung der Zweischwerterlehre siehe MIKAT, Zweischwerterlehre, in: HRG, Bd. 5, 1998, Sp. 1848–1859.

[211] OSB 3.

[212] RÜTHER, Stadtrecht, Rechtszug, Rechtsbuch, in: HERBERS, JASPERT (Hrsg.), Grenzräume und Grenzüberschreitungen im Vergleich, 2007, S. 140.

[213] KIRÁLY, Pozsony város joga a középkorban, 1894, S. 14.

[214] RADY, Medieval Buda, 1985, S. 47.

[215] OSB Prologus I.

Ofner Stadtrechtsbuchs war und sein Werk daher in den Kreis der europäischen Normenfixierungen des Spätmittelalters einzureihen ist.

2. Rechtsdogmatik des Transfers anhand des Ofner Stadtrechtsbuchs

Die erb-, schuld- und strafrechtlichen Bestimmungen des Ofner Stadtrechtsbuchs zeigen Parallelen zu den Lösungen in den deutschen Rechtsquellen, wie László Blazovich nach der Auswertung der Textvergleiche Andreas Michnays und Paul Lichners sowie Néda Relkovićs feststellte.[216] Ein Vergleich der Parallelstellen belegt die nähere Verwandtschaft dieses ungarischen Rechtsbuchs mit deutschen Rechtsquellen.[217]

Ähnlichkeiten zwischen Ofner Stadtrechtsbuch und Magdeburger Recht lassen sich z. B. anhand der Rechtsinstitute ‚Dingpflicht' und ‚Sachmangel'[218] zeigen, auf die die Magdeburger Schöffen in einer Rechtsmitteilung für Breslau eingehen. Diese Bestimmungen wurden im Ofner Stadtrechtsbuch unter einer gemeinsamen Überschrift abgehandelt, haben aber die gleiche Reihenfolge wie in der Breslauer Rechtsauskunft, was eine große Nähe zur Breslauer Rechtsmitteilung von 1261 vermuten lässt. Nicht nur im Hinblick auf die Abfolge, sondern auch inhaltlich stehen sich die beiden Texte sehr nahe, da für die Verletzung der Dingpflicht die gleichen Sanktionen vorgesehen waren[219] und auch eine wörtliche Übereinstimmung der beiden Rechtssätze festgestellt werden kann.[220] Im Anschluss an diese Rechtssätze finden sich in beiden Quellen in gleicher Reihenfolge Regelungen zu betrügerischem Handel und zu Maßen und Gewichten, die sich bis in die Wortwahl gleichen, so dass auch dies für eine Verwendung der Magdeburger Quellen beim Verfassen des Ofner Rechtsbuchs spricht. Folglich kann festgestellt werden, dass dem Verfasser des Ofner Stadtrechtsbuchs nicht nur die Ofner Privilegien, sondern auch Quellen Magdeburger Provenienz vorlagen.

Auch zu einer Rechtsmitteilung der Magdeburger Schöffen an Görlitz aus dem Jahr 1304 gibt es im Ofner Stadtrechtsbuch wörtliche Übereinstimmungen.[221] Hierbei ist zu berücksichtigen, dass die Rechtsauskunft für Görlitz frühere Rechtsweisungen für Breslau (von 1261 und 1295) nahezu wörtlich wiedergibt. Obwohl die Görlitzer Quelle zeitlich näher an der Entstehungszeit des Ofner Stadtrechtsbuchs liegt, steht sie inhaltlich der Breslauer Rechtsmitteilung näher und es ist gut vorstellbar, dass das Magdeburger Recht durch Breslaus Vermittlung nach Ofen

---

[216] BLAZOVICH, SCHMIDT (Hrsg., Übers.), Buda város jogkönyve, Bd. I, 2001, S. 33, 38f.

[217] Ebd., S. 39–54.

[218] OSB 159.

[219] Vgl. auch OSB 39.

[220] Siehe auch RADY, Medieval Buda, 1985, S. 46.

[221] Magdeburger Rechtsmitteilung an Görlitz, Art. 1 (abgedruckt in GAUPP, Das alte Magdeburgische und Hallische Recht, 1826 [1966], S. 270).

gelangte, wo der rechtskundige Verfasser den Breslauer Text in das Ofner Stadtrechtsbuch aufnahm.

Der Handel mit Schlesien ist dabei möglicherweise der Vermittlungsfaktor gewesen,[222] denn Breslau war wirtschaftlich mit den Städten des Königreichs Ungarn eng verbunden. In einem Nachtrag von 1502 wurde im Ofner Stadtrechtsbuch gesondert auf die Breslauer Kaufleute hingewiesen, die das Stapelrecht Ofens umgehen wollten. Die Breslauer haben die Donau überquert und sind mit ihren beladenen Wagen nicht nach Ofen, sondern nach Pest gefahren.[223] Die Fernhandelsstraße zwischen Kaschau und Breslau führte zudem durch die Zips und die Stadt Sillein,[224] deren Stadtrecht eindeutig vom sächsisch-magdeburgischen Recht geprägt war.[225]

Auch die Textstelle zur Dingpflicht und die Bestimmung zum betrügerischen Handel lassen sich im Codex Altemberger nachweisen.[226] Sogar in der gleichen Reihenfolge findet man beide Regelungen im Abschnitt „Das Magdeburger Weichbild-Recht“ sowohl im Codex Altemberger als auch im Ofner Stadtrechtsbuch[227] wieder. Da der Codex Altemberger über Wien nach Hermannstadt kam, kann der Weg des sächsisch-magdeburgischen Rechts aus der österreichisch-süddeutschen Region nicht ausgeschlossen werden. Eine der Stationen auf diesem Weg war Ofen, was auch die genannten Texte belegen.

Auf die enge Verwandtschaft zwischen dem Ofner Stadtrechtsbuch und den sächsisch-magdeburgischen Quellen deuten weitere Textstellen im Ofner Stadtrechtsbuch hin.[228] Themen sind hier die Formalia des Eides,[229] die Definition des Erben,[230] uneheliche Kinder[231] sowie die Pflicht zur Schadensminderung.[232] Rechtstermini und Satzbau zeigen deutlich, dass dem Verfasser des Ofner Stadtrechtsbuchs der Sachsenspiegel bzw. die Rechtsmitteilungen zum Magdeburger Recht vorlagen.

---

[222] NIKOLICZA, Boroszló és Görlitz lehetséges szerepe a budaiak magdeburgi joggal való megismerkedésében, in: GÁBOR [u. a.] (Hrsg.), Tiszteletkör, 2012, S. 159.

[223] So entzündete sich ein Rechtsstreit zwischen den Schwesterstädten Ofen und Pest (OSB 444).

[224] HALAGA, Verbindungen ostslowakischer Städte mit dem europäischen Markt über Polen und die Ostsee und die „Pacta mutua“ Krakau-Kaschau, in: ENGEL [u. a.] (Hrsg.), Hansische Stadtgeschichte – Brandenburgische Landesgeschichte, 1989, S. 136.

[225] PAPSONOVÁ, Das Magdeburger Recht und das Silleiner Rechtsbuch, 2003.

[226] Codex Altemberger, fol. CXIX – Edition in LINDNER (Hrsg.), Az Altenbergerféle Codex, 1885 [1973], S. 225 f.

[227] OSB 159.

[228] OSB 161–164.

[229] OSB 161; Magdeburger Rechtsmitteilung an Görlitz, Art. 69 (abgedruckt in GAUPP, Das alte Magdeburgische und Hallische Recht, 1826 [1966], S. 294).

[230] OSB 162; Sachsenspiegel, Landrecht, I 6.

[231] OSB 163; Sachsenspiegel, Landrecht, I 36.

[232] OSB 164; Sachsenspiegel, Landrecht, II 49 § 2.

Bei der Auflistung der Straftaten im Ofner Stadtrechtsbuch ist eine rational gewichtete Abfolge erkennbar. An der Spitze des strafrechtlichen Abschnitts steht das *homicidium*, das nach Wille und Vorsatz in drei Tatbestände aufgeteilt wurde.[233] Diese Systematisierung wurde bei der Auflistung der Straftaten gegen das Eigentum fortgesetzt.[234] Im Ofner Stadtrechtsbuch war der Schutz des Eigentums von besonderer Bedeutung, was sich an den vergleichsweise harten Strafen für Diebstahl zeigt. Es wurde allerdings nach dem Wert des gestohlenen Guts differenziert und es war ein Reinigungseid möglich, mit dem der Täter seine Unschuld beweisen konnte:

Tatbezeichnung	Schadenshöhe	Reinigungseid	Strafe
„claÿne dÿphait“ (OSB 262)	unter ein viertel Mark	allein schwören	soll am Pranger gepeitscht werden
„groͤß dÿͤphait“ (OSB 264)	ein viertel bis eine Mark	mit zwei Eideshelfern „selb III“	Todesstrafe „dem galgenn schuldig“
„eÿn diͤppphait“ (OSB 265)	über eine Mark	mit sechs Eideshelfern „salb sibender“	Todesstrafe „dem galgenn vorfallen“

An diesen Textstellen lassen sich mehrere strukturelle Parallelen nachweisen. Das Schwören ‚selbdritt‘ oder ‚selbsiebent‘ als Reinigungseid war im sächsisch-magdeburgischen Recht ein ausgesprochen häufiges Rechtsinstitut.[235] Es findet sich bereits in einer Rechtsmitteilung der Magdeburger Schöffen an Breslau aus dem Jahre 1261.[236] Die Differenzierung der Strafe bei Diebstahl kann ebenfalls auf sächsisch-magdeburgische Rechtsquellen zurückgeführt werden.

Gleiches gilt für Geld- und Warenfälschung, für die sowohl im Sachsenspiegel als auch im Ofner Stadtrechtsbuch die Todesstrafe vorgesehen war. Im Rechtsbuch von Ofen konnte sich der Tatverdächtige allerdings durch den Eid mit sechs Eideshelfern (selbsiebent) befreien.[237] Der Eid war aber an die strikte Befolgung von Formalitäten gebunden. Wurde eine dieser formalen Vorgaben nicht eingehalten, konnte der Verdächtige mit der Todesstrafe auf dem Scheiterhaufen bestraft werden.

---

[233] OSB 259 und 260.

[234] „Jch tail Dÿe sachen der dÿephait ynn dreÿ tail“ (OSB 262).

[235] Sachsenspiegel, Landrecht, II 69; MUNZEL-EVERLING, Eid, in: ²HRG, Bd. 1, 2008, Sp. 1255f.; PAPSONOVÁ, Das Magdeburger Recht und das Silleiner Rechtsbuch, 2003, S. 581–584; BILY, CARLS, GÖNCZI, Sächsisch-magdeburgisches Recht in Polen, 2011, S. 240f.

[236] Magdeburger Rechtsmitteilung an Breslau, Art. 13, 14 und 36 (abgedruckt in GAUPP, Das alte Magdeburgische und Hallische Recht, 1826 [1966], S. 233, 236; zugleich EBEL, Magdeburger Recht, Bd. II,1, 1989, Nr. 1 § 14 u. § 36, S. 3, 6). Siehe außerdem die Magdeburger Rechtsmitteilung an Görlitz von 1304, Art. 78 (abgedruckt in GAUPP, Das alte Magdeburgische und Hallische Recht, 1826 [1966], S. 296).

[237] OSB 270.

Ähnlichkeiten zwischen dem Ofner Stadtrechtsbuch und dem Sachsenspiegel zeigen sich auch bei der Aufzählung der als gefährlich geltenden Tiere.[238] Hier steht die Ofner Rechtsquelle dem Sachsenspiegel deutlich näher als der vergleichbaren Stelle in der Rechtsmitteilung an Görlitz von 1304.[239]

In den funktional öffentlich-rechtlichen Bestimmungen des Ofner Rechtsbuchs ging es primär um Privilegien und städtische Gewohnheit. Besonders die Regelungen zur Stadtverwaltung sowie zur Beziehung zwischen dem Stadtherren und der Stadt deuten auf die autonome Rechtsstellung der königlichen Stadt hin.

Wenn das Ofner Stadtrechtsbuch auch in der Summe nicht als eine örtliche Variante des sächsisch-magdeburgischen Rechts betrachtet werden kann, lässt sich dennoch feststellen, dass dem Verfasser Sachsenspiegel und Magdeburger Rechtsmitteilungen zur Verfügung standen. Er hat bei privat- und strafrechtlichen Rechtssätzen – vor allem bei juristischen Problemlösungen und Definitionen – aus diesen Quellen geschöpft. Dieser Befund bestätigt Munzel-Everlings Aussage,[240] dass die mittelalterliche Stadt Ofen zum Verbreitungsgebiet des Magdeburger Stadtrechts gehört habe. Die Position Blazovichs, die Spiegelrechte hätten indirekt durch Stadtrechte gewirkt,[241] lässt sich also weiter präzisieren.

3. Quellenverbindungen des Pressburger Stadtrechts

Neben Ofen lässt sich die Rechtsaufzeichnung von Pressburg,[242] der zweiten Donauhandelsmetropole, im Hinblick auf den Einfluss sächsisch-magdeburgischer Rechtsquellen untersuchen. Pressburg war Handelsplatz für zahlreiche süddeutsche Städte,[243] stand unter unmittelbarer Herrschaft des ungarischen Landesherren[244] und gehörte zu den sieben königlichen Freistädten.[245] Der erste Teil des Pressburger Rechtsbuchs ist vor 1426, der zweite Teil erst nach 1457 entstanden[246] und somit in der Zeit der städtischen Rechtsaufzeichnungen in Ungarn. Wie aus den in das Rechtsbuch eingetragenen Eidesformeln und Maßen ersichtlich ist, wurde es offiziell benutzt.[247]

---

[238] OSB 398; Sachsenspiegel, Landrecht, II 62.

[239] Magdeburger Rechtsmitteilung an Görlitz, Art. 128 (abgedruckt in GAUPP, Das alte Magdeburgische und Hallische Recht, 1826 [1966], S. 313).

[240] MUNZEL, Ofener Stadtrechtsbuch, in: HRG, Bd. 3, 1984, Sp. 1185.

[241] BLAZOVICH, SCHMIDT (Hrsg., Übers.), Buda város jogkönyve, Bd. 1, 2001, S. 35; BLAZOVICH, Die Wirkung des Schwabenspiegels in Ungarn, in: Acta Juridica et Politica 71, Fasc. 17.3 (2008), S. 531.

[242] Zwei Handschriften hat János Király ediert: KIRÁLY, Pozsony város joga a középkorban, 1894.

[243] STOOB, Preßburg und das Städtewesen im europäischen Südosten vor der Türkenzeit, 1993, S. 17.

[244] MARSINA, Preßburg, in: LexMa, Bd. 7, 1995, Sp. 191 f.

[245] KÖBLÖS, Pozsony, in: KMTL, 1994, S. 555.

[246] KIRÁLY, Pozsony város joga a középkorban, 1894, S. 17.

[247] Ebd., S. 18.

Ebenso wie das Ofner Stadtrechtsbuch weist die Pressburger Rechtsaufzeichnung auf das Stadtrecht als eine vielschichtige Rechtsmaterie hin. Der Text enthält unter anderem ein Privileg König Andreas' III. aus dem Jahr 1291.[248] Im städtischen Normensystem von Pressburg hat sich auch die geographische Nähe zu Wien niedergeschlagen. So übernahm Pressburg z. B. in der Mitte des 15. Jahrhunderts die Bäckerordnung von Wien.[249]

In Bratislava sind mehrere Rechtshandschriften aus dem 15. bzw. 16. Jahrhundert überliefert, die auf Verbindungen zum Wiener bzw. sächsisch-magdeburgischen Rechtskreis hindeuten. Michnay und Lichner wiesen in diesem Zusammenhang auf eine Handschrift der ‚Summa legum'[250] hin, die sich 1845 in der Bibliothek des evangelischen Lyzeums befand.[251] In der Bibliothek der Akademie der Wissenschaften in Bratislava sind weiterhin ein Codex mit einer Handschrift des Wiener Stadtrechts aus dem 15. Jahrhundert[252] sowie die ‚Summa legum'[253] zu finden. In der Bibliothek des ehemaligen Pressburger Lyzeums gab es außerdem ein Fragment mit sächsisch-magdeburgischen Rechtstexten, das heute jedoch verschollen ist.[254]

In zeitgenössischen Quellen aus Pressburg finden sich Hinweise auf ein Landrechtsbuch, das auf einen Rechtsspiegel hindeutet. So wird im Nachlass des Stadtschreibers Liebhard Egkenfelder[255] aus dem Jahr 1457 ein deutsches Rechtsbuch erwähnt[256] und in einem der städtischen Rechnungsbücher des Jahres 1485 ist verzeichnet, dass unter den eingebundenen Büchern ein „lant Rechtpuech" zu finden war.[257] Da die ungarische *consuetudo* zu dieser Zeit noch nicht verschriftlicht war, ist zu vermuten, dass es sich hierbei um einen deutschen Rechtsspiegel handelte.

János Király hat die parallelen Stellen des Pressburger Rechtsbuchs und des Sachsenspiegels zusammengestellt und beschrieben, dass es[258] in den Rechtssätzen

---

[248] KÖBLÖS, Pozsony, in: KMTL, 1994, S. 553.

[249] KIRÁLY, Pozsony város joga a középkorban, 1894, S. 18.

[250] Die Summa legum brevis levis et utilis enthält römischrechtliche Rechtssätze. GÁL (Hrsg.), Die Summa legum brevis levis et utilis des sogenannten Doctor Raymundus von Wiener-Neustadt, 1926, S. 3–9.

[251] MICHNAY, LICHNER (Hrsg.), Ofner Stadtrecht von MCCXLIV–MCCCCXXI, 1845, S. XIII, Anm. 7.

[252] Pressburg/Bratislava, Bibliothek der Akademie der Wissenschaften, Cod. 212 (HC 17980).

[253] Pressburg/Bratislava, Bibliothek der Akademie der Wissenschaften, Cod. 48 (HC 4841).

[254] Darin befanden sich u. a. der Richtsteig Landrechts des Johannes von Buch und von Nikolaus Wurm die Blume des Sachsenspiegels mit Glossen. Die Handschrift hatte keine Signatur und gilt heute als verschollen (Opp. 1294, HC 23669).

[255] SPIRITZA, Von einem halben maister der hohen schuel zu wyenn, Stadtschreiber und Skriptor Liebhard Egkenfelder, in: Karpaten Jahrbuch 60 (2009 [2008]), S. 38 f.; LOMNITZER, Eghenvelder, Liebhard, in: Verfasserlexikon, Bd. 2, ²1980, Sp. 377–379.

[256] „ain deutsch Rechpuech, in pergamen, vor alten Stat vnd landes Rechtn". Zitiert nach KIRÁLY, Pozsony város joga a középkorban, 1894, S. 19.

[257] Ebd.

mit Übereinstimmungen um das friedliche Zusammenleben in der Stadt (mit Regeln zum Nachbarrecht), um Schadensersatz und um Hilfeleistung im Fall eines Totschlags geht. Auch das deutsche Rechtsinstitut der Morgengabe hat das Pressburger Rechtsbuch geregelt, und zwar auf eine verkehrsfreundliche Weise. Als Gegenstände der Morgengabe werden im Pressburger Rechtsbuch Haus oder Weingarten genannt, die unterschiedlich vererbt wurden.[259] Starb die Frau vor dem Mann, konnte dieser die Morgengabe bis zu seinem Tod behalten, anderenfalls fiel die Morgengabe gleich an die nächsten Verwandten der Frau.

4. Stadtrecht der Bergstädte im Vergleich

Die Entwicklung des Bergbaus[260] zu einem maßgeblichen Erwerbszweig der Städte hat zur Vereinheitlichung der Rechtsnormen beigetragen.[261] Hierbei kam dem Iglauer Bergrecht, das wiederum mit dem Recht der sächsischen Bergstadt Freiberg zusammenhing, eine bedeutende Rolle zu.[262] In Siebenbürgen hatte das Bergrecht von Rodenau eine überregionale Bedeutung. Die Rechtsordnung der Bergstädte in Siebenbürgen knüpfte vielfach auch an die Stadt- und Bergrechte in der heutigen Slowakei an.[263]

Die Bergstädte haben im Königreich Ungarn eine den Handelsstädten ähnliche Entwicklungsstufe erreicht. Der Zeitfaktor spielte sowohl beim Handel als auch beim Bergbau eine entscheidende Rolle, so dass die Akteure beider Wirtschaftszweige ausdrücklich nach rationalem Handeln strebten. Die Entwicklung des genossenschaftlichen Bürgerverbands sowie die Mentalität der Stadtbewohner lassen sich ebenfalls auf den Zeitfaktor des Handels und des Bergbaus zurückführen. Die wirtschaftliche Blütezeit der Bergstädte fiel mit jener der Handelsstädte zusammen.[264]

Eine besondere Bedeutung kam unter den Bergstädten Schemnitz zu,[265] da dessen Gold- und Silberbergwerke eine wichtige Einnahmequelle des Königs

---

258 PRB 7–10 und Sachsenspiegel, Landrecht II 5 § 1 sowie Sachsenspiegel, Landrecht II 9 § 2 – PRB 16–23c und Sachsenspiegel, Landrecht II 17 § 2 – PRB 23d und Sachsenspiegel, Landrecht II 67 – PRB 42–46 und Sachsenspiegel, Landrecht I 46 – PRB 59f. und Sachsenspiegel, Landrecht II 36 – PRB 69 und Sachsenspiegel, Landrecht II 15 – PRB 75 und Sachsenspiegel, Landrecht II 37 sowie Sachsenspiegel, Landrecht II 40 – PRB 91 und Sachsenspiegel, Landrecht I 24 – PRB 93 und Sachsenspiegel, Landrecht II 52 § 2 – PRB 148 und Sachsenspiegel, Landrecht II 7 § 1.

259 PRB 91.

260 LÜCK, Bergrecht, Bergregal, in: ²HRG, Bd. 1, 2008, Sp. 530.

261 DEMKÓ, A szepesi jog ‚(Zipser Willkühr)', 1891, S. 4; PROBSZT, Die niederungarischen Bergstädte, 1966, S. 178.

262 PIIRAINEN, Spätmittelalterliche Stadt- und Bergrechte in der Slowakei, in: Südostdeutsches Archiv 28/29 (1985–1986), S. 53–55; BLASCHKE, Bergstadt, in: LexMa, Bd. 1, 1980, Sp. 1959f.; BLASCHKE, Freiberg, in: LexMa, Bd. 4, 1989, Sp. 888.

263 MOLDT, Deutsche Stadtrechte im mittelalterlichen Siebenbürgen, 2009, S. 156–165.

264 GÖNCZI, Ungarisches Stadtrecht aus europäischer Sicht, 1997, S. 38f.

265 MARSINA, Banskoštiavnické mestské a banské právo, in: DERS. (Hrsg.), Banské mestá na Slovensku, 1990, S. 34.

waren.[266] Der Silberbergbau begann hier bereits im 10. Jahrhundert und seit König Stephan I. war Schemnitz Prägestätte der meisten ungarischen Silbermünzen.[267]

Das Schemnitzer Stadt- und Bergrecht diente außerdem als Rechtsgrundlage der Bergstädte im Königreich Ungarn.[268] Auf diesem Recht beruhte auch die Bergordnung Kaiser Maximilians II. von 1575, die das Bergrecht im Königreich Ungarn vereinheitlichte.

Die Ursprünge des Stadtrechts von Schemnitz gehen zurück auf die Zeit König Bélas IV.,[269] der noch vor dem Mongolensturm – höchstwahrscheinlich in den Jahren 1237/1238 – die Freiheiten der Bürger von Schemnitz bestätigte. Allerdings ist dieses Privileg nicht erhalten. Vorlage der Stadtprivilegien waren zu jener Zeit die Freiheiten der Stuhlweißenburger Bürger.

Im 13. und 14. Jahrhundert waren die Schemnitzer Freiheiten Vorbild für Privilegien weiterer Bergstädte (u. a. Neusohl, Deutschliptsch und Schmöllnitz).[270] Das Stadtrechtsbuch von Schemnitz entstand nach Piirainen wohl erst 1466;[271] Almási/Wehli datieren es auf das Ende des 14. Jahrhunderts.[272]

Zur gleichen Zeit wie Schemnitz, also in der zweiten Hälfte des 13. Jahrhunderts, entwickelte sich die Stadt Iglau. Der Beginn der Rechtsverwandtschaft des Schemnitzer Stadt- und Bergrechts mit jenem von Iglau muss also auf einen späteren Zeitpunkt datiert werden.[273] In der älteren Forschungsliteratur wurde das Schemnitzer Stadt- und Bergrecht häufig mit dem Iglauer Recht in Verbindung gebracht.[274] Nach Zycha war die Rechtsverwandtschaft zwischen Schemnitz und Iglau „zweifellos" zu belegen.[275] Aktuelle Quellenvergleiche weisen aber auch auf einen anderen Rechtseinfluss hin. So zeigen sich im Erb-, Sachen-[276] und Strafrecht Übereinstimmungen zwischen dem Schemnitzer und dem Ofner Stadtrechtsbuch. Gab es im Todesfall keine Erben, nennen beide Rechtsbücher dieselben gemeinnützigen Zwecke, für die der Nachlass verwendet werden sollte.[277] Auch sahen beide Rechtsbücher für Raub die Todesstrafe durch Rädern vor.[278] Bei

---

266 PIIRAINEN, Das Stadt- und Bergrecht von Banská Štiavnica/Schemnitz, 1986, S. 13.

267 GYÖRFFY, Schemnitz, in: LexMa, Bd. 7, 1995, Sp. 1449.

268 PROBSZT, Die niederungarischen Bergstädte, 1966, S. 179.

269 CSUKOVITS, Bűn és büntetés a középkori városi gyakorlatban, in: DERS., LENGYEL, Bártfától Pozsonyig, 2005, S. 202 f.; ALMÁSI, WEHLI, Selmecbánya, in: KMTL, 1994, S. 598.

270 Ebd.

271 PIIRAINEN, Das Stadt- und Bergrecht von Banská Štiavnica/Schemnitz, 1986, S. 15.

272 ALMÁSI, WEHLI, Selmecbánya, in: KMTL, 1994, S. 598; ZYCHA, Das böhmische Bergrecht des Mittelalters, Bd. 1, 1900, S. 82.

273 MARSINA, Banskoštiavnické mestské a banské právo, in: DERS. (Hrsg.), Banské mestá na Slovensku, 1990, S. 34.

274 TOMASCHEK, Der Oberhof Iglau in Mähren und seine Schöffensprüche aus dem 13.–16. Jahrhundert, 1868, S. VIII.

275 ZYCHA, Das böhmische Bergrecht des Mittelalters auf der Grundlage des Bergrechts von Iglau, Bd. 1, 1900, S. 79.

276 SRB 21 und OSB 263.

277 SRB 2 und OSB 205.

278 SRB 20 und OSB 268.

Notzucht an Frauen wurde der Täter angeklagt, wenn das Opfer unmittelbar nach der Tat Klage erhob. Schwieg das Opfer aber bis zum dritten Tag nach der Tat, wurde es nicht mehr gehört.[279] Auch die Doppelehe wurde in beiden Rechtsbüchern auf ähnliche Weise sanktioniert.[280]

Aus diesen Übereinstimmungen lässt sich schließen, dass das Ofner Stadtrecht andere Stadtrechte im Donau- und Karpatenraums prägte. Es vermittelte also die Normen aus den umliegenden Rechtskreisen und fungierte dabei als eine Art Drehscheibe, die sächsisch-magdeburgisches Recht und Recht aus den süddeutschen Stadtrechten transferierte.

Auch die Bürger der Bergstädte pflegten Kontakte nach Sachsen. Die Bücherbestände in den Bergstädten belegen Verbindungen zur deutschen Rechtswissenschaft des *Usus modernus pandectarum* und der Naturrechtslehre.[281] Zur Büchersammlung der Stadt Kremnitz gehörten – neben einem *Corpus Iuris Civilis* – z. B. Werke der deutschen Rechtsgelehrten Benedikt Carpzov, Samuel Stryk und Samuel von Pufendorf.[282] Auch in den Nachlässen von Bürgern der Bergstädte Neusohl, Kremnitz und Schemnitz waren häufig Werke Pufendorfs und Carpzovs enthalten.[283] Die Bergstädte waren dadurch in den Kreislauf der europäischen Rechtskultur eingebunden.

---

279 SRB 24 und OSB 284.

280 SRB 25 und OSB 279.

281 SZABÓ, Juristen und Bücher im frühneuzeitlichen Ungarn, in: MONOK, EÖTVÖS (Hrsg.), Bürgerliche Kultur im Vergleich, 1998, S. 62.

282 ČIČAJ, KEVEHÁZI, MONOK, VISKOLCZ, A bányavárosok olvasmányai, 2003, S. 284.

283 ČIČAJ, KEVEHÁZI, MONOK, VISKOLCZ, A bányavárosok olvasmányai, 2003; SZABÓ, Juristen und Bücher im frühneuzeitlichen Ungarn, in: MONOK, EÖTVÖS (Hrsg.), Bürgerliche Kultur im Vergleich, 1998, S. 60f.

F. Rechtsquellen sächsisch-magdeburgischen Rechts im Untersuchungsgebiet (*Wieland Carls*)

Die Rechtstexte, die im Untersuchungsgebiet Ungarn und Rumänien, im Donau- und Karpatenraum vom 13. bis zum 18. Jahrhundert für die Rechtsprechung verwendet wurden, lassen eine deutliche Nähe zu den aus dem sächsisch-magdeburgischen Recht bekannten Regelungen erkennen. Anders als im Untersuchungsgebiet Polen sind die Verbindungen eher mittelbar. Direkte Rechtsbeziehungen mit einer Rechtszugtradition, wie dies von zahlreichen Städten Polens bekannt ist, lassen sich hier nicht nachweisen. Jedoch finden sich im Untersuchungsgebiet Ungarn/Rumänien auch Texte sächsisch-magdeburgischen Rechts und solche, die zumindest deutliche inhaltliche Bezüge hierzu aufweisen, sowie Mischformen. Sowohl die auf die lokalen Verhältnisse zugeschnittenen Rechtstexte als auch die bekannten originären Quellen sächsisch-magdeburgischen Rechts und ihre Verbreitung im Untersuchungsgebiet werden im Folgenden exemplarisch vorgestellt.

I. Rechtsquellen aus dem Donau- und Karpatenraum

1. Zipser Willkür[1]

Dieser Rechtstext ist wohl um 1370 entstanden. Auf dem Gebiet der heutigen Slowakei, Ungarns und Rumäniens lassen sich heute noch 19[2] Handschriften der Zipser Willkür aus der Zeit zwischen der Mitte des 15. (um 1460) und dem Ende des 18. Jahrhunderts nachweisen, die eine lang andauernde Rezeption dieses Textes belegen.[3]

Handschriften mit Zipser Willkür (chronologisch)

1. Poprad/Deutschendorf, Štátny okresný archív v Poprade, Cod. 14, Provenienz: Spišská Sobota/Georgenberg, 2. H. 15. Jh. (Opp. 417a, HC 5552), fol. 1^r–5^r, *Sigle* SS[4]

---

[1] Zur Zipser Willkür siehe OPPITZ, Zipser Willkür, in: Verfasserlexikon, Bd. 10, ²1999, Sp. 1560f. u. DERS., Zipser Willkür, in: HRG, Bd. 5, 1998, Sp. 1722 f.

[2] Eine weitere Handschrift soll sich nach Angaben von Štefánia Mertanová (MERTANOVÁ, Vznik a vývoj spišského práva, in: HOLOTÍK (Red.), MARSINA (Hrsg.), Spišské mestá v stredoveku, 1974, S. 91–99, hier S. 95) in der Biblioteka Książąt Czartoryskich in Krakau befinden, ließ sich aber nach Angaben Ilpo Tapani Piirainens 1984 nicht nachweisen (PIIRAINEN Nachträge, S. 32).

[3] Vgl. *Kap. C.II., S. 24*. Die jüngste Übersicht der Quellen bietet SZABÓ, A szepesi jog forrásai, in: Jogtörténeti tanulmányok 8 (2005), S. 443–463, bes. S. 449–456; dort auch eine Konkordanz der Artikel aller Handschriften (ebd., S. 458–462).

[4] Nach Mária Papsonová um 1460 entstanden (PAPSONOVÁ, Deutsches Recht in der mittelalterlichen

2. Poprad/Deutschendorf, Štátny okresný archív, Cod. 15, Ende 15. Jh. (Opp. 416b, HC 19182), fol. 1–13[5]
3. Spišská Nová Ves/Zipser Neudorf, Štátny okresný archív, Fond: Stadt Spisská Nova Ves, Protokoll Nr. 1, Anf. 16. Jh. (Opp. 1619, HC 14790), fol. 82–89[6]
4. Levoča/Leutschau, Štátny oblastný archív, Fond: Provincia XVI spišskich miest (grófsky archiv), A. 1 Nr. 1, 1511 (Opp. 936), fol. 4–7 (S. 8^r–14^r), *Sigle* L 1511[7]
5. Banská Bystrica/Neusohl, Štátny okresný archív, M-BB f 318 no. 1, Schreiber: Georg Albert, 1538 (Opp. 1160a), *Sigle* BB[8]
6. Spišská Nová Ves/Zipser Neudorf, Štátny okresný archív, Abt. Mesta Spisská, o. Sign., 1540 (Opp. 1619a, HC 14791), *Sigle* SP[9]
7. Levoča/Leutschau, (verschollen), o. Sign., Schreiber: Heinrich Genersich, 1540, *Sigle* (Dem)[10]
8. Prešov/Eperies, Štatná vedecká knižnica, V/46 Cl-1, 1545 (Opp. 1292), fol. 7–40, *Sigle* P[11]

Slowakei, in: GRIMM, ZACH (Hrsg.), Die Deutschen in Ostmittel- und Südosteuropa, Bd. 2, 1996, S. 160). Beschreibung und Edition der Hs.: PIIRAINEN/PAPSONOVÁ Zips, Bd. 1, S. 20, Nr. 1, S. 37–71, erneut beschrieben: PIIRAINEN Nachträge, S. 22, Nr. 1); s. a. SZABÓ, A szepesi jog forrásai, in: Jogtörténeti tanulmányok 8 (2005), S. 449, Nr. I. Zum Laut- und Formenbestand der Zipser Willkür siehe PAPSONOVÁ, Die „Zipser Willkür" aus Spišská Sobota (Georgenberg), in: Beiträge zur Erforschung der deutschen Sprache 5 (1985), S. 41–65.

[5] Beschreibung der Hs.: SOPKO, Kódexy slovenskej proveniencie, T. 3, 1986, S. 170, Nr. 657.

[6] Beschreibung und Edition der Hs.: PIIRAINEN/PAPSONOVÁ Zips, Bd. 1, S. 21, Nr. 2, S. 73–100, erneut beschrieben: PIIRAINEN Nachträge, S. 22 f., Nr. 2; s. a. SZABÓ, A szepesi jog forrásai, in: Jogtörténeti tanulmányok 8 (2005), S. 450, Nr. II.

[7] Beschreibung und Edition der Hs.: PIIRAINEN/PAPSONOVÁ Zips, Bd. 1, S. 21 f., Nr. 3, S. 101–124, erneut beschrieben: PIIRAINEN Nachträge, S. 23, Nr. 3; s. a. SZABÓ, A szepesi jog forrásai, in: Jogtörténeti tanulmányok 8 (2005), S. 250, Nr. III.

[8] Beschreibung und Edition der Hs.: PIIRAINEN/PAPSONOVÁ Zips, Bd. 1, S. 22, Nr. 4, S. 125–165, erneut beschrieben: PIIRAINEN Nachträge, S. 24, Nr. 4; s. a. SZABÓ, A szepesi jog forrásai, in: Jogtörténeti tanulmányok 8 (2005), S. 451, Nr. IV.

[9] Beschreibung und Edition der Hs.: PIIRAINEN/PAPSONOVÁ Zips, Bd. 1, S. 23, Nr. 5, S. 167–202, erneut beschrieben: PIIRAINEN Nachträge, S. 24 f., Nr. 5; s. a. SZABÓ, A szepesi jog forrásai, in: Jogtörténeti tanulmányok 8 (2005), S. 451, Nr. V.

[10] Beschreibung: PIIRAINEN/PAPSONOVÁ Zips, Bd. 1, S. 29 f., erneut beschrieben: PIIRAINEN Nachträge, S. 31; s. a. SZABÓ, A szepesi jog forrásai, in: Jogtörténeti tanulmányok 8 (2005), S. 452, Nr. VI. Editionen von Karl Wagner (WAGNER, Analecta Scepusii Sacri et Profani, Bd. 1, 1774, S. 240–261); MICHNAY, LICHNER (Hrsg.), Ofner Stadtrecht von MCCXLIV–MCCCCXXI, 1845, S. 221–235; DEMKÓ, Lőcse története, Bd. 5, 1897, S. 17–86.

[11] Beschreibung und Edition der Hs.: PIIRAINEN/PAPSONOVÁ Zips, Bd. 1, S. 23, Nr. 6, S. 203–241, erneut beschrieben: PIIRAINEN Nachträge, S. 25, Nr. 6; s. a. SZABÓ, A szepesi jog forrásai, in: Jogtörténeti tanulmányok 8 (2005), S. 452, Nr. VII.

9. Budapest, Országos Széchényi Könyvtár, Cod. Germ. 35, um 1550[12] (Opp. 330, HC 13726), fol. 1v–27r, 27r (Zusatzartikel Nr. 96 – Gläubigerrechte), 27v–29v (Register), *Sigle* B[13]
10. Levoča/Leutschau, Štátny oblastný archív, Fond: Fragmenty róznej proveniencie, o. Sign., 1552 (Opp. 935), fol. 14–33 (S. 29–67), *Sigle* L 1552[14]
11. Braşov/Kronstadt, Archiv ev. obce, o. Sign., 1599 (Opp. 227, HC 22021), fol. 16–36, *Sigle* –[15]
12. Poprad/Deutschendorf, Štátny okresný archív, Fond: Archív mesta Stráže pod Tatrami, o. Sign., Provenienz: Stráže pod Tatrami/Michelsdorf, 1659[16] (Opp. 417), fol. 1–13, *Sigle* S[17]
13. Levoča, Štátny oblastný archív, Fond: Fragmenty róznej proveniencie, 76, Provenienz: Gelnica (Opp. 574), 1666[18], fol. 12v–20v, *Sigle* G[19]
14. Poprad/Deutschendorf, Štátny okresný archív, Archív mesta L'ubica I. A. 1, Provenienz: L'ubica (Gemeindearchiv), 1. H. 17. Jh. (Opp. 417b)[20], fol. 1–17 (?), *Sigle* L'[21]

---

[12] Oppitz nennt als Datum „16. Jh. (kurz nach 1516)" (Opp. 330).

[13] Beschreibung und Edition der Hs.: PIIRAINEN/PAPSONOVÁ Zips, Bd. 1, S. 24 f., Nr. 8, S. 291–331, erneut beschrieben: PIIRAINEN Nachträge, S. 26 f., Nr. 8. Dort Hinweis auf Vizkelety, der festgestellt hat, dass diese Handschrift mit der aus dem Jahr 1540 (Opp. 1619a, HC 14791) identisch ist – VIZKELETY, Adalékok a szepességi városok középkori jogtörténetéhez, in: Jogtörténeti tanulmányok 3 (1974), S. 253–265 u. DERS., Príspevký k právnym dejinám spišskych miest v stredoveku, in: Spiš. Vlastivedný zborník 3–4 (1973), S. 53–64; s. a. SZABÓ, A szepesi jog forrásai, in: Jogtörténeti tanulmányok 8 (2005), S. 453 f., Nr. IX.

[14] Beschreibung und Edition der Hs.: PIIRAINEN/PAPSONOVÁ Zips, Bd. 1, S. 23 f., Nr. 7, S. 243–289, erneut beschrieben: PIIRAINEN Nachträge, S. 25 f., Nr. 7; s. a. SZABÓ, A szepesi jog forrásai, in: Jogtörténeti tanulmányok 8 (2005), S. 453, Nr. VIII.

[15] Beschreibung und Verzeichnung der 96 Artikel nach Schlagworten bei Franz von Krones: KRONES, Beiträge zur Städte- und Rechtsgeschichte Oberungarns, in: Archiv für Kunde österreichischer Geschichts-Quellen 81,2 (1895), S. 447–512, hier S. 495–507.

[16] Oppitz (Opp. 417) gibt als Entstehungsjahr 1646 an. Diese Datierung bezieht sich vermutlich auf den von Oppitz in der Literatur genannten Aufsatz von Piirainen (PIIRAINEN, Sprachliches aus der Zipser Willkür, in: Festschrift für Lauri Seppänen zum 60. Geburtstag, 1984, S. 245 f.).

[17] Beschreibung und Edition der Hs.: PIIRAINEN/PAPSONOVÁ Zips, Bd. 1, S. 65 f., Nr. 10, Bd. 2, S. 369–405, erneut beschrieben: PIIRAINEN Nachträge, S. 28, Nr. 10; s. a. SZABÓ, A szepesi jog forrásai, in: Jogtörténeti tanulmányok 8 (2005), S. 454, Nr. XI.

[18] Bei Oppitz (Opp. 574) 1566.

[19] Beschreibung und Edition der Hs.: PIIRAINEN/PAPSONOVÁ Zips, Bd. 1, S. 27, Nr. 11, Bd. 2, S. 407–437, erneut beschrieben: PIIRAINEN Nachträge, S. 28 f., Nr. 11; s. a. SZABÓ, A szepesi jog forrásai, in: Jogtörténeti tanulmányok 8 (2005), S. 454 f., Nr. XII und Franz Xaver Krones mit einer ausführlichen Beschreibung der Handschrift und Abdruck der Artikel 74–90 (KRONES, Deutsche Geschichts- und Rechtsquellen aus Oberungarn, 1865, S. 16–19).

[20] Bei Oppitz wird die Handschrift dem 16. Jahrhundert (um 1587) zugeordnet, was sich möglicherweise auf den Titel des Buchs „Jakob Frikal/die selbe Czeit Richter/Richteramtsbuch 1587" bezieht: KLEIN-BRUCKSCHWAIGER, Ergebnisse einer Archivreise in der Slowakei, in: Südost-Forschungen 13 (1954), S. 201. Piirainen datiert die Handschrift aufgrund einer Schriftanalyse nicht vor 1600, eher in die erste Hälfte des 17. Jahrhunderts (PIIRAINEN/PAPSONOVÁ Zips, Bd. 1, S. 26, Nr. 9 u. PIIRAINEN Nachträge, S. 27, Nr. 9).

15. Poprad/Deutschendorf, Pfarramt der evangelischen Gemeinde, Prot. II (verschollen), o. Sign., 17. Jh. (Opp. 416a), *Sigle* –[22]
16. Levoča, Štátny oblastný archív, Fond: Provincia XVI spišskich miest (grófsky archiv), E22, 18. Jh., *Sigle* L 18. Jh.[23]
17. Levoča, Štátny oblastný archív, Fond: Akten des Evangelischen Lyzeums in Käsmark, o. Sign., 1770, *Sigle* K[24]
18. Levoča, Štátny oblastný archív, Fond: Provincia XVI spišskich miest (provincná archív), 258/777, 1777, *Sigle* L 1777[25]
19. Rožňava/Rosenau, Štátny okresný archív, Fond: Mesto Dobšina, o. Sign., Provenienz: Okresný archív v Betliari, Ende 18. Jh. (Opp. 1313a), *Sigle* R[26]

Das Original der Zipser Willkür, das möglicherweise auch auf Latein abgefasst war, ist nicht erhalten. Es ist aber davon auszugehen, dass der ursprüngliche Text 93 Artikel umfasste, „die Vermögens-, Familien- und Erbrecht ebenso behandeln wie das Recht der öffentlichen Verwaltung, der Gerichtsorganisation und das Handelsrecht."[27] In der Überlieferung wird die Zipser Willkür „lantpuch" (*Sigle* SS), „Dy Lant Recht" (*Sigle* SNV), „Rechtbüchlein" (*Sigle* BB), „Lantrecht der XXIIII Stetth ÿm czÿpser Landt" (*Sigle* SP), „Gemein Landtrecht der Cÿpser" (*Sigle* L'), „Gemein Landt Recht der Ziepser" (*Sigle* S), „Jura Terrae Scepusiensis" (*Sigle* G), „Ius Consvetudinarium Terrae Scepuensis Burggrafiale" (*Sigle* R), „Landt Recht ū Willkühr" (Registerüberschrift, *Sigle* L 18. Jh.) genannt. Lassen sich auch keine unmittelbaren Vorlagen der Zipser Willkür in den Rechtstexten des sächsisch-magdeburgischen Rechts finden, sind die inhaltlichen Übereinstimmungen schon häufig aufgezeigt worden.[28] Gemeinsame Charakteristika sind die

---

[21] Beschreibung und Edition der Hs.: PIIRAINEN/PAPSONOVÁ Zips, Bd. 1, S. 25 f., Nr. 9, Bd. 2, 337–367, erneut beschrieben: PIIRAINEN Nachträge, S. 27 f., Nr. 9; s. a. SZABÓ, A szepesi jog forrásai, in: Jogtörténeti tanulmányok 8 (2005), S. 454, Nr. X. Nach Oppitz (Opp. 417b) fehlen die Art. 19 Schluss bis 23 Mitte; in der Edition von Piirainen setzt der Text nach der Fehlstelle erst mit dem Ende des Art. 25 wieder ein (PIIRAINEN/PAPSONOVÁ Zips, Bd. 1, S. 345).

[22] Zum Verbleib dieser Handschrift, die wohl zuerst von Klein-Bruckschwaiger erwähnt wird: KLEIN-BRUCKSCHWAIGER, Ergebnisse einer Archivreise in der Slowakei, in: Südost-Forschungen 13 (1954), S. 199–258, hier S. 219; siehe PIIRAINEN Nachträge, S. 33, Nr. 14, S. 51–86.

[23] Beschreibung und Edition der Hs.: PIIRAINEN Nachträge, S. 33, Nr. 14, S. 51–86; s. a. SZABÓ, A szepesi jog forrásai, in: Jogtörténeti tanulmányok 8 (2005), S. 455 f., Nr. XV.

[24] Beschreibung und Edition der Hs.: PIIRAINEN Nachträge, S. 34, Nr. 15, S. 87–113; s. a. SZABÓ, A szepesi jog forrásai, in: Jogtörténeti tanulmányok 8 (2005), S. 455, Nr. XIII.

[25] Beschreibung und Edition der Hs.: PIIRAINEN/PAPSONOVÁ Zips, Bd. 1, S. 27 f., Nr. 12, Bd. 2, 439–482, erneut beschrieben: PIIRAINEN Nachträge, S. 29, Nr. 12; s. a. SZABÓ, A szepesi jog forrásai, in: Jogtörténeti tanulmányok 8 (2005), S. 455, Nr. XIV.

[26] Beschreibung und Edition der Hs.: PIIRAINEN/PAPSONOVÁ Zips, Bd. 1, S. 28 f., Nr. 13, Bd. 2, S. 483–525, erneut beschrieben: PIIRAINEN Nachträge, S. 30, Nr. 13; s. a. SZABÓ, A szepesi jog forrásai, in: Jogtörténeti tanulmányok 8 (2005), S. 456, Nr. XVI.

[27] OPPITZ, Zipser Willkür, in: Verfasserlexikon, Bd. 10, ²1999, Sp. 1561.

[28] Vgl. hierzu *Kap. C.III., S. 29.*

rechtliche Unabhängigkeit, die den Adressaten (den Zipsern bzw. den Stadtbürgern) vom König zugesichert wird (Zipser Willkür Art. 1) und die Anpassung des mitgebrachten Rechts an die lokalen Verhältnisse. Dass die Zipser Willkür auch ein bedeutendes sprachliches Zeugnis ihrer Zeit ist, zeigen mehrere Untersuchungen, die vor allem von Mária Papsonová verfasst wurden.[29]

2. Collectanea Allerley Nutzlicher Vnnd Nothwendiger Regeln des Rechtens[30]

Obwohl der Text, dessen Inhalt sehr anschaulich in der Überschrift[31] mitgeteilt wird, offensichtlich keine Verbreitung erfahren hat und auch die lokale Nutzung am Entstehungsort Warallia (Kirchdrauf) nicht nachzuweisen ist, kann er dennoch einen Einblick in die zeitgenössischen Rechte geben. Das offensichtlich für die Rechtspraxis konzipierte Buch ordnet die behandelten Rechtstermini alphabetisch von „Actor : (Deutſch) Ankläger oder Der eine ſach vor *das* Gericht bringett“ bis „Zuſag“ und orientiert sich dabei an zeitgenössischen Abecedarien bzw. Vocabularien.[32] Die Anlage der Seiten, bei der wohl zunächst die äußere der beiden Spalten freigelassen wurde, lässt vermuten, dass eine kontinuierliche Ergänzung und Aktualisierung vorgesehen war, wie sie an einigen Stellen in Form von Zitaten und weiteren Verweisen auf verwandte Rechtsquellen, teilweise wohl auch von anderer Hand, ausgeführt wurde. Die Sammlung dieser ‚nutzlichen vnnd nothwendigen Regeln des Rechts‘ bedient sich nach eigenem Bekunden im Titel beim „Göttlichenn sowol auch Kaÿserlichenn Rechten“, besonders aber beim „Saxenspiegel“ und anderen anerkannten Autoritäten und Rechtsbüchern, die in

---

[29] Papsonová, Die „Zipser Willkür“ aus Spišská Sobota (Georgenberg), in: Beiträge zur Erforschung der deutschen Sprache 5 (1985), S. 41–65; dies., Deutsches Recht in der mittelalterlichen Slowakei, in: Grimm, Zach (Hrsg.), Die Deutschen in Ostmittel- und Südosteuropa, Bd. 2, 1996, S. 153–168 u. dies., Die Entwicklung der Schreibsprache in der Zips am Beispiel der „Zipser Willkür“, in: Schwob, Fassel (Hrsg.), Deutsche Sprache und Literatur in Südosteuropa, 1996, S. 154–166.

[30] Siehe Piirainen, Collectanea Allerley Nutzlicher Vnnd Nothwendiger Regeln des Rechtens, in: Wiesinger (Hrsg.), Studien zum Frühneuhochdeutschen, 1988, S. 303–311; ders., Ziegler (Hrsg.), Collectanea allerlay nutzlicher vnnd nothwendiger Regeln des Rechtens, 1995.

[31] „Collectanea ‖ Allerley Nutz[–] ‖ licher Vnnd Noth⸗ ‖ wendiger Regeln des Recht⸗ ‖ tens; beydes aus dem Göttlichenn ‖ sowol auch Kaÿserlichenn ‖ Rechten · Vnd sonderlich aus dem ‖ Saxenspiegel Vndt ande⸗ ‖ ren vornehmen Authoribus Vñ ‖ Rechtsbüchern ſo in den XIII ‖ Städten in Zips Vblichen ‖ mitt allem fleyß excerpirett. ‖ Vnd nach Alphabethi⸗ ‖ scher Ordnung sub cer⸗ ‖ tos Titulos Vnd in Lo⸗ ‖ cos Communes redi⸗ ‖ girett. ‖ Durch ‖ Balthasarum Apel⸗ ‖ lem Notarium p. t. ‖ Opp. Warallıæ. ‖ Anno Chrſti ‖ M : D : C : XXIIX“ – Reprographische Wiedergabe des Titels in: Piirainen, Ziegler (Hrsg.), Collectanea allerlay nutzlicher vnnd nothwendiger Regeln des Rechtens, 1995.

[32] So findet sich z. B. unter dem Stichwort ‚Actor‘ im Vocabularium utriusque iuris des Antonio de Nebrija (1441 oder 1444–1522) von 1561 der Eintrag: „Actor eſt qui agit & pulſat aliũ, rem aliquam ab ipſo petens in iudicio [...]“, was der Stelle bei Apel wörtlich entspricht – vgl. Piirainen, Ziegler (Hrsg.), Collectanea allerlay nutzlicher vnnd nothwendiger Regeln des Rechtens, 1995, S. 28.

den dreizehn Städten der Zips in Gebrauch waren. Die Zitate aus und Verweise auf Benedict Carpzovs (1595–1666)[33] Iurisprudentia forensis Romano-Saxonica[34] gehören mit Sicherheit zu den nachgetragenen Passagen, da dieses Werk Carpzovs 1638, also erst zehn Jahre nach der Datierung dieser Handschrift, in Leipzig gedruckt wurde. In der Edition des Textes wird dies leider nicht deutlich, zumal gleich der erste Verweis auf Carpzov an falscher Stelle in den Text integriert wird.[35] Andere ausführliche Zitate aus Carpzovs Text stehen ebenfalls nicht in der Spalte des Haupttextes.[36]

Auch wenn die von Apel ausgeschriebenen Rechtsquellen nicht alle mit Sicherheit bestimmt werden können, lässt die Genauigkeit der Stellenangaben und die wortwörtliche Wiedergabe der Textstellen der nachweisbaren Vorlagen darauf schließen, dass ihm alle angeführten Werke vorgelegen haben. Eine Zusammenstellung dieser Texte und Autoritäten gibt Szabó:

> „Unter den angewandten Quellen finden wir Stellen aus den [sic!] Sachsenspiegel samt der Landrechtglosse, aus Magdeburger und Leipziger Schöffensprüchen, gelegentlich aus dem Schwabenspiegel (Kayserrecht genannt), aus den Institutionen von Justinian und aus dem *Jus Transsylvaniae* (also vom Eigen-Landrecht der siebenbürger Sachsen). Von den benutzten Autoren sind sechs (Benedict Carpzov, Jacob Ayrer, Andreas Perneder, Bucerus, Philip König[37]) angegeben. Unter den Autoren ragt Nicolaus Hemming heraus: [...]“[38]

Der weitaus größte Teil der Verweise bezieht sich aber auf den Sachsenspiegel und dessen Glosse. Mit dem von Apel häufig angeführten Magdeburger Recht sind die sogenannten Magdeburger Fragen[39] gemeint, die als systematisierte

---

[33] JEROUSCHEK, Carpzov, Benedikt (1595–1666), in: ²HRG, Bd. 1, 2008, Sp. 819–821.

[34] CARPZOV, Iurisprudentia Forensis Romano-Saxonica, 1638.

[35] PIIRAINEN, ZIEGLER (Hrsg.), Collectanea allerlay nutzlicher vnnd nothwendiger Regeln des Rechtens, 1995, S. 33 f. Die Passage auf S. 34, die mit „Ex Bened[icto] Carpzovii Iurisp[rudentia]“ beginnt, gehört auf die Seite davor, im Anschluss an den Absatz, der mit „Ex Ben[edictio Carpzovii]“ endet. Überhaupt steht der ganze Text ab „Von Banckerten“ bis „Ex Ben[edicto Carpzovii]“ in der Kommentarspalte und gehört thematisch neben die mit „Banckerten wird nicht Zuege/laßen“ beginnende Spalte – vgl. ebd., S. 33.

[36] Siehe z. B. Ebd., S. 73 („Bened[ictus]: Carpzovius [...] V[on]: R[echts]-W[egen].“ [Edition hat „Carprovius“]), S. 113 („Testamentum reciprocum [...] exigere valet Ibide[m] Definit[um]: 22“).

[37] Die Lesung „Philip König“, die wohl auf „Phil. König“ bei Krones (KRONES, Deutsche Geschichtsquellen aus Oberungarn, 1865, S. 23) zurückgeht, ist vermutlich falsch, da die bei Apel unter ‚Pasquill‘ vermerkte Allegation sich offensichtlich auf ein Werk von Kilian König (KÖNIG, Proceſſus vnd Practica [...], 1541, Art. 60) bezieht.

[38] SZABÓ, Sachsen in Ungarn und ihr Rechtsleben im Mittelalter und der frühen Neuzeit, in: SCHMIDT-RECLA [u. a.] (Hrsg.), Sachsen im Spiegel des Rechts, 2001, S. 111. Die von Apel herangezogenen Quellen werden sehr ausführlich von Krones mit den jeweiligen Artikeln der Collectanea aufgeführt (KRONES, Deutsche Geschichtsquellen aus Oberungarn, 1865, S. 21–23).

[39] Edition: BEHREND (Hrsg.), Die Magdeburger Fragen, 1865, S. 1–205; zu den Magdeburger Fragen s. a. JOHANEK, Magdeburger Fragen, in: Verfasserlexikon, Bd. 5, ²1985, Sp. 1128–1130; OPPITZ, Deutsche Rechtsbücher des Mittelalters, Bd. I, 1990, S. 50 f.; BILY, CARLS, GÖNCZI, Sächsisch-magdeburgisches Recht in Polen, 2011, S. 91–95.

Bearbeitung der Magdeburger Urteile wohl um 1500 in Thorn entstanden sind und eine weite Verbreitung erfahren haben. Die ebenfalls zahlreichen Verweise auf die Institutionen Justinians beziehen sich mit großer Wahrscheinlichkeit auf eine zweisprachige Ausgabe Institutiones Imperiales latino germanicae[40] von Justinus Göbler (1503/04–1567).[41] Dies legt nicht nur die von Apel verwendete Abkürzung „Instit. Imp."[42] nahe, sondern auch ein Vergleich der zitierten Stellen, die eine große Nähe zum Werk Göblers aufweisen. Daneben werden verschiedene Bibelstellen (Deuteronomium, Exodus, Paulusbriefe an die Korinther und die Hebräer, Matthäus, Ezechiel ⟨Hesekiel⟩, Jesaia, Sirach) als Quellen genannt. Nur ein einziges Mal führt Apel den Gerichtlichen Process,[43] ein Werk Andreas Perneders (um 1500–1543),[44] an. Da hier auf Abschnitt und Folium („fol[ium]: 61. parte 5")[45] verwiesen wird, muss man davon ausgehen, dass sich Apel auf eine ganz bestimmte Ausgabe dieses Werks bezieht, die entweder zu seinem Privatbesitz oder zur juristischen Handbibliothek des betreffenden Gerichts gehörte. In einer Ausgabe von 1544 lässt sich die Stellenangabe Apels verifizieren. Gleiches gilt für Apels Verweise auf ein anderes Werk Perneders, das unter dem Titel „Institutiones. Auszug vñ anzai⸗‖gung etlicher geschriben Kaiserlichen ‖ vnnd desz heiligen Reichs rechte [...]" ebenfalls 1544 zuerst in Ingolstadt erschienen ist und dann bis ins 18. Jahrhundert häufig nachgedruckt wurde.[46] In den Collectanea wird es als „Kayser Recht"[47] bezeichnet. Alle genannten Stellen lassen sich unter der jeweiligen Folioangabe in der Erstausgabe nachweisen.[48] Ebenfalls mit Folioangabe werden die Titel „Regenten Buch"[49] Georg Lauterbecks[50] (ca. 1505/10–1578) und „Deutsch Recht",[51] die Szabó beide nicht erwähnt, genannt, bei denen eine entsprechende

---

40 GÖBLER, Institutiones Imperiales latino germanicae, 1583.

41 ELTESTER, „Göbler, Justin", in: ADB, Bd. 9, 1879, S. 301.

42 Von Piirainen/Ziegler wohl falsch aufgelöst mit „Instit[utum] Imp[erium]" (PIIRAINEN, ZIEGLER (Hrsg.), Collectanea allerlay nutzlicher vnnd nothwendiger Regeln des Rechtens, 1995, S. 39 u. ö.).

43 PERNEDER, Gerichtlicher Proceſs [...], 1544.

44 LUIG, „Perneder, Andreas", in: NDB, Bd. 20, 2001, 192 f.

45 PIIRAINEN, ZIEGLER (Hrsg.), Collectanea allerlay nutzlicher vnnd nothwendiger Regeln des Rechtens, 1995, S. 119.

46 PERNEDER, Institutiones, 1544.

47 PIIRAINEN, ZIEGLER (Hrsg.), Collectanea allerlay nutzlicher vnnd nothwendiger Regeln des Rechtens, 1995, S. 35, 77, 99 f.

48 Ob die bis 1628 erschienenen Drucke zumindest teilweise mit der Blattzählung der Erstausgabe identisch sind, wäre noch zu prüfen. Zumindest der Druck aus dem Jahr 1567 stimmt mit der Blattaufteilung des Drucks von 1544 überein, obwohl er ganz offensichtlich neu gesetzt wurde. Die Ausgabe von 1592 hat bereits eine Seiten- und keine Blattzählung mehr und kann nicht als Referenz für Apel gedient haben.

49 Siehe PIIRAINEN, ZIEGLER (Hrsg.), Collectanea allerlay nutzlicher vnnd nothwendiger Regeln des Rechtens, 1995, S. 80, 89. Als „Regentenbuch" ist vor allem ein Werk zur Fürstenerziehung des Mansfelder Kanzlers Georg Lauterbeck bekannt, das 1556 in Leipzig erschien und bis 1629 mehrfach nachgedruckt wurde (vgl. LAUTERBECK, Regentenbuch, 1997; PHILIPP, Das „Regentenbuch" des Mansfelder Kanzlers Georg Lauterbeck, 1996).

50 GND: http://d-nb.info/gnd/119344459 (Abfragedatum: 16.04.2013).

Zuordnung leider nicht gelungen ist. Auch die aus Jakob Ayrers (1569–1625)[52] „Processus iuris“[53] zitierten Stellen[54] konnten nicht verifiziert werden.

Auf Apels Bildung weisen auch sprichwörtliche Wendungen wie z. B. „Schlim Schlem quærat sibi similem“[55] hin, die sich u. a. in den Dunkelmännerbriefen[56] findet, aber sicher auch schon zum zeitgenössischen Sprichwortschatz gehörte.

3. Codex Altemberger[57]

Dieser singulär überlieferte Codex ist nach dem Hermannstädter Bürgermeister Thomas Altemberger[58] († 1491) benannt, der seine Widmung 1481 in das Buch geschrieben hat oder schreiben ließ:

> „Hoc opus fecit fieri Egregius Magıster Thomas Altemberger Magıster Cíuium et Judex Regius, nec non Camerarius vrbis Cibiniensis Anno domini Millesimo Quadringentesimo octogesımo primo díctí sui officie Magıstrı Ciuíum Anno nono.“[59]

Wie aus der Widmung hervorgeht, hatte er im Jahr 1481 auch das Amt des Königsrichters inne.[60] Altemberger ist aber weder Schreiber oder Kompilator und wohl auch nicht der Auftraggeber der Sammelhandschrift, die wahrscheinlich schon im 14. Jahrhundert entstanden ist.[61] Eine Rezeption oder eine Verbreitung

---

[51] Siehe PIIRAINEN, ZIEGLER (Hrsg.), Collectanea allerlay nutzlicher vnnd nothwendiger Regeln des Rechtens, 1995, S. 28, 31.

[52] MÜLLER-LOBEDA, „Ayrer, Jakob d. J.“, in: NDB, Bd. 1, 1953, S. 473.

[53] AYRER, Historischer Processus Iuris, 1600.

[54] Siehe PIIRAINEN, ZIEGLER (Hrsg.), Collectanea allerlay nutzlicher vnnd nothwendiger Regeln des Rechtens, 1995, S. 76, 83, 119 f.

[55] Eigentlich „Schlim Schlem [auch: Schelm] querit sibi similem“ bei Piirainen/Ziegler falsch wiedergegeben als „Schlim Schlim qua[e]rat sibi scientem“ (ebd., S. 33).

[56] Siehe z. B. Epistolae obscurorum virorum [...], [Berne, i.e. Straßburg], [Grüninger], [1518], II, 3.

[57] Bucureşti/Bukarest, Biblioteca Naţionala a României, Nr. 554, Provenienz: Sibiu/Hermannstadt, Muzeul Naţional Brukenthal, Ms. LXXVI (Opp. 333, HC 7799). Beschreibung der Handschrift: LINDNER (Hrsg.), Der Schwabenspiegel bei den Siebenbürger Sachsen, [1885] 1973, S. 36–42 u. DERS., Der Codex Altenberger, in: DERS. (Hrsg.), Der Schwabenspiegel bei den Siebenbürger Sachsen, [1885] 1973, S. 69–74. Hinweis auf den aktuellen Standort der Handschrift: NEMES, Mittelalterliche deutsche Handschriften in rumänischen Bibliotheken, in: BREITH [u. a.] (Hrsg.), Manuscripta germanica, 2012, S. 61–63.

[58] Zu Thomas Altemberger siehe G. GÜNDISCH, Der Hermannstädter Bürgermeister Thomas Altemberger († 1491), in: DERS. (Hrsg.), Aus Geschichte und Kultur der Siebenbürger Sachsen, 1987, S. 128–146.

[59] LINDNER (Hrsg.), Der Schwabenspiegel bei den Siebenbürger Sachsen, [1885] 1973, S. 363.

[60] Hierzu auch G. GÜNDISCH, Der Hermannstädter Bürgermeister Thomas Altemberger († 1491), in: DERS. (Hrsg.), Aus Geschichte und Kultur der Siebenbürger Sachsen, 1987, S. 129.

[61] Die Edition des Textes durch Gustav Lindner (1836–1909) ist umstritten, aber nach wie vor die einzige – LINDNER (Hrsg.), Der Schwabenspiegel bei den Siebenbürger Sachsen, [1885] 1973, S. 65–384. In dem durch Eckhardt besorgten Neudruck wird auch die wissenschaftliche Diskussion wiedergegeben: Eingangs ein Aufsatz von Gustav Lindner selbst: LINDNER, Der Schwabenspiegel bei den Siebenbürger Sachsen, aus: ZRG GA 6 (1885), S. 86–141, hier, S. 9–64; nach dem Edi-

dieses Rechtsbuchs lässt sich nicht nachweisen. Lindner[62] nennt den wohl einzigen bekannten Beleg für den Gebrauch des Codex Altemberger, der sich bei Valentin Franck von Franckenstein (1643–1697)[63] findet:

> „Wann die Sachſen aber vormahls / ehe Sie noch dieſe Statuten ůberkommen hatten / das Recht ausſprechen wolten / ſo gebrauchten Sie Sich eines alten geſchriebenen Buchs / ſo Mann von Nůrnberg hatte / und noch heute auff dem Herrmannstådtiſchen Rath⸗Hauſʒ ʒuſehen iſt / in dem auch noch ʒu unſeren ʒeiten / die neu erwehlte Raths⸗Herren / mit darauff gelegten Fingern / Ihr Jurament ablegen/und Sich dem Gemeinen Weſen verobligieren můſten; Dabey aber / haben Sie Sich auch der Gewohnheiten / an Statt der geſchriebenen Rechten / am meiſten bedienet.“[64]

Im Codex werden drei Rechtstexte versammelt: Schwabenspiegel Landrecht, Magdeburger Weichbild und Iglauer Recht. Die Rezension des Schwabenspiegels „steht der von Lassberg [sic!] beschriebenen Handschrift von 1287 nahe.“[65] Die hier wiedergegebene Fassung des Magdeburger Weichbilds ist ganz offensichtlich mit der Überlieferung in der Danziger Handschrift MS 1791[66] verwandt, die wiederum große Ähnlichkeit mit einem Brünner Codex[67] aufweist.[68] Die Verbindung von Schwabenspiegel, Weichbild und Iglauer Recht findet sich ebenfalls in den anderen beiden genannten Codices.

Sowohl die bei Steffenhagen[69] wiedergegebenen Textpassagen als auch die Artikelfolge stimmen vom Anfang bis zum Artikel 158 überein.[70] Im Codex

---

tionstext zunächst eine anonyme Rezension: [ANONYM] X, Die Ausgabe des Codex Altemberger, in: Korrespondenzblatt des Vereins für siebenbürgische Landeskunde 8 (1885), S. 49–63, hier S. 387–401, dann eine Rezension von Ludwig von Rockinger: ROCKINGER, Der Codex Altenberger, in: Mitteilungen des Instituts für österreichische Geschichtsforschung 6 (1885), S. 659–661, hier S. 405–408 und zum Schluss ein Beitrag von demselben Autor: DERS., Zu einer handschriftlichen Bezeichnung des Landrechts des sogenannten Schwabenspiegels als Nürnberger Recht, in: Bayerische Akademie der Wissenschaften. Sitzungsberichte der philosophisch-philologischen und der historischen Classe 1894 (1895), S. 124–147, hier S. 411–434. Einen aktuellen Überblick bietet MOLDT, Deutsche Stadtrechte im mittelalterlichen Siebenbürgen, 2009, S. 215–218.

62 LINDNER (Hrsg.), Der Schwabenspiegel bei den Siebenbürger Sachsen, [1885] 1973, S. 36 f., Anm. 3.

63 HAJEK, „Franck von Franckenstein, Valentin“, in: NDB, Bd. 5, 1961, S. 321 f.

64 FRANCK VON FRANCKENSTEIN, Kurtʒ⸗gefaster Bericht, 1696, S. 58 f. In der lateinischen Vorlage, die in der ersten Auflage auch 1696 erschienen ist, lautet diese Passage: „Antequam autem Saxones Statuta ſua haberent, in ferendis Legibus, antiquo Codice manuſcripto Noribergenſi (qui adhuc in Curia Cibiniana viſitur, & uſque ad noſtra tempora noviter inaugurati Senatores, impoſitis ſuper eo digitis, juramento Reipublicæ obligantur,) & conſvetudinario Jure uſi ſunt.“ (FRANCK, Breviculus || Originum || Nationum, || & præcipuè || Saxonicæ in || Transylvania, 1701, S. 49).

65 MOLDT, Deutsche Stadtrechte im mittelalterlichen Siebenbürgen, 2009, S. 216. Nach der Klasseneinteilung der Schwabenspiegelhandschriften gehört diese Fassung zur Klasse IIIc mit der Sigle *L* (siehe OPPITZ, Deutsche Rechtsbücher des Mittelalters, Bd. I, 1990, S. 39 – Opp. 421, HC 8265).

66 Gdańsk/Danzig, Biblioteka Gdańska Polskiej Akademii Nauk, Ms. 1791, (Opp. 356, HC 7209).

67 Brno/Brünn, Archiv města Brna, Fond Sbírka rukopisů, č. 1, (Opp. 314, HC 7611).

68 Auf diesen Zusammenhang hat schon Lindner hingewiesen – LINDNER (Hrsg.), Der Schwabenspiegel bei den Siebenbürger Sachsen, [1885] 1973, S. 43.

69 STEFFENHAGEN, Ueber eine noch unbekannte Form des Sächsischen Weichbildrechts, in: ZRG 12 (1876), S. 1–37.

Altemberger endet das Weichbild mit einem Judeneid.[71] In der Danziger Handschrift folgen noch 86 Artikel, die nach Steffenhagen

> „als ein Anhang zu betrachten [sind], der zum größten Theile und mit mehreren Wiederholungen früherer Capitel aus dem Sachsenspiegel abgeschrieben ist. Nur wenige Capitel bieten Nachträge resp. Wiederholungen aus der Weichbild-Vulgata und dem Magdeburger Schöffenrecht."[72]

Die sehr ausführliche Beschreibung Steffenhagens gilt somit auch für den Text im Codex Altemberger, der neben dem genannten Brünner und Danziger Codex diese „eigenthümliche"[73] Gestalt des Weichbilds überliefert.

Das Iglauer Stadt- und Bergrecht[74] findet sich am Schluss des Codex Altemberger. Die hier wiedergegebene Rezension weist in Bezug auf Artikelreihenfolge und -inhalt große Nähe zur Handschrift A auf, jedoch stimmt sie mit der Übersetzung des Johannes von Gelnhausen († nach 1407)[75] nicht überein.[76]

4. Ofner Stadtrechtsbuch[77]

Das Ofner Stadtrecht wurde bereits im 14. Jahrhundert den Städten Kaschau (1347), Bartfeld (1370) und Eperies (1374) verliehen.[78] Karl Mollay schreibt in der Einleitung zu seiner Edition über das Ofner Stadtrecht, es sei die

> „wichtigste und umfangreichste Quelle für das mittelalterliche und auch für das neuzeitliche Rechtsleben nicht nur Ofens (ung. *Buda*) und der sog. königlichen Freistädte, sondern der Städte in Ungarn schlechthin [...]"[79].

---

[70] In der Edition von Lindner sind die Artikel nicht nummeriert. Im Nachdruck von 1973 – LINDNER (Hrsg.), Der Schwabenspiegel bei den Siebenbürger Sachsen, [1885] 1973 – finden sich die genannten 158 Artikel auf den Seiten 283–326.

[71] LINDNER (Hrsg.), Der Schwabenspiegel bei den Siebenbürger Sachsen, [1885] 1973, S. 326.

[72] STEFFENHAGEN, Ueber eine noch unbekannte Form des Sächsischen Weichbildrechts, in: ZRG 12 (1876), S. 24.

[73] Ebd., S. 1.

[74] Zum Iglauer Stadt- und Bergrecht s. a. *Kap. F.I.6., S. 129.*

[75] SCHALLER, „Johannes von Gelnhausen", in: NDB, Bd. 10, 1974, S. 552.

[76] Vgl. „Gelnhausenův kodex (kodex A) – právní kniha", Jihlava/Iglau, Státní okresní archiv, inv. č. 17, (Beschreibung der Handschrift und Faksimile siehe http://www.europeana.eu/portal/record/92004/37D17B7911233A86EF19DB40533953AE42BD4E34.html – Abfragedatum: 17.07.2013); Edition: TOMASCHEK, Deutsches Recht in Österreich im dreizehnten Jahrhundert, 1859, S. 191–293.

[77] OPPITZ, Deutsche Rechtsbücher des Mittelalters, Bd. I, 1990, S. 59 f.; JOHANEK, Ofener Stadtrechtsbuch, in: Verfasserlexikon, Bd. 7, ²1989, Sp. 19–21; MUNZEL, Ofener Stadtrechtsbuch, in: HRG, Bd. 3, 1984, Sp. 1184–1186; BAK, „Ofen, Stadtrecht", in: LexMa, Bd. 6, 1993, Sp. 1366; MOLDT, Deutsche Stadtrechte im mittelalterlichen Siebenbürgen, 2009, S. 20–23. Zum Ofner Stadtrecht s. a. *Kap. D.V.4., S. 66 u. E.V.1., S. 105.* Néda von Relković widmet ihre Dissertation der Untersuchung des Ofner Stadtrechtsbuchs (RELKOVIĆ, Buda város jogkönyve (Ofner Stadtrecht), 1905) und würdigt es als erste „auch als deutsches Sprachdenkmal" – MOLLAY (Hrsg.), Das Ofner Stadtrecht, 1959, S. 11.

[78] JOHANEK, Ofener Stadtrechtsbuch, in: Verfasserlexikon, Bd. 7, ²1989, Sp. 21.

Obwohl das Ofner Recht für die ungarische Rechtsentwicklung offensichtlich von großer Bedeutung war,[80] haben sich nur drei Handschriften, die dieses Recht aufzeichnen, erhalten:

1. Bratislava/Pressburg, Ústredná knižnica SAV, Cod. 443, Provenienz: Bibliothek der evangelischen Kirchengemeinde, Cod. 2, 15. Jahrhundert (1430–1490, Nachträge nach 1503) (Opp. 1293, HC 19114), *Sigle* Lyc[81]
2. Budapest, Egyetemi Könyvtár, Cod. B 31, um 1560 (Opp. 327, HC 22068), *Sigle* Cr
3. Budapest, Fővárosi Szabó Ervin Könyvtár, B 0910/60, Provenienz: Béla Bozsernyik (bis 1938) – N.N. (Frauenbach in Siebenbürgen), nach 1488 bis vor 1503 (Opp. 328, HC 22069), *Sigle* Bp[82]

Nach dem heutigen Stand der Forschung ist der Pressburger Codex aus der Bibliothek des evangelischen Lyzeums, die sogenannte ‚Lyzealhandschrift' (*Sigle* Lyc), zwar die älteste der drei überlieferten Handschriften, aber nicht die Urschrift des Ofner Rechtsbuchs.[83] Verfasser war ein Johannes,[84] wahrscheinlich Johannes Siebenlinder, der zwischen 1392 und 1438 in Ofen – zunächst als Geschworener, später als Stadtrichter – urkundlich belegt ist.[85] Inhaltlich ist das Ofner Recht „eine Collage aus verschiedenen, hauptsächlich deutschen Rechten [...]"[86], aber auch mit Parallelen zu anderen Rechtstexten, wie dem kanonischen Recht und dem Corpus Iuris Civilis. Nach Dirk Moldt werden im Ofner Stadtrechtsbuch folgende Rechtstexte verarbeitet:

> „[...] das Schwäbische Recht mit 82 Analogien, der Sachsenspiegel mit 64, das Magdeburger Recht mit 38, das Schlesische Landrecht mit 52, das Pressburger Recht mit 33, der Wiener Rechtskreis mit 66, das Schemnitzer Recht mit 30, das Iglauer Recht mit 28, das Freiberger Recht mit 11, das Zipzer [sic!] Recht mit 8, das Kaschauer Recht mit 5,

---

79 MOLLAY, Einleitung, in: DERS. (Hrsg.), Das Ofner Stadtrecht, 1959, S. 7.

80 Regelungen des Ofner Stadtrechts fanden Eingang in das „ius tavernicale" (JOHANEK, Ofener Stadtrechtsbuch, in: Verfasserlexikon, Bd. 7, ^{2}1989, Sp. 21; zur Bedeutung des Ofner Stadtrechts s. a. GÖNCZI, Ungarisches Stadtrecht aus europäischer Sicht, 1997, bes. S. 81–138; s. a. *Kap. E.III., S. 83*).

81 Editionen: MICHNAY, LICHNER (Hrsg.), Ofner Stadtrecht von MCCXLIV–MCCCCXXI, 1845; MOLLAY (Hrsg.), Das Ofner Stadtrecht, 1959. Übersetzung in die ungarische Sprache: BLAZOVICH, SCHMIDT (Hrsg., Übers.), Buda város jogkönyve, Bd. II, 2001.

82 Zu dieser erst seit 1938 bekannten Handschrift siehe RELKOVIĆ, A budai jogkönyv (Ofner Stadtrecht) harmadik kézirata a Fővárosi Könyvtárban, 1941.

83 Mit dem Verhältnis der drei überlieferten Handschriften zueinander hat sich zuletzt János Németh beschäftigt (NÉMETH, Die Abweichungen der drei Handschriften des Ofner Stadtrechts, [Manuskript] 2000).

84 „Vnd pit got fur mich sunder, sprechende dise wart: Dw solt gedächtig sein des Johannes Zu ewigen zeitenn." – MOLLAY (Hrsg.), Das Ofner Stadtrecht, 1959, S. 59.

85 Ebd., S. 22.

86 MOLDT, Deutsche Stadtrechte im mittelalterlichen Siebenbürgen, 2009, S. 21.

das Käsmarker Recht mit 6, das ungarische Tavernikalrecht mit 73 und königliche Bestimmungen mit 37 Analogien."[87]

Auch wenn die Inhalte offensichtlich mit diesen Rechtstexten korrespondieren, werden sie nicht genannt. Lediglich das Magdeburger Recht wird gleich eingangs programmatisch erwähnt:

„*H*ye hebet sich an das Rechtpuech nach Ofnerrstat Rechten, Vnd mit helet in etlichen dingen oder stugken Maidpurgerischem rechten, [...]"[88]

Im weiteren Text werden namentlich nur noch Bücher der Bibel[89] und die Goldene Bulle von 1244 zitiert.

Die große Anzahl von Parallelstellen aus bekannten Rechtstexten, ohne dass diese genannt werden, könnte darauf schließen lassen, dass mit diesem Text eine Eigenständigkeit in Rechtsfragen gezeigt werden sollte, die es nicht nötig hat, die eigene Geltung über die Berufung auf bekannte Quellen zu autorisieren. Die ausgewerteten Rechtstexte gehören selbstverständlich zur gelebten Rechtswirklichkeit der Zeit und werden im Ofner Rechtsbuch zu einem selbständigen Rechtsbuch mit eigenständiger Autorität vereinigt.

5. Pressburger Stadtrechtsbuch[90]

Das Pressburger Stadtrechtsbuch, entstanden vor 1426 und nach 1457, lässt sich heute nur in einem einzigen Exemplar nachweisen:

– Bratislava/Pressburg, Archív Mesta, Ms. 6, Anf. 16. Jh. (Opp. 1295, HC 17983)[91]

Allerdings wird in der Forschung darauf hingewiesen, dass dieses Recht „auch in anderen Städten [Geltung erlangte], z. B. in Modern und Sommerein auf der Insel Schütt."[92] Inhaltlich überwiegt die Nähe zu den Wiener Rechtsquellen, aber Király zeigt auch mehrere Parallelen zum Landrecht des Sachsenspiegels auf.[93]

---

[87] Ebd.; inhaltliche Parallelen zeigen auch Blazovich und Schmidt auf. Vgl. BLAZOVICH, SCHMIDT (Hrsg., Übers.), Buda város jogkönyve, Bd. I, 2001, S. 156–177.

[88] MOLLAY (Hrsg.), Das Ofner Stadtrecht, 1959, S. 58.

[89] Exodus (2. Buch Mose), Deuteronomium (5. Buch Mose), Sapientia [Salomonis] (Weisheit Salomos), Ecclesiasticus (Buch Jesus Sirach).

[90] OPPITZ, Deutsche Rechtsbücher des Mittelalters, Bd. I, 1990, S. 81. Zum Pressburger Stadtrechtsbuch s. a. *Kap. E.V.3., S. 112.*

[91] Edition: KIRÁLY, Pozsony város joga a középkorban, 1894, S. 369–419; Beschreibung des Inhalts der Handschrift: EIS, RUDOLF, Altdeutsches Schrifttum im Nordkarpatenraum, 1960, S. 28 f.; Eis/Rudolf kritisieren die Fehlerhaftigkeit der Ausg. Királys (ebd., S. 28, Anm. 8).

[92] Ebd., S. 29.

[93] Hierzu siehe *Kap. F.II.1., S. 132.*

6. Iglauer Stadt- und Bergrecht

Iglau wurde wohl bereits 1249 von König Wenzel I. (1230–1253)[94] das Stadtrecht verliehen,[95] worauf der Text des Iglauer Stadtrechts eingangs Bezug nimmt. Iglauer Stadt- und Bergrecht werden meist gemeinsam überliefert. Die bedeutendere Wirkungsgeschichte hatte jedoch das Bergrecht, das von zahlreichen Bergstädten übernommen wurde.[96] Allerdings zeigt Tomaschek die Verbindung zwischen Iglauer und Schemnitzer Stadtrecht auf und führt aus, dass das Schemnitzer Stadtrecht auf eine Übersetzung der lateinischen Fassung des Iglauer Stadtrechts nach der Urkunde B zurückgeht.[97]

Es werden drei Fassungen des Iglauer Stadtrechts unterschieden: zwei lateinische aus dem 13. bzw. vom Ende des 13./Anfang des 14. Jahrhunderts (Urkunden *A* und *B*)[98] und eine bedeutend erweiterte deutschsprachige Rezension wohl aus der Zeit zwischen 1370–1400.[99] Tomaschek nennt insgesamt elf Handschriften, die das Iglauer Stadtrecht überliefern.[100] Neben den beiden lateinischen

---

94 BACHMANN, „Wenzel I., König von Böhmen", in: ADB, Bd. 42, 1897, S. 749–753.

95 Siehe hierzu GRUNZEL, Über die deutschen Stadtrechte Böhmens und Mährens, in: Mittheilungen des Vereines für Geschichte der Deutschen in Böhmen 30 (1892), S. 128–154, hier S. 147 f. sowie TOMASCHEK, Der Oberhof Iglau in Mähren und seine Schöffensprüche aus dem 13.–16. Jahrhundert, 1868, S. 2 f.; Wiedergabe des Stadtrechtsprivilegs bei JIREČEK (Hrsg.), Codex juris Bohemici, Bd. I, 1867, S. 83 f., Nr. 39.

96 „Der Einflußbereich des Iglauer Bergrechts war sehr weit. In Böhmen, Mähren und Schlesien war Iglau als Oberste [sic!] Gericht für sechs Orte zuständig, an denen Bergbau betrieben wurde. Diese Zuständigkeit ist durch die erhaltenen Urteile des Iglauer Gerichts jedoch nur für einige Orte belegt. In Böhmen waren es Deutschbrod, Čáslav, Kolín, Kutná Hora (Kuttenberg), Chotěboř, Chrudim, Jílové (Eule), Kašperské Hory (Bergreichenstein), Sezimovo Ústí (Ausk [Alttabor]), Sušice (Schüttenhofen), Plzeň (Pilsen), Mědĕnec (Kupferberg), Přísečnice (Preßnitz) und Rýzmburk (Riesenberg); in Mähren Medlov, Rýmařov (Römerstadt), Hankštejn (Hangenstein), Pernštejn (Pernstein), Jemnice (Jamnitz), Budeč; in Schlesien Opava (Trop[p]au), Kamenec (Kamen[t]z), Zlaté Hory (Zuckmantel), Libuš (Leubusch), Bytom (Beuthen), Rychleby (Reichenstein) und Vartenberk (Wartenberg). Auch die tschächsischen [sic!] Städte Freiberg, Annaberg und Zittau, ferner Goldkronach in den [sic!] Franken, Banská Štiavnicá (Schemnitz) in der Slowakei und Schneeberg in Siebenbürgen waren, obwohl manchmal nur zeitweilig, vom Iglauer Bergrecht direkt abhängig." (KŘESADLO, Iglauer Berg- und Stadtrecht, in: Silberbergbau und Münzprägung in Iglau, 1999, S. 80 f.).

97 „Vergleicht man dessen Inhalt [des ‚Schemnitzer Stadtrechts'] mit dem ‚Iglauer Rechte', so erscheint es als eine reine Uebersetzung der Urkunde B mit einigen wenigen Aenderungen oder Zusätzen, die aus der im Anhange mitgetheilten Vergleichung ersichtlich sind und sich aus den Localverhältnissen ergeben, und vielen Auslassungen. Offenbar lag hier eine schriftliche Rechtsmittheilung von Iglau an Schemnitz zu Grunde, [...]" (TOMASCHEK, Deutsches Recht in Österreich im dreizehnten Jahrhundert, 1859, S. 98).

98 Beschreibung der Urkunden: Ebd., S. 29–31, S. 303–324 (Edition) und CHLUMECKY (Hrsg.), Die Regesten der Archive im Markgrafthume Mähren, 1856, S. 9–11 u. 13; Abbildungen siehe KŘESADLO, Iglauer Berg- und Stadtrecht, in: Silberbergbau und Münzprägung in Iglau, 1999, S. 85 f.

99 TOMASCHEK, Der Oberhof Iglau in Mähren und seine Schöffensprüche aus dem 13.–16. Jahrhundert, 1868, S. 2–4.

100 DERS., Deutsches Recht in Österreich im dreizehnten Jahrhundert, 1859, S. 31–34. Zur Überliefe-

Pergamenturkunden *A* und *B* im Stadtarchiv Iglau und dem Codex Altemberger[101] ist der Text in folgenden acht Handschriften enthalten:

1. Brno/Brünn, Archiv města Brna, Fond Sbírka rukopisů, č. 1, Anf. 14. Jahrhundert (1333) (Opp. 314, HC 7611)
2. Wien, Österreichische Nationalbibliothek, Cod. 13.388, 14. Jahrhundert (Opp. 1531)
3. Kutná Hora/Kuttenberg, Státní okresní archiv, Fond AM Kutné Hory I b/3 y, 15.–16. Jahrhundert (Opp. 868)
4. Praha/Prag, Národní muzeum, Cod. VII D 3, 1589/17. Jahrhundert (Opp. 1257)
5. Praha/Prag, Archiv hlavního města, Rkp. 1864, 1. H. 15. Jahrhundert (Opp. 1222, HC 23332)
6. München, Bayerische Staatsbibliothek, Cgm 561, 1501 (Opp. 1081, HC 9892)
7. Heidelberg, Universitätsbibliothek, Cpg 461, 1504/1521 (Opp. 704, HC 10402)
8. Leipzig, Universitätsbibliothek, Ms. 2211, 1538 (Opp. 903, HC 24168)

Auch wenn das Iglauer Stadtrecht hinter der Bedeutung des Bergrechts zurücksteht, hat es sich nicht nur in der Region um Iglau verbreitet.

> „In Mähren war es die nächste Umgebung Iglaus: Měřín, Telč, Třešť (Triesch), Třebíč, [sic!] und Velké Meziříčí. Weit wichtiger und größer war der böhmische Bereich: Polná, Přibyslav, Ronov, Chotěboř, Chrudim, Velim, Kouřim, Čáslav, Kolín, Kutná Hora (Kuttenberg), Jílové (Eule), Kašperské Hory (Bergreichenstein) und Ledeč nad Sázavou."[102]

Iglau fungierte – vergleichbar mit bedeutenden Städten Magdeburger Rechts – auch als Instanz für Rechtsauskünfte.[103]

7. Stadt- und Bergrecht von Schemnitz[104]

Die Forschung datiert die Entstehungszeit des Schemnitzer Rechts auf die Mitte des 13. Jahrhunderts, da es bereits 1255 der neugegründeten Stadt Neusohl verliehen wurde.[105] Bis heute haben sich die folgenden zehn Handschriften des Stadt- und Bergrechts von Schemnitz erhalten:

---

rungsgeschichte des Iglauer Stadt- und Bergrechts s. a. d'ELVERT, Zur Cultur-Geschichte Mährens und Oest.-Schlesiens, 1. T., 1866, S. 109–111, Anm.

[101] Zur Überlieferung des Codex Altemberger siehe *Kap. F.I.3., S. 124.*

[102] KŘESADLO, Iglauer Berg- und Stadtrecht, in: Silberbergbau und Münzprägung in Iglau, 1999, S. 82.

[103] Křesadlo nennt „Hall in Tirol oder Zuckmantel in Schlesien" (ebd.).

[104] Zum Stadt- und Bergrecht von Schemnitz s. a. *Kap. E.II.4., S. 91.*

[105] PIIRAINEN, Das Stadt- und Bergrecht von Banská Štiavnica/Schemnitz, 1986, S. 14.

1. Budapest, Magyar Nemzeti Múzeum, Inv.-Nr. 61.54.C., 1466[106]
2. Budapest, Magyar Nemzeti Múzeum, Inv.-Nr. 61.53.C., vor 1513 (HC 13806)[107]
3. Kremnica/Kremnitz, Štátny okresný archív v Žiari nad Hronom so sídlom, Fond Magistrát mesta Banskej Štiavnice, inv. čislo materiál vrátenij z Madarského Kraiského Archívu 813, 1513[108]
4. Banská Bystrica/Neusohl, Štátny okresný archív, inv. čislo 5, 1503 [nur Art. 42–54][109]
5. Kremnica/Kremnitz, Štátny okresný archív v Žiari nad Hronom so sídlom, Fond Magistrát mesta Banskej Štiavnice, inv. čislo materiál vrátenij z Madarského Kraiského Archívu 1070, 1503[110]
6. Kremnica/Kremnitz, Štátny okresný archív v Žiari nad Hronom so sídlom, Fond Magistrát mesta Banskej Štiavnice, inv. čislo materiál vrátenij z Madarského Kraiského Archívu 729/568, 1655[111]
7. Kremnica/Kremnitz, Štátny okresný archív v Žiari nad Hronom so sídlom, Fond Magistrát mesta Banskej Štiavnice, inv. čislo materiál vrátenij z Madarského Kraiského Archívu 1095/753, 1655[112]

---

[106] Beschreibung und Edition der Hs.: Ebd., S. 17, Nr. 1, S. 29–52.

[107] Faksimile und Beschreibung der Hs.: VOZÁR (Hrsg.), Kodex des Stadt- und Bergrechts von Schemnitz, 2002. Vozár bestätigt in seiner Einführung die Datierung der Handschrift von Piirainen (2. H. 16. Jh.), indem er auf die Zahl 1572 auf der Titelillustration verweist (S. 9). Außerdem führt er Belege für die Identifizierung des Schreibers als Christoph Gast und des amtierenden Richters als Burkhard Lorberer (S. 10 f.) an.
Beschreibung und Edition der Hs.: PIIRAINEN, Das Stadt- und Bergrecht von Banská Štiavnica/Schemnitz, 1986, S. 18, Nr. 2, S. 53–81; Beschreibung der Hs.: VIZKELETY (Bearb.), Beschreibendes Verzeichnis der altdeutschen Handschriften in ungarischen Bibliotheken, Bd. 2, 1973, (Nr. 42) S. 111 f. Editionen: WAGNER (Hrsg.), Corpus iuris metallici recentissimi et antiquioris, 1791, Sp. 163–170; WENZEL (Hrsg.), Das alte Stadt- und Bergrecht der königlichen Frey- und Bergstadt Schemnitz in Ungarn aus dem dreyzehnten Jahrhunderte, in: Anzeige-Blatt für Wissenschaft und Kunst 104 (1843), S. 1–21; KACHELMANN, Geschichte der ungarischen Bergstädte und ihrer Umgebung, 1855, S. 177–192; WENZEL, Codex diplomaticus Arpadianus continuatus/Árpádkori új okmánytár, 1862, S. 206–228 (Nr. 136); TOMASCHEK, Deutsches Recht in Österreich im dreizehnten Jahrhundert, 1859, S. 343–350 (Teiledition: Tomaschek vergleicht das Schemnitzer Stadtrecht mit dem Iglauer und druckt vor allem die Passagen des Schemnitzer Rechts ab, die vom Iglauer abweichen).

[108] Beschreibung und Edition der Hs.: PIIRAINEN, Das Stadt- und Bergrecht von Banská Štiavnica/Schemnitz, 1986, S. 18, Nr. 3, S. 83–111.

[109] Beschreibung und Edition der Hs.: Ebd., S. 18, Nr. 4, S. 113–120.

[110] Beschreibung und Edition der Hs.: Ebd., S. 19, Nr. 5, S. 121–136. Die Handschrift ist auf das Jahr 1513 datiert, Piirainen weist sie aber aufgrund der Schrift der zweiten Hälfte des 16. Jahrhunderts zu und gibt an, dass es sich um eine Kopie der Handschrift Nr. 3 handelt.

[111] Beschreibung und Edition der Hs.: Ebd., S. 19, Nr. 6, S. 137–169.

[112] Beschreibung und Edition der Hs.: Ebd., S. 19 f., Nr. 7, S. 171–203.

8. Kremnica/Kremnitz, Štátny okresný archív v Žiari nad Hronom so sídlom, Fond Magistrát mesta Banskej Štiavnice, inv. čislo materiál vrátenij z Madarského Kraiského Archívu 1096/754, 17. Jh.[113]
9. Banská Bystrica/Neusohl, Štátny okresný archív, Fond Archív bývalého slobodného královského banského mesta Lubietovej, čislo 1, 17. Jh.[114]
10. Banská Bystrica/Neusohl, Štátny okresný archív, čislo 45:31, 16. Jh. [Urkunde, nur Einleitung][115]

Wie beim Stadt- und Bergrecht von Schemnitz war es üblich, dass Rechtsaufzeichnungen der Bergstädte jeweils Regelungen zum städtischen Recht und zum Bergrecht enthielten, wobei der Stadtrechtsteil der umfangreichere war. Im Stadt- und Bergrecht von Schemnitz sind keine direkten Übernahmen aus dem sächsisch-magdeburgischen Recht nachzuweisen, aber die Nähe zum Ofner Stadtrecht ist zu erkennen.[116] Die Schemnitzer Privilegien wurden von mehreren Bergstädten (u. a. Neusohl, Deutschliptsch und Schmöllnitz) übernommen.

II. Rechtsquellen im Donau- und Karpatenraum mit deutscher Provenienz

1. Sachsenspiegel

Sachsenspiegelhandschriften sind im Untersuchungsgebiet vergleichsweise gering verbreitet. Allgemein nimmt im gesamten südlichen Raum der Schwabenspiegel die vorherrschende Position ein. Dennoch waren die Rechtsinhalte des Sachsenspiegels nicht nur über die Rezeption dieser süddeutschen Bearbeitung, sondern auch durch andere Rechtssammlungen bekannt. Bereits oben[117] wurde gezeigt, dass sich in der Rechtskompilation Collectanea Allerley Nutzlicher Vnnd Nothwendiger Regeln des Rechtens der Großteil der Belegstellen auf den Sachsenspiegel und seine Glosse bezieht. Aber auch das Weichbild (s. u. *S. 134*), das Ofner Stadtrecht und die Zipser Willkür überliefern Rechtsstoffe des Sachsenspiegels.[118] Da sich im Donau- und Karpatenraum heute keine Handschrift mit

[113] Beschreibung und Edition der Hs.: Ebd., S. 20, Nr. 8, S. 205–226.

[114] Beschreibung und Edition der Hs.: Ebd., S. 20, Nr. 9, S. 227–244.

[115] Beschreibung und Edition der Hs.: Ebd., S. 21, Nr. 10, S. 245–248.

[116] Vgl. GÖNCZI, Rechtshistorische Brückenschläge, in: CORDES [u. a.] (Hrsg.), Stadt, Gemeinde, Genossenschaft, 2003, S. 124–126.

[117] Siehe *Kap. E.III., S. 99 u. Kap. F.I.2., S. 121.*

[118] Vgl. BLAZOVICH, Das Ofner Stadtrecht und die Rechtsbücher von Ungarn, in: EIKE von Repgow, A Szász tükör, 2005, S. 91–101; LÜCK, Zur Rezeption des sächsisch-magdeburgischen Rechts in Osteuropa, in: BREMER (Hrsg.), Grenzen überschreiten, 2001, S. 9–28. Zum Ofner Stadtrechtsbuch siehe S. 23 f.; zur Zipser Willkür S. 26 f.; s. a. BLAZOVICH, Die Wirkung des Sachsenspiegels und der deutschen Rechtsbücher in Ungarn, in: DERS., SCHMIDT (Hrsg.), A Sváb tükör, 2011, S. 127–132.

einem Sachsenspiegel mehr nachweisen lässt, ist zu vermuten, dass sich vielleicht einst vorhandene Textzeugen nicht erhalten haben. Andernfalls müssten alle z. T. wortwörtlichen Übernahmen, die sich in den genannten Rechtssammlungen im Untersuchungsgebiet finden, aus sekundären Quellen entnommen oder aber diese Codices selbst an Orten entstanden sein, an denen ein Exemplar des Sachsenspiegels vorhanden war. Für die späteren Kompilationen kommen ohnehin auch frühe Drucke als Vorlage in Frage, die zweifelsohne im 16. Jahrhundert ihren Weg auch in die Bibliotheken im Untersuchungsgebiet gefunden haben werden.

2. Schwabenspiegel

Handschriften, die den Schwabenspiegel – sowohl das Land- als auch das Lehnrecht – überliefern, lassen sich auch im Untersuchungsgebiet nachweisen. Ohnehin ist dieser Spiegel hier und überhaupt im Süden und Südosten Europas weiter verbreitet als der Sachsenspiegel. Schwabenspiegelhandschriften finden sich in:

1. Budapest, Országos Széchényi Könyvtár, Cod. Germ. 30, 2. H. 15. Jahrhundert (um 1453–1470) (Opp. 329, HC 13723)

2. Budapest, Országos Széchényi Könyvtár, Cod. Germ. 40, Mitte 15. Jahrhundert (Opp. 331, HC 13730)

3. Budapest, Országos Széchényi Könyvtár, Cod. Germ. 43, 1416 (Opp. 332, HC 7465)

4. Bucureşti/Bukarest, Biblioteca Naţionala a României, Nr. 554, Provenienz: Sibiu/Hermannstadt, Muzeul Naţional Brukenthal, Ms. LXXVI (Opp. 333, HC 7799)[119]

5. Košice/Kaschau, Archív Mesta, Cod. 1-I Eb, 1430 (Opp. 748, HC 19183)

6. Bratislava/Pressburg, Univerzitná knižnica, Ms. 1325, 2. H. (?) 14. Jahrhundert (Opp. 1295a, HC 2999)[120]

Der Einfluss des Schwabenspiegels auf die Rechtsentwicklung im Untersuchungsgebiet ist schon häufig nachgewiesen worden. Nicht nur, dass er Eingang in Rechtssammlungen wie den Codex Altemberger fand, sondern auch in älteren Quellen wie dem Ofner Stadtrecht sind Parallelen zum Schwabenspiegel sichtbar.[121]

---

[119] Der Landrechtsteil des Schwabenspiegels ist hier Teil des bereits oben beschriebenen Codex Altemberger (*Kap. F.I.3., S. 124*).

[120] Edition: MEIER, PIIRAINEN, Der Schwabenspiegel aus Kaschau, 2000.

[121] BLAZOVICH, Die Wirkung des Schwabenspiegels in Ungarn, in: Acta Juridica et Politica 71, Fasc. 17.3 (2008), S. 531–543.

3. Rechtsbuch von der Gerichtsverfassung bzw. Sächsisches oder Magdeburger Weichbildrecht[122]

Nur der Codex Altemberger (s. o. *S. 124*) überliefert das Sächsische Weichbildrecht im Untersuchungsgebiet. Ob der Text auch Einfluss auf andere Rechtsbücher hatte, kann nur vermutet werden.

4. Rechtsmitteilungen der Magdeburger Schöffen

Da es keinen Rechtsverkehr mit Magdeburg gegeben hat, können Schöffensprüche nur als Kopien in das Untersuchungsgebiet gelangt sein. Immerhin lassen sich Schöffensprüche – Magdeburger und Leipziger – in der Rechtssammlung Collectanea Allerley Nutzlicher Vnnd Nothwendiger Regeln des Rechtens nachweisen (s. o.), wobei als Quelle zumindest für die Kenntnis der Magdeburger Sprüche eine Rezeption der Magdeburger Fragen angenommen werden kann. Es hat sich auch bei den anderen Quellen sächsisch-magdeburgischen Rechts gezeigt, dass keine unmittelbare Übernahme stattgefunden hat, sondern die rechtlichen Inhalte nur mittelbar Eingang in die lokale Rechtsliteratur gefunden haben. So ist es nur naheliegend, dass Schöffensprüche als sehr unmittelbare Quellen der Rechtsfindung im Untersuchungsgebiet nicht verbreitet waren.

---

[122] Siehe Oppitz, Deutsche Rechtsbücher des Mittelalters, Bd. I, 1990, S. 47; Magin, „Wie es umb der iuden recht stet", 1999, S. 56 f.

G. Zusammenfassung und Bewertung der Untersuchungsergebnisse (*Katalin Gönczi*)

Die Analyse der Stadtrechtsentwicklung im Donau- und Karpatenraum, verbunden mit einem Blick auf die Stadtrechtsverbindungen zum sächsisch-magdeburgischen Recht, setzt eine interdisziplinäre Methode voraus, bei der außer der vergleichenden Rechtsgeschichte auch die Sozialgeschichte und die Wirtschaftsgeschichte einbezogen werden sollten.[1] Der Rechtstransfer kann auf diese Weise im Lichte der Stadt- und Siedlungsgeschichte interpretiert werden, denn die Hospites, Kaufleute und Bergmänner waren Träger jener Rechtsgewohnheiten, die sich dann zum vielschichtigen Stadtrecht wandelten. Im Laufe dieses Prozesses trafen Impulse aus dem sächsisch-magdeburgischen Rechtskreis im Donau- und Karpatenraum ein. Um Zeitraum und Umfang des Rechtseinflusses im Königreich Ungarn erfassen zu können, wurden die bisherigen Ergebnisse der vergleichenden Rechtsgeschichte Ostmitteleuropas und der Rechtstransferforschung[2] einbezogen.[3]

Ein verfassungsrechtlicher Vergleich mit Polen zeigt, dass das sächsisch-magdeburgische Recht die städtischen Rechtsordnungen im Donau- und Karpatenraum erst ab der Zeit der Rechtsaufzeichnungen im 15. Jahrhundert beeinflusste. Damit konnte die Zuordnung der Stuhlweißenburger Freiheiten zum Magdeburger Recht widerlegt werden. Die Aussage, die ungarischen Städte seien in der Gründungsphase mit dem Magdeburger Recht bewidmet worden, lässt sich in dieser Form nicht bestätigen. Während der ersten Phase des Landesausbaus gab es im Königreich Ungarn noch kein ausgeprägtes Stadtrecht, das als Grundlage für Gründungen und Privilegierungen hätte dienen können.[4]

War in Polen die Verbreitung des sächsisch-magdeburgischen Rechts eine vom Landesherren begünstigte Entwicklung, die sogar mit der Gründung eines Gerichts mit Magdeburger Recht gefördert wurde,[5] privilegierten die ungarischen Könige ihre Städte mit Freiheiten für die Siedler. In Polen wurde die Stadtentwicklung durch die Politik vorangetrieben, während sich im mittelalterlichen Ungarn in der Anfangsphase der Stadtentwicklung keine zielgerichtete Städtepolitik der Landesherren erkennen lässt.[6]

---

[1] STOOB, Die mittelalterliche Städtebildung im Karpatenbogen, in: DERS. (Hrsg.), Die mittelalterliche Städtebildung im südöstlichen Europa, 1977, S. 215.

[2] LÜCK, Rechtstransfer und Rechtsverwandtschaft, in: Práva městská Královstvi českého, (im Druck); BLAZOVICH, A Szász tükör és a német jogkönyvek hatása Magyarországon, in: Jogtörténeti Szemle [13],2 (2011), S. 18.

[3] Ähnlich WENZEL, Magyarország városai és városjogai a múltban és jelenben, 1877, S. 10.

[4] SCHÖDL, Ungarns Städtewesen im Spätmittelalter, in: KAISER, STASIEWSKI (Hrsg.), Stadt und Landschaft im deutschen Osten und in Ostmitteleuropa, 1982, S. 134.

[5] BILY, CARLS, GÖNCZI, Sächsisch-magdeburgisches Recht in Polen, 2011, S. 28.

[6] FÜGEDI, Die Städte im mittelalterlichen Ungarn, in: MARSINA (Hrsg.), Städte im Donauraum, 1993, S. 53.

„Ein so lebhafter Rechtsverkehr, wie ihn im Mittelalter Magdeburg mit vielen Städten Norddeutschlands [...] gehabt, darf in dem ungr. Städteleben jener Zeit nicht gesucht werden", stellten bereits 1845 Andreas Michnay und Paul Lichner fest.[7] In den frühen Phasen der ungarischen Stadtrechtsentwicklung ist das deutsche Recht im Vergleich zu den Entwicklungen in Polen und Tschechien weniger nachweisbar.[8] Allerdings führten im Donau- und Karpatenraum die mitgebrachten und vom ungarischen Landesherren anerkannten Siedlerfreiheiten zur Geltung des *ius teutonicum*.[9] Der Einfluss des deutschen Rechts war aber bei weitem nicht so stark, wie es im Königreich Polen der Fall war.[10]

Die wichtigsten Städte des Königreichs Ungarn waren als Quelle der königlichen Einnahmen unmittelbar dem Landesherren zugeordnet. Die obere Gerichtsbarkeit übte im Namen des Königs der Tarnakmeister aus. Infolge der zerrütteten Machtverhältnisse war jedoch die Übernahme des deutschen Rechts ein von der städtischen Oberschicht und den Stadtregierungen geförderter Prozess.

Der Weg des sächsisch-magdeburgischen Rechts in den Donau- und Karpatenraum führte in erster Linie über Schlesien,[11] das als Drehscheibe im Prozess der Verbreitung des sächsisch-magdeburgischen Rechts in Richtung Osteuropa angesehen werden kann. Dieser Vorgang wurde durch die wirtschaftlichen Verbindungen der Städte der heutigen Slowakei zu Schlesien unterstützt. So reichten z. B. die Fernhandelsbeziehungen von Eperies bis nach Breslau. Der Warenverkehr war ein Mittler für den Rechtstransfer, so dass die Kaufleute als Träger des kulturellen Austausches mit Schlesien anzusehen sind.

Weitere Landschaften, über die der Rechtstransfer stattfand, sind Kleinpolen und Böhmen.[12] Das zentrale Verbreitungsgebiet war im Königreich Ungarn die Zips, insbesondere wegen ihrer geographischen Nähe zu Krakau. Erst Anfang des 16. Jahrhunderts „sickerte" das sächsisch-magdeburgische Recht nach Ungarn ein,[13] so dass sich Elemente daraus im Stadtrecht der Städte der heutigen Slowakei finden lassen.[14] Dazu haben auch die Universitätsbesuche der Bürgersöhne aus den

---

[7] MICHNAY, LICHNER (Hrsg.), Ofner Stadtrecht von MCCXLIV–MCCCCXXI, 1845, S. 261. Eine vergleichbare Stellungnahme in der gegenwärtigen ungarischen Literatur: PETROVICS, A korai magyar városfejlődés és az idegen jog, in: BÉKÉSI [u. a.] (Hrsg.), Régi és új peregrináció, 1993, S. 269.

[8] WENZEL, Magyarország városai és városjogai a múltban és jelenben, 1877, S. 44.

[9] PETROVICS, A korai magyar városfejlődés és az idegen jog, in: BÉKÉSI [u. a.] (Hrsg.), Régi és új peregrináció, 1993, S. 266.

[10] ZIMMERMANN, Die deutsche Südostsiedlung im Mittelalter, in: SCHÖDL (Hrsg.), Deutsche Geschichte im Osten Europas, 1995, S. 77.

[11] PETROVICS, A korai magyar városfejlődés és az idegen jog, in: BÉKÉSI [u. a.] (Hrsg.), Régi és új peregrináció, 1993, S. 269.

[12] KAINDL, Studien zur Geschichte des deutschen Rechts in Ungarn und in dessen Nebenländern, in: Archiv für österreichische Geschichte 98 (1908), S. 390; KIRÁLY, Pozsony város joga a középkorban, 1894, S. 18.

[13] DEMKÓ, Lőcse története, 1897, S. 13.

[14] K. GÜNDISCH, Deutsche, in: ROTH (Hrsg.), Studienhandbuch östliches Europa, Bd. 1, 2009, S. 465.

Städten des Karpatenraumes beigetragen.[15] Auch die Politik förderte den Rechtstransfer z. B. durch die Verpfändung der dreizehn Zipser Städte an den polnischen König, wodurch eine politische Verbindung der Zipser Städtegemeinschaft mit einem Gebiet des sächsisch-magdeburgischen Rechts entstand.

Die Geschichte des Magdeburger Rechts in Ungarn zeigt, dass es sich hierbei um ein länderübergreifendes, im besten Sinne europäisches Recht handelt. Die Akzeptanz war freiwillig, und die Übernahmen in den städtischen Rechtsaufzeichnungen dienten vor allem der Rationalisierung des Rechts. Dabei lagen die Bindung an das Recht und die Einhaltung der Normen im Interesse der jeweiligen Rechtsstädte.[16]

Die Rechtseinflüsse sind als „Wechselbeziehung zwischen deutschen Einflüssen und ungarischer Umwelt"[17] zu verstehen. In diesem Umfeld entwickelte sich das Stadtrecht, das sowohl mit dem ungarischen Recht als auch mit dem deutschen Recht in Wechselwirkung stand. So erlangte auch das *ius patrium*, das adelige Gewohnheitsrecht, wie auch die Gerichtshoheit bei den Zipser Sachsen Geltung, so dass die Ladung vor Gericht[18] sowohl auf das Siedlerrecht als auch auf das Recht des Adels zurückgeführt werden kann. Das eheliche Güterrecht und das Erbrecht der Stadt Debreczin (*quarta* und *dos*), in der das Ofner Stadtrecht galt, gehen ebenfalls auf das Adelsrecht Werbőczys zurück.[19]

Allerdings lag das Königreich Ungarn im Einflussbereich der süddeutschen Stadtrechte. Deshalb sind die Stadtrechte der Donauhandelsstädte ebenfalls dem süddeutschen Rechtskreis zuzuordnen.

In jener multikulturellen Region Ostmitteleuropas, deren verfassungsrechtlichen Rahmen im Mittelalter das Königreich Ungarn bildete, kann die jüngste Forschung Anknüpfungspunkte an die damalige europäische Rechtskultur wiederfinden. Die Impulse der mittelalterlichen und frühneuzeitlichen Rechtsentwicklung werden also bei der Untersuchung des Rechtstransfers sichtbar. Der Sachsenspiegel Eikes von Repgow ist zusammen mit dem Magdeburger Recht auch in den Rechtsordnungen im Donau- und Karpatenraum als ein kulturelles Bindeglied nachweisbar. Durch die beschriebenen Wege des Rechtstransfers wurde das sächsisch-magdeburgische Recht Teil der Rechtskultur und somit gemeinsames historisches Erbe in Ungarn und Rumänien.

---

[15] SZABÓ, Előtanulmány a magyarországi joghallgatók külföldi egyetemeken a XVI–XVIII. században készített disputatióinak (dissertatióinak) elemzéséhez, in: Publicationes Universitatis Miskolciensis. Sectio Juridica et Politica 8, Fasc. 5 (1993); DERS., Magyarországiak politica-disputatiói nyugat-európai egyetemeken a 17. században, in: DÉNES [u. a.] (Hrsg.), A szabadság felelőssége, 2011, S. 295–307.

[16] BADER, DILCHER, Deutsche Rechtsgeschichte, 1999, S. 600.

[17] SCHÖDL, Ungarns Städtewesen im Spätmittelalter, in: KAISER, STASIEWSKI (Hrsg.), Stadt und Landschaft im deutschen Osten und in Ostmitteleuropa, 1982, S. 131.

[18] Zipser Willkür, Art. 1 – Edition in MICHNAY, LICHNER (Hrsg.), Ofner Stadtrecht von MCCXLIV–MCCCCXXI, 1845, S. 221–235.

[19] IVÁNYI, Debrecen és a budai jog, 1924, S. 35.

H. Kommentar zur beiliegenden Karte und Listen der Ortsnamen (*Inge Bily*)

Die Basiskarte zum Untersuchungsgebiet „Sächsisch-magdeburgisches Recht in Ungarn und Rumänien“ erfüllt folgende Anforderungen:

- Sie enthält die aktuellen Staatsgrenzen, das Gewässernetz Ungarns und Rumäniens (mit Namen), die Hauptstädte sowie eine Reihe weiterer Orte (mit Namen).
- Eingetragen sind weiterhin heutige und/oder historische Regionen, wie z. B. *Transilvania (Ardeal)/Erdély/Siebenbürgen*, die für die Beschreibung der Verbreitung des sächsisch-magdeburgischen Rechts von Bedeutung sind.

I. Geographische Namen in der Basiskarte

Bei der Nennung geographischer Namen steht an erster Stelle immer das jeweilige *Endonym*, d. h. der heute amtliche geographische Name. Soweit vorhanden, folgen nach einem Schrägstrich auf das *Endonym* die *Exonyme*, d. h. diejenigen Namen, die außerhalb des Gebiets verwendet werden, in dem sich das bezeichnete geographische Objekt befindet, z. B.

Esztergom [ungar.]/*Gran* [dt.] oder
Bistrița [rumän.]/*Beszterce* [ungar.]/*Bistritz* [dt.].

Bei mehreren Exonymen steht das deutsche an letzter Stelle. Sowohl bei den Endonymen wie auch bei den Exonymen wird jeweils in eckigen Klammern die Sprache angegeben. Gibt es keine Exonyme, kann ohnehin lediglich der jeweilige heute amtliche geographische Name (*Endonym*) verwendet werden, z. B. *Pest* [ungar.].

Auf die Nennung historischer Varianten geographischer Namen wird in der Karte wie auch in den dazugehörigen Namenlisten verzichtet. Varianten werden bei Bedarf im Register der Ortsnamen des Bandes erschlossen.

Diese Vorgehensweise respektiert die aktuelle landeseigene Schreibung der Namen und ermöglicht uns sowie dem Benutzer unserer Arbeiten eine Lokalisierung der Orte auf aktuellen Karten der Länder des Untersuchungsgebiets. Das Prinzip wird sich besonders bei Namen kleinerer und weniger bekannter Orte bewähren, aber auch in Regionen, in denen im Laufe der Geschichte die staatlich-politische Zugehörigkeit wechselte.

II. Alphabetische Listen der Ortsnamen (Endonyme und Exonyme) in der Basiskarte

Die Ordnung der Ortsnamen in den beiden nachfolgenden Listen erfolgt alphabetisch nach den heutigen *Endonymen*, d. h. nach den amtlichen Ortsnamenformen des jeweiligen Staatsgebiets.

1. Alphabetische Liste der Ortsnamen (Endonyme und Exonyme) des Untersuchungsgebiets Ungarn/Rumänien

Bistriţa [rumän.] – Beszterce [ungar.] – Bistritz [dt.]
Braşov [rumän.] – Brassó [ungar.] – Kronstadt [dt.]
Bucureşti [rumän.] – Bukarest [dt.]
Buda [ungar.] – Ofen [dt.]
Budapest [ungar.]

Cluj-Napoca [rumän.] – Kolozsvár [ungar.] – Klausenburg [dt.]

Debrecen [ungar.] – Debrezin [dt.]

Esztergom [ungar.] – Gran [dt.]

Iaşi [rumän.] – Jás [ungar.] – Jassy [dt.]

Oradea [rumän.] – Nagyvárad [ungar.] – Großwardein [dt.]

Pécs [ungar.] – Fünfkirchen [dt.]
Pest [ungar.]

Sibiu [rumän.] – Nagyszeben [ungar.] – Hermannstadt [dt.]
Szeged [ungar.] – Szegedin [dt.]
Székesfehérvár [ungar.] – Stuhlweißenburg [dt.]

2. Alphabetische Liste der Ortsnamen (Endonyme und Exonyme) außerhalb des Untersuchungsgebiets Ungarn/Rumänien

Banská Bystrica [slowak.] – Besztercebánya [ungar.] – Neusohl [dt.]
Banská Štiavnica [slowak.] – Selmecbánya [ungar.] – Schemnitz [dt.]
Bardejov [slowak.] – Bártfa [ungar.] – Bartfeld [dt.]
Beograd [serb.] – Belgrad [dt.]
Bratislava [slowak.] – Pozsony [ungar.] – Preßburg/Pressburg [dt.]
Brno [tschech.] – Brünn [dt.]

Chişinău [moldau.]

Gelnica [slowak.] – Gölnicbánya [ungar.] – Göllnitz [dt.]

Kežmarok [slowak.] – Késmárk [ungar.] – Käsmark [dt.]
Komárno [slowak.] – Komárom [ungar.] – Komorn [dt.]

Košice [slowak.] – Kassa [ungar.] – Kaschau [dt.]
Kraków [poln.] – Krakau [dt.]
Kremnica [slowak.] – Körmöcbánya [ungar.] – Kremnitz [dt.]
Krupina [slowak.] – Korpona [ungar.] – Karpfen [dt.]

Levoča [slowak.] – Lőcse [ungar.] – Leutschau [dt.]
L'ubietová [slowak.] – Libetbánya [ungar.] – Libethen [dt.]
L'viv [ukr.] – Lemberg [dt.]

Nitra [slowak.] – Nyitra [ungar.] – Neutra [dt.]

Olomouc [tschech.] – Olmütz [dt.]

Podolínec [slowak.] – Podolin [ungar.] – Pudlein [dt.]
Prešov [slowak.] – Eperjes [ungar.] – Eperies [dt.]

Trnava [slowak.] – Nagyszombat [ungar.] – Tyrnau [dt.]

Uničov [tschech.] – Mährisch Neustadt [dt.]

Wien [dt.]

Zagreb [kroat.] – Agram [dt.]
Žilina [slowak.] – Zsolna [ungar.] – Sillein [dt.]

III. Grundlagen der Bearbeitung der geographischen Namen und benutzte Karten

1. Namenbücher und -verzeichnisse

Duden. Wörterbuch geographischer Namen. Europa (ohne Sowjetunion). Mannheim 1966. (= Duden-Wörterbücher).

Miroslav KROPILÁK (Hrsg.), Vlastivedný slovník obcí na Slovensku [Heimatkundliches Wörterbuch der Gemeinden in der Slowakei]. Bd. I–III. Bratislava 1977, 1978.

Isidor LASSLOB (Bearb.), Deutsche Ortsnamen in der Slowakei. Mit den wichtigsten Gebirgs- und Flußnamen. Stuttgart 1974.

Milan MAJTÁN, Názvy obcí Slovenskej republiky. Vývin v rokoch 1773–1997 [Die Namen der Gemeinden der Slowakischen Republik. Die Entwicklung in den Jahren 1773–1997]. Bratislava 1998.

Marlies SCHULZ (Hrsg.), Sibylle ZIKMUND (Bearb.), Geographische Namen Europas. Polen, Rumänien. (= Arbeitsberichte. Geographisches Institut der Humboldt-Universität zu Berlin. H. 76). Berlin 2003, S. 164–286 (Rumänien).

Marlies SCHULZ (Hrsg.), Sibylle ZIKMUND (Bearb.), Geographische Namen Europas. Slowakei, Tschechien, Ungarn. (= Arbeitsberichte. Geographisches Institut der Humboldt-Universität zu Berlin. H. 77). Berlin 2003, S. 7–88 (Slowakei), S. 154–190 (Ungarn).

2. Karten

Karte, S. 8, „Ausbreitung der deutschen Stadtrechte nach dem Osten“, bearb. von F. DÖRR, in: Harms’ Ostdeutsche Heimat in Karte, Bild und Wort. Bearb. von F[ranz] DÖRR, Ph. GEIGER u. W[illi] KERL. 3.–5. Aufl. München [usw.] [ca. 1960].

Karte, S. 44/45, „Die mittelalterliche deutsche Ostsiedlung“, von W. KUHN, in: Friedrich Wilhelm PUTZGER, Historischer Weltatlas zur allgemeinen und österreichischen Geschichte. Bearb. von Egon LENDL u. Wilhelm WAGNER. Gekürzte Ausg. Wien 1992.

„Karte der Zips. Mit derzeit oder ehemals gebrauchten deutschen Namen“. Bearb. von J. LOISCH. 2. [vielm.] 3. Aufl. Maßstab 1:380.000. Kesmark 1939 [Ausg. 1938]. [1. Aufl. 1931: Auf der Rückseite: Verzeichnis der deutschen, slowakischen und ungarischen Ortsnamen in der Zips].

Karte „Die Verbreitung des deutschen Stadtrechts nach dem Osten“, von E. MARCKS, Beilage in: Magdeburg in der Politik der deutschen Kaiser. Beiträge zur Geopolitik und Geschichte des ostfälischen Raums. Anläßlich der 1000jährigen Wiederkehr der Thronbesteigung Ottos des Großen. Hrsg. von der Stadt Magdeburg. Heidelberg, Berlin 1936.

Karte 1, S. 55, „Deutsche Stadtrechte in der Slowakei“, in: Ilpo Tapani PIIRAINEN, Vereinheitlichungstendenzen im Schriftverkehr des ausgehenden Mittelalters, in: Winfried LENDERS, Hugo MOSER (Hrsg.), Maschinelle Verarbeitung altdeutscher Texte. Berlin 1978, S. 53–57.

Karte 7, S. 152, „Deutsche Stadtrechte in der Slowakei“, in: Ilpo Tapani PIIRAINEN, Deutsche Siedler und deutschsprachige Gesetze in der wirtschaftlichen Entwicklung der Slowakei, in: Gerhard GRIMM, Krista ZACH (Hrsg.), Die Deutschen in Ostmittel- und Südosteuropa. Bd. 2. (= Veröffentlichungen des Südostdeutschen Kulturwerks. Reihe B: Wissenschaftliche Arbeiten. 73). München 1996, S. 133–152.

I. Quellen- und Literaturverzeichnis[1] (*Wieland Carls*)

I. Abkürzungen

ADB – Allgemeine deutsche Biographie. Hrsg. durch d. Histor. Comm. bei d. Königl. Akad. d. Wiss., Bd. 1–56. Leipzig [u. a.] 1875–1912. [Auch als Online-Ressource verfügbar:
http://www.deutsche-biographie.de – Abfragedatum: 16.03.2013].

CDH – György FEJÉR (Hrsg.), Codex diplomaticus Hungariae ecclesiasticus ac civilis. Buda 1829–1844.

CJH – Corpus Juris Hungarici/Magyar törvénytár. Budapest 1899–1948.

Codex diplomaticus patrius – Imre NAGY, Iván PÁUR, Károly RÁTH, Dezső VÉGHELY, Codex diplomaticus patrius/Hazai okmánytár. Bd. 1–9. Jaurini/Győr 1865–1891.

DRMH I,1 – János BAK, György BÓNIS, James Ross SWEENEY (Hrsg., Übers.), The laws of the medieval kingdom of Hungary (Paralleltitel: Decreta regni mediævalis Hungariæ). With an essay on previous editions by Andor Csizmadia. Vol. 1: 1000–1301. Bakersfield (Calif.) 1999. (= The laws of East Central Europe; The laws of Hungary. I,1).

DRMH I,4 – Ferenc DÖRY, The laws of the medieval kingdom of Hungary (Paralleltitel: Decreta regni mediævalis Hungariæ). Edited and translated by Péter BANYÓ and Martyn RADY with the assistance of János BAK. With a Glossary and Index for DRMH 1–5 compiled by Zsolt HUNYADI. Vol. 4: 1490–1526. Idyllwild (Calif.) 2012. (= The laws of East Central Europe; The laws of Hungary. I,4).

FRONIUS Eigen-Landrecht – Matthias FRONIUS, Der Sachſſen inn ‖ Siebenbuͤrgen *STATVTA*: Oder eygen ‖ Landtrecht. ‖ Durch Matthiam Fronium ‖ vbersehen/gemehret ‖ vnd ‖ Mit Koͤn: Maieſt: inn Polen/gnad vnd ‖ Priuilegio in Druck gebracht. ‖ Cronstadt in Sie⸗‖benbuergen: George Greus, Mathiae Fronius M. D. LXXXIII. [Einheitssachtitel: Statuta iurium municipalium Saxonum in Transylvania; Der Sachsen in Siebenbürgen Statuta oder Eigenlandrecht]. [Reprogr. in: Das Eigen-Landrecht der Siebenbürger Sachsen. Mit einer Einführung von Adolf LAUFS und Worterläuterungen von Wolfgang BÜHRER. Hrsg. vom Arbeitskreis für Siebenbürgische Landeskunde. Unveränd. Wiedergabe des Erstdr. von 1583. München 1973].

GND – Gemeinsame Normdatei –
http://www.dnb.de/gnd (Abfragedatum: 16.11.2013).

---

[1] Mehrere Titel desselben Autors sind chronologisch aufsteigend sortiert.

HC – Handschriftencensus. Eine Bestandsaufnahme der handschriftlichen Überlieferung deutschsprachiger Texte des Mittelalters – http://www.handschriftencensus.de (Abfragedatum: 16.04.2013).

HRG – Handwörterbuch zur deutschen Rechtsgeschichte. Hrsg. von Adalbert ERLER, Ekkehard KAUFMANN u. Dieter WERKMÜLLER [Bd. 5]. Mitbegründ. von Wolfgang STAMMLER, unter philolog. Mitarb. von Ruth SCHMIDT-WIEGAND, Bd. 1–5. Berlin 1971–1998.

²HRG – Handwörterbuch zur deutschen Rechtsgeschichte. Begründet von Wolfgang STAMMLER, Adalbert ERLER u. Ekkehard KAUFMANN. Hrsg. von Albrecht CORDES, Heiner LÜCK, Dieter WERKMÜLLER und Ruth SCHMIDT-WIEGAND [Bd. 1] als philolog. Beraterin und Christa BERTELSMEIER-KIERST als philolog. Beraterin [ab 9. Lfg., Bd. 2], Bd. 1–. 2., völlig überarb. u. erw. Aufl. Berlin 2008–.

KMTL – Gyula KRISTÓ (Hrsg.), Korai magyar történeti lexikon (9–14. század) [Lexikon zur ungarischen Frühgeschichte (9.–14. Jh.)]. Budapest 1994.

LexMa – Lexikon des Mittelalters. Bd. 1–9. München 1980–1998.

MJL – Dezső MÁRKUS (Red.), Magyar Jogi Lexikon [Ungarisches Juristisches Lexikon], Bd. I–VI. Budapest 1889–1907 [Unveränd. Nachdr. der Ausg. Budapest 1889–1907. Budapest 2006].

NDB – Neue deutsche Biographie. Hrsg. von der Historischen Kommission bei der Bayerischen Akademie der Wissenschaften, Bd. 1: Aachen-Behaim; [bis Bd. 25: Stadion-Tecklenborg (2013)]. Berlin 1953–.
[Auch als Online-Ressource verfügbar:
http://www.deutsche-biographie.de bzw.
http://www.ndb.badw-muenchen.de – Abfragedatum: 06.05.2013].

ÖBL – Österreichisches Biographisches Lexikon. 1815–1950. Hrsg. von der Österreichischen Akademie der Wissenschaften, Bd. 1–13. Wien 1957–2010.
[Auch als Online-Ressource verfügbar:
http://www.biographien.ac.at/oebl – Abfragedatum: 08.05.2013].

Opp. – Ulrich-Dieter OPPITZ, Deutsche Rechtsbücher des Mittelalters, Bd. II: Beschreibung der Handschriften. Köln, Wien 1990.

OSB – Ofner Stadtrechtsbuch – Edition: Karl MOLLAY (Hrsg.), Das Ofner Stadtrecht. Eine deutschsprachige Rechtssammlung des 15. Jahrhunderts aus Ungarn. Budapest 1959. (= Monumenta Historica Budapestinensia. 1).

PIIRAINEN Nachträge – Ilpo Tapani PIIRAINEN, Nachträge zum Zipser Recht. Die Handschrift[en] 14 und 15 der Zipser Willkür. Levoča/Leutschau 2001.

PIIRAINEN/PAPSONOVA Zips – Ilpo Tapani PIIRAINEN, Mária PAPSONOVÁ, Das Recht der Spiš/Zips. Texte und Untersuchungen zum Frühneuhochdeutschen in der Slowakei, Bd. 1 u. 2. Oulu 1992. (= Universität Oulu. Veröffentlichungen des Germanistischen Instituts. 8).

PRB – Pressburger Rechtsbuch – Edition: János KIRÁLY, Pozsony város joga a középkorban [Das Recht der Stadt Pressburg im Mittelalter]. Budapest 1894, S. 369–419.

SRB – Schemnitzer Stadt- und Bergrecht – Edition: Ilpo Tapani PIIRAINEN, Das Stadt- und Bergrecht von Banská Štiavnica/Schemnitz. Untersuchungen zum Frühneuhochdeutschen in der Slowakei. Oulu 1986. (= Universität Oulu. Veröffentlichungen des Germanistischen Instituts. 6).

Verfasserlexikon – Die deutsche Literatur des Mittelalters. Verfasserlexikon. Begr. v. Wolfgang STAMMLER, fortgef. v. Karl LANGOSCH. Hrsg. v. Burghart WACHINGER, Gundolf KEIL, Kurt RUH, Werner SCHRÖDER, Franz J. WORSTBROCK. Red. Christine STÖLLINGER-LÖSER, Bd. 1–14. 2., völlig neu bearb. Aufl. Berlin, New York 1978–2008.

ZRG – Zeitschrift für Rechtsgeschichte, Bd. 1–13. Weimar 1861–1878.

ZRG GA – Zeitschrift der Savigny-Stiftung für Rechtsgeschichte. Germanistische Abteilung.

ZRG KA – Zeitschrift der Savigny-Stiftung für Rechtsgeschichte. Kanonistische Abteilung.

II. Quellen und Literatur

Gabriel ADRIÁNYI, Die Geschichte der katholischen Kirche in Ungarn. Köln [u. a.] 2004. (= Bonner Beiträge zur Kirchengeschichte. 26).

Allgemeine deutsche Biographie. Hrsg. durch d. Histor. Comm. bei d. Königl. Akad. d. Wiss. Bd. 1–56. Leipzig [u. a.] 1875–1912. [Auch als Online-Ressource verfügbar:
http://www.deutsche-biographie.de – Abfragedatum: 16.03.2013].

Tibor ALMÁSI, Tünde WEHLI, Selmecbánya [Schemnitz], in: KMTL. Budapest 1994, S. 598.

[ANONYM] X, Die Ausgabe des Codex Altemberger, in: Korrespondenzblatt des Vereins für siebenbürgische Landeskunde 8 (1885), S. 49–63 [Wiederabdruck in: Gustav LINDNER (HRSG.), Der Schwabenspiegel bei den Siebenbürger Sachsen. Ed. altera, cur. Karl August ECKHARDT. Neudr. d. Ausg. Klausenburg 1885. Aalen 1973, S. 387–401].

Jakob AYRER, Historischer Processus Iuris. In welchem sich Lucifer uber Jesum, darumb daß er ihm die Hellen zerstöhrt, eingenommen, die Gefangene darauß erlöst [...] auff das aller hefftigest beklaget Darinnen ein gantzer Ordentlicher Proceß, von anfang der Citation, biß auff das Endurtheil inclusive, in erster und anderer Instantz, darzu die Form, wie in Compromissen gehandelt wird, einverleibt. [...] Den Gerichtsschreibern, Procuratorn, Notarien [...] uberauß nützlich [...]. Franckfort am Mayn: Melchior Hartman [Drucker], Nicolaus Bassaeus [Verleger] 1600. [VD16: A 4524 – Erstausg. 1597/98].

Adolf BACHMANN, „Wenzel I., König von Böhmen", in: ADB, Bd. 42. Leipzig 1897, S. 749–753.

Michal BADA, A zsolnai városkönyv. Forrás a késő középkori és kora újkori város mindennapi életének kutatásához [Das Silleiner Stadtbuch. Eine Quelle zur Erforschung des städtischen Alltagslebens während des Mittelalters und der Frühen Neuzeit], in: Enikő CSUKOVITS, Tünde LENGYEL (Hrsg.), Bártfától Pozsonyig. Városok a 13–17. században. (= Társadalom- és művelődéstörténeti tanulmányok. 35). Budapest 2005, S. 187–197.

Karl Siegfried BADER, Gerhard DILCHER, Deutsche Rechtsgeschichte. Land und Stadt – Bürger und Bauer im Alten Europa. Berlin [usw.] 1999. (= Enzyklopädie der Rechts- und Staatswissenschaft. Abt. Rechtswissenschaft).

János BAK, Königtum und Stände in Ungarn im 14.–16. Jahrhundert. Wiesbaden 1973. (= Quellen und Studien zur Geschichte des östlichen Europa. 6).

János M. BAK, Ofen, Stadtrecht, in: LexMa, Bd. 6. München 1993, Sp. 1366.

János M. BAK, Tripartitum opus, in: LexMa, Bd. 8. München 1997, Sp. 1015 f.

János BAK, Werbőczy (Verbőczy), István, in: LexMa, Bd. 8. München 1997, Sp. 2194 f.

János BAK, György BÓNIS, James Ross SWEENEY (Hrsg., Übers.), The laws of the medieval kingdom of Hungary (Paralleltitel: Decreta regni mediævalis Hungariæ). With an essay on previous editions by Andor CSIZMADIA. Vol. 1: 1000–1301. Bakersfield (Calif.) 1999. (= The laws of East Central Europe; The laws of Hungary. I,1).

Elemér BALOGH, Az Aranybulla helye a magyar alkotmánytörténetben [Die Stellung der Goldenen Bulle in der ungarischen Verfassungsgeschichte], in: Lajos BESENYEI, Géza ÉRSZEGI, Maurizio PEDRAZZA GORLERO (Hrsg.), De Bulla Aurea Andreae II Regis Hungariae MCCXXII. Verona 1999, S. 61–77.

[Kálmán] BENDA, „Kovachich, Márton György", in: ÖBL, Bd. 4. Wien 1969, S. 167.

Árpád BERTA, Mária HOMOKI NAGY, Ein ungarischer rechtshistorischer Terminus türkischen Ursprungs: *barom* ‚Vieh, Rind; Vermögen', in: Studia Etymologica Cracoviensia 9 (2004), S. 9–27.

Johann Friedrich BEHREND (Hrsg.), Die Magdeburger Fragen. Berlin 1865.

Nóra BEREND, Immigrants and locals in medieval Hungary: 11th–13th centuries, in: Klaus HERBERS, Nikolas JASPERT (Hrsg.), Grenzräume und Grenzüberschreitungen. Der Osten und der Westen des mittelalterlichen Lateineuropa. (= Europa im Mittelalter. 7). Berlin 2007, S. 205–217.

Nóra BEREND, A kereszténység kapujában. Zsidók, muszlimok és „pogányok" a középkori Magyar Királyságban. 1000 k–1300 k [Am Tor zum Christentum: Juden, Muslime und „Heiden" im mittelalterlichen ungarischen Königreich. 1000–1300]. Máriabesnyő 2012. [Originaltitel: At the Gate of Christendom. Jews, Muslims, and „Pagans" in Medieval Hungary, c. 1000–c. 1300. Cambridge 2001.]

Lajos BESENYEI, Géza ÉRSZEGI, Maurizio PEDRAZZA GORLERO (Hrsg.), De Bulla Aurea Andreae II Regis Hungariae MCCXXII, Verona 1999.

Inge BILY, Wieland CARLS, Katalin GÖNCZI, Sächsisch-magdeburgisches Recht in Polen. Untersuchungen zur Geschichte des Rechts und seiner Sprache. Berlin, Boston 2011. (= Ivs saxonico-maidebvrgense in oriente. 2).

Sigmund von BIRKEN, Der || Donau-Strand || mit || Allen ſeinen Ein⸗ und zuflůſſen /|| angelegenen Kőnigreichen /Provinzen /|| Herrſchaften und Stådten /auch derer⸗||ſelben Alten und neuen Nahmen /vom || Urſprunge bis zum Ausfluſſe: || in || Dreyfacher LandMappe || vorgeſtellet ||. auch ſamt kurtzer Verfaſſung || einer Hungar- u. Türkiſchen Chronik || und || Heutigen Türken-Kriegs, ||. beschrieben || durch Sigmund von Birken C. Com. Pal. || Nebenſt XXXIII. Figuren der vornehmſten || Hungariſchen Städte und Veſtungen || in Kupfer hervorgegeben || von || Jacob Sandrart /Kupferſtecher || und Kunſthåndler in Nůrnberg. Nürnberg: Sandrart 1664.

Annamária BIRÓ, Schlözer und Ungarn, in: Heinz DUCHHARDT, Martin ESPENHORST (Hrsg.), August Ludwig (von) Schlözer in Europa. (= Veröffentlichungen des Instituts für Europäische Geschichte Mainz. Beihefte. Abteilung für Universalgeschichte. 86). Göttingen 2012, S. 69–84.

Peter BLAHO, Das Fortleben des Römischen Rechts in der Slowakei, in: Zeitschrift für Ostmitteleuropa-Forschung 58,3 (2009), S. 329–343.

Karlheinz BLASCHKE, Bergstadt, in: LexMa, Bd. 1. München 1980, Sp. 1959 f.

Karlheinz BLASCHKE, Freiberg, in: LexMa, Bd. 4. München 1989, Sp. 887 f.

László BLAZOVICH, József SCHMIDT (Hrsg., Übers.), Buda város jogkönyve [Das Rechtsbuch der Stadt Ofen], Bd. I u. II. Szeged 2001. (= Szegedi Középkortörténeti Könyvtár. 17).

László BLAZOVICH, Városok az Alföldön a 14–16. században [Städte in der Tiefebene vom 14. bis zum 16. Jahrhundert]. Szeged 2002. (= Dél-Alföldi évszázadok. 17).

László BLAZOVICH, A Szász tükör és a Szepesség joga [Der Sachsenspiegel und das Recht der Zips], in: EIKE VON REPGOW, A Szász tükör [Der Sachsenspiegel]. Közreadja: BLAZOVICH László, SCHMIDT József. (= A Pólay Elemér Alapítvány Könyvtára. 5). Szeged 2005, S. 43–90.

László BLAZOVICH, A Szepesség joga és a Szász tükör [Das Recht der Zips und der Sachsenspiegel], in: Enikő CSUKOVITS, Tünde LENGYEL (Hrsg.), Bártfától Pozsonyig. Városok a 13–17. században. (= Társadalom- és művelődéstörténeti tanulmányok. 35). Budapest 2005, S. 159–186.

László BLAZOVICH, Das Ofner Stadtrecht und die Rechtsbücher von Ungarn, in: EIKE von Repgow, A Szász tükör [Sachsenspiegel ⟨ungar.⟩]. Közreadja: BLAZOVICH László, SCHMIDT József. (= A Pólay Elemér Alapítvány Könyvtára. 5). Szeged 2005, S. 91–101.

László BLAZOVICH, Der Sachsenspiegel und das Recht der Zips, in: Ernst EICHLER, Heiner LÜCK (Hrsg.), Rechts- und Sprachtransfer in Mittel- und Osteuropa. Sachsenspiegel und Magdeburger Recht. Internationale und interdisziplinäre Konferenz in Leipzig vom 31. Oktober bis 2. November 2003. (= Ivs saxonico-maidebvrgense in oriente. 1). Berlin 2008, S. 29–36.

László BLAZOVICH, Die Wirkung des Schwabenspiegels in Ungarn, in: Acta Juridica et Politica 71, Fasc. 17.3 (2008), S. 531–543 [Neudr. in: László BLAZOVICH, József SCHMIDT (Hrsg.), A Sváb tükör [Schwabenspiegel ⟨ungar.⟩]. (= A Pólay Elemér Alapítvány Könyvtára. 35). Szeged 2011, S. 111–120].

László BLAZOVICH, József SCHMIDT (Hrsg.), A Sváb tükör [Schwabenspiegel ⟨ungar.⟩]. Szeged 2011. (= A Pólay Elemér Alapítvány Könyvtára. 35).

László BLAZOVICH, Die Wirkung des Sachsenspiegels und der deutschen Rechtsbücher in Ungarn, in: DERS., József SCHMIDT (Hrsg.), A Sváb tükör [Schwabenspiegel ⟨ungar.⟩]. (= A Pólay Elemér Alapítvány Könyvtára. 35). Szeged 2011, S. 127–132.

László BLAZOVICH, Die Wirkung des Schwabenspiegels in Ungarn, in: DERS., József SCHMIDT (Hrsg.), A Sváb tükör [Schwabenspiegel ⟨ungar.⟩]. (= A Pólay Elemér Alapítvány Könyvtára. 35). Szeged 2011, S. 111–120 [Neudr. des Beitrags aus: Acta Juridica et Politica 71, Fasc. 17.3 (2008), S. 531–543].

László BLAZOVICH, A Szász tükör és a német jogkönyvek hatása Magyarországon [Der Einfluss des Sachsenspiegels und der deutschen Rechtsbücher in Ungarn], in: Jogtörténeti Szemle [13],2 (2011), S. 18–22.

Thomas von BOGYAY, Erik Fügedi (22. September 1916–18. Juni 1992), in: Ungarn-Jahrbuch 20 (1992), S. 296–298.

Thomas BOMELIUS, Statuta jurium municipalium civitatis Cibinien reliquarumque civitatum et universorum Saxonum Transsilvanien, collecta per Thomam Bomelium 1563 zugleich Statuta oder Satzung gemeiner stadrechten der Hermenstadt und ander stedte, Und aller Deutscher in Sybenburgen, durch Thomam Bomelium zusamen bracht. Im Jar. 1560 [Manuscript] (Budapest, Országos Széchényi Könyvtár, Handschriftensammlung, Fol. Lat. 1789. Siehe: http://www.arcanum.hu/oszk/lpext.dll/kezirattar/catlat/1/1499 [dort statt 1563 die Jahresangabe 1653] – Abfragedatum: 10.05.2013).

György BÓNIS, King Matthias the Legislator, in: The Hungarian Quarterly 6 (1941), S. 699–710.

György BÓNIS, Hűbériség és rendiség a középkori magyar jogban [Lehnswesen und Ständetum im ungarischen Recht des Mittelalters]. Kolozsvár 1947 [Neudr.: György BÓNIS, Hűbériség és rendiség a középkori magyar jogban. Sajtó alá rendezte és az utószót írta BALOGH Elemér. Budapest 2003. (= Millenniumi magyar történelem. Historikusok)].

György BÓNIS, Buda és Pest bírósági gyakorlata a török kiűzése után [Die Gerichtspraxis von Buda und Pest nach der Vertreibung der Türken]. 1686–1708. Budapest 1962. (= Budapest várostörténeti monográfiái. 23).

György BÓNIS, Die Entwicklung der geistlichen Gerichtsbarkeit in Ungarn vor 1526, in: ZRG KA 49 (1963), S. 174–235.

György BÓNIS, Einflüsse des römischen Rechts in Ungarn. Mediolani 1964. [Auch als: Ius Romanum medii aevi 5,10 (1964), S. 1–113].

György BÓNIS, Középkori jogunk elemei: római jog, kánonjog, szokásjog [Elemente unseres mittelalterlichen Rechts: römisches Recht, kanonisches Recht, Gewohnheitsrecht]. Budapest 1972.

György BÓNIS, A Hármaskönyv [Das Tripartitum], in: István WERBŐCZY, Tripartitum. A dicsőséges Magyar Királyság szokásjogának hármaskönyve. Latin-magyar kétnyelvű kiadás. (= Tudománytár). Budapest 1990, S. VII–XIII.

Elemér BORECZKY, A királyi tárnokmester hivatala 1405-ig [Das Amt des königlichen Tarnakmeisters bis 1405]. Budapest 1904.

Ödön BOTH, Wissenschaftliche Forschungsrichtungen auf dem Gebiete der ungarischen Rechtsgeschichte seit 1945, in: Acta juridica et politica 17 (1970), S. 187–218.

Berthold BRETHOLZ, „Tomaschek Edler von Stadowa, Johann Adolf", in: ADB, Bd. 54. Leipzig 1908, S. 705 f.

Győző BRUCKNER, A Szepesség népe. Néprajzi és művelődéstörténelmi tanulmány [Das Volk der Zips. Eine ethnologische und kulturgeschichtliche Studie]. Budapest 1922.

Győző BRUCKNER, A magyar jogtörténetírás folklore-isztikus hiányai [Die folkloristischen Mängel der ungarischen Rechtsgeschichtsschreibung]. Miskolc 1926. (= Magyar Jogászélet Könyvtára. 13).

Győző BRUCKNER, Az ősmagyar jogélet [Das urungarische Rechtsleben]. Miskolc 1933. (= Miskolci Jogászélet Könyvtára. 100).

Győző BRUCKNER, A középkori partikuláris jogfejlődés és a selmeci városi és bányajog [Die partikulare Rechtsentwicklung im Mittelalter und das Schemnitzer Stadt- und Bergrecht]. Miskolc 1935. (= Miskolci Jogászélet Könyvtára. N. S. 8).

Enno BÜNZ (Hrsg.), Ostsiedlung und Landesausbau in Sachsen. Die Kührener Urkunde von 1154 und ihr historisches Umfeld. Leipzig 2008. (= Schriften zur sächsischen Geschichte und Volkskunde. 23).

Enno BÜNZ, Die Rolle der Niederländer in der Ostsiedlung, in: DERS. (Hrsg.), Ostsiedlung und Landesausbau in Sachsen. Die Kührener Urkunde von 1154 und ihr historisches Umfeld. (= Schriften zur sächsischen Geschichte und Volkskunde. 23). Leipzig 2008, S. 95–142.

Ion BULEI, Kurze Geschichte Rumäniens, Bukarest 1998.

Iulia CAPROŞ, Students from Košice at foreign universities before and during the Reformation period in the town. Budapest 2010 [Univ. Diss. Central European University Budapest]. [Auch als Online-Ressource verfügbar: http://goya.ceu.hu/record=b1142737 – Abfragedatum: 14.05.2013].

Wieland CARLS, Das sächsisch-magdeburgische Recht – Sprach- und Rechtstransfer in Mittel- und Osteuropa, in: Elemér BALOGH, Andrea HEGEDŰS, Péter MEZEI, Zsolt SZOMORA, Julianna Sára TRASER (Hrsg.), Legal Transitions. Development of Law in Formerly Socialist States and the Challenges of the European Union/Rechtsentwicklung in den ehemaligen sozialistischen Staaten und die Herausforderung der Europäischen Union. (= A Pólay Elemér Alapítvány Könyvtára. 17). Szeged 2007, S. 259–267.

Wieland CARLS, Abecedarien, in: ²HRG, Bd. 1. Berlin 2008. Sp. 6–8.

Benedict CARPZOV, Iurisprudentia Forensis Romano-Saxonica. [...] Francofurti ad Moenum (& Lipsiæ): Schleich 1638.

Ivan CHALUPECKÝ, Die Ansiedlung der Sachsen in der Zips auf der Grundlage der Quellenüberlieferung, in: Karpaten Jahrbuch 61 (2010 [2009]), S. 59–66.

Ivan CHALUPECKÝ, Stadtrechte im Gebiet der heutigen Slowakei, in: Karpaten Jahrbuch 63 (2012 [2011]), S. 43–56.

Viliam ČIČAJ, Katalin KEVEHÁZI, István MONOK, Noémi VISKOLCZ (Hrsg.), A bányavárosok olvasmányai. Besztercebánya, Körmöcbánya, Selmecbánya [Lesestoffe in den Bergstädten. Neusohl, Kremnitz und Schemnitz] (1533–1750). Budapest, Szeged 2003. (= Adattár XVI–XVIII. századi szellemi mozgalmaink történetéhez. 13/3).

Peter CHLUMECKY (Hrsg.), Die Regesten der Archive im Markgrafthume Mähren, und Anton Boczck's Berichte über die Forschungen in diesem Lande. Bd. 1,1: Die Regesten oder die chronologischen Verzeichnisse der Urkunden in den Archiven zu Iglau, Trebitsch, Triesch, Gross-Bitesch, Gross-Meseritsch und Pirnitz, sammt den noch ungedruckten Briefen Kaiser Ferdinands des Zweiten, Albrechts v. Waldenstein und Romboalds Grafen Collalto. Brünn 1856.

Corpus Juris Hungarici/Magyar törvénytár. Budapest 1899–1948.

Andor CSIZMADIA, Die Universität Pécs im Mittelalter (1367–). Budapest 1965. [Auch als: Studia iuridica auctoritate Universitatis Pécs publicata 41 (1965)].

Andor CSIZMADIA, Kálmán KOVÁCS, László ASZTALOS, Magyar állam- és jogtörténet [Ungarische Staats- und Rechtsgeschichte]. Budapest 1972.

Andor CSIZMADIA, A magyar közigazgatás fejlődése a XVIII. századtól a tanácsrendszer létrejöttéig [Die Entwicklung der ungarischen Verwaltung vom 18. Jahrhundert bis zur Entstehung des Rätesystems]. Budapest 1976.

Andor CSIZMADIA, Kálmán KOVÁCS, László ASZTALOS, Magyar állam- és jogtörténet [Ungarische Staats- und Rechtsgeschichte]. 15. Aufl. überarb. von Pál HORVÁTH und István STIPTA. Budapest 2010.

Enikő CSUKOVITS, Bűn és büntetés a középkori városi gyakorlatban. A selmecbányai 14–15. századi városkönyv bűnesetei [Verbrechen und Strafe in der mittelalterlichen städtischen Praxis. Die Straftaten gemäß dem Schemnitzer Stadtbuch vom 14.–15. Jahrhundert], in: DERS., Tünde LENGYEL (Hrsg.), Bártfától Pozsonyig. Városok a 13–17. században. (= Társadalom- és művelődéstörténeti tanulmányok. 35). Budapest 2005, S. 199–222.

Ernő DEÁK, Das Städtewesen der Länder der ungarischen Krone (1780–1918). T. 1: Allgemeine Bestimmung der Städte und der städtischen Siedlungen. Wien 1979. (= Veröffentlichungen der Kommission für Wirtschafts-, Sozial- und Stadtgeschichte/Österreichische Akademie der Wissenschaften. 3).

Alajos DEGRÉ, Székesfehérvár városi joga a középkorban [Das Stadtrecht von Stuhlweißenburg im Mittelalter], in: DERS., Válogatott jogtörténeti tanulmányok. A jegyzeteket és az utószót írta MEZEY Barna. (= Millenniumi Magyar Történelem. Historikusok). Budapest 2004, S. 252–260 [Erstdr. in: Alán KRALOVÁNSZKY (Hrsg.), Székesfehérvár évszázadai, Teil 2: Középkor. Székesfehérvár 1972, S. 143–150.

Kálmán DEMKÓ, A felső-magyarországi városok életéről a XV–XVII. században [Aus dem Leben der oberungarischen Städte im 15.–17. Jahrhundert]. Budapest 1890.

Kálmán DEMKÓ, A szepesi jog ‚(Zipser Willkühr)‘. Keletkezése viszonya országos jogunkhoz és a németországi anyajogokhoz [Das Zipser Recht ‚(Zipser Willkür)‘. Seine Entstehung und sein Verhältnis zu den deutschen Mutterrechten]. Budapest 1891. (= Értekezések a történeti tudományok köréből. 15,3).

Kálmán DEMKÓ, Lőcse története. Jog-, mű- és művelődéstörténeti rész [Geschichte von Leutschau. Rechts-, kunst- und kulturhistorischer Teil]. Lőcse 1897. (= A „Szepesmegyei Történelmi Társulat“ millenniumi kiadványai. 5).

Júlia DERZSI, Schuld und Sühne. Zur Strafgerichtsbarkeit in den siebenbürgischen Städten des 16. Jahrhunderts, in: Berichte und Forschungen. Jahrbuch des Bundesinstituts für Kultur und Geschichte der Deutschen im Östlichen Europa 16 (2008), S. 232–238.

Die deutsche Literatur des Mittelalters. Verfasserlexikon. Begr. v. Wolfgang STAMMLER, fortgef. v. Karl LANGOSCH. Hrsg. v. Burghart WACHINGER, Gundolf KEIL, Kurt RUH, Werner SCHRÖDER, Franz J. WORSTBROCK. Red. Christine STÖLLINGER-LÖSER, Bd. 1–14. 2., völlig neu bearb. Aufl. Berlin, New York 1978–2008.

Die deutsche Ostsiedlung ⟨Teil 2⟩. Konstanzer Arbeitskreis für mittelalterliche Geschichte. Konstanz 1972. [Nebentitel: Protokoll über die Arbeitstagung. Konstanzer Arbeitskreis für mittelalterliche Geschichte 169 (1972)].

Eva-Marie DISTLER, Städtebünde im deutschen Spätmittelalter. Eine rechtshistorische Untersuchung zu Begriff, Verfassung und Funktion. Frankfurt a.M. 2006. (= Studien zur europäischen Rechtsgeschichte. 207).

Zdenek R. DITTRICH, Die sozialen und rechtlichen Grundlagen der deutschen Ostkolonisation, in: Gerd KLEINHEYER, Bernhard STASIEWSKI (Hrsg.), Rechts-

und Sozialstrukturen im europäischen Osten. (= Studien zum Deutschtum im Osten. H. 11). Köln, Wien 1975, S. 1–14.

F[ranz] DÖRR (Bearb.), „Ausbreitung der deutschen Stadtrechte nach dem Osten“ (Karte), in: Harms’ Ostdeutsche Heimat in Karte, Bild und Wort. Bearb. von F[ranz] DÖRR, Ph. GEIGER u. W[illi] KERL. 3.–5. Aufl. München [usw.] [ca. 1960], S. 8.

Ferenc DÖRY, The laws of the medieval kingdom of Hungary (Paralleltitel: Decreta regni mediævalis Hungariæ). Edited and translated by Péter BANYÓ and Martyn RADY with the assistance of János BAK. With a Glossary and Index for DRMH 1–5 compiled by Zsolt HUNYADI. Vol. 4: 1490–1526. Idyllwild (Calif.) 2012. (= The laws of East Central Europe; The laws of Hungary. I,4).

László DOMONKOS, The Founding (1395) and Refounding (1410) of the University of Óbuda, in: László SZÖGI, Júlia VARGA (Hrsg.), Universitatis Budensis 1395–1995. International Conference for the History of Universities on the Occasion of the 600th Anniversary of the Foundation of the University of Buda. Budapest 1997, S. 19–34.

Elek DÓSA, Erdélyhoni jogtudomány [Siebenbürgische Rechtskunde], Bd. 1–3. Kolozsvár 1861.

István DRASKÓCZY, Das ungarländische Deutschtum im 15. Jahrhundert und am Anfang des 16. Jahrhunderts, in: Georg BRUNNER (Hrsg.), Die Deutschen in Ungarn. (= Südosteuropa-Studien. 45). München 1989, S. 9–27.
[Auch als Online-Ressource verfügbar:
http://repository.kubon-sagner.de/vosoa/?record=9845e –
Abfragedatum: 17.07.2013].

Duden. Wörterbuch geographischer Namen. Europa (ohne Sowjetunion). Mannheim 1966. (= Duden-Wörterbücher).

Norbert DUKA ZÓLYOMI, „Michnay, Andreas Daniel von“, in: ÖBL, Bd. 6. Wien 1975, S. 265.

Stephan DUSIL, Die Soester Stadtrechtsfamilie. Mittelalterliche Quellen und neuzeitliche Historiographie. Köln [usw.] 2007. (= Forschungen zur deutschen Rechtsgeschichte. 24).

Thomas DUVE, Ohne Grenzen, in: Frankfurter Allgemeine Zeitung vom 23.02. 2012, Nr. 46, S. 8. [Auch als Online-Ressource verfügbar:
http://www.faz.net/aktuell/politik/staat-und-recht/gastbeitrag-ohne-grenzen-11658692.html – Abfragedatum: 03.01.2013].

Friedrich EBEL (Hrsg.), Magdeburger Recht. Bd. II: Die Rechtsmitteilungen und Rechtssprüche für Breslau. Teil 1: Die Quellen von 1261 bis 1452, Teil 2: Die Quellen von 1453 bis zum Ende des 16. Jahrhunderts. Köln, Wien 1989 u. 1995. (= Mitteldeutsche Forschungen. 89/II,1 u. 2).

Friedrich EBEL, Schultheiß, in: LexMa, Bd. 7. München 1995. Sp. 1591 f.

Ferenc ECKHART, Magyar alkotmány- és jogtörténet [Ungarische Verfassungs- und Rechtsgeschichte]. Budapest 1946.

Ernst EICHLER, Heiner LÜCK (Hrsg.), Rechts- und Sprachtransfer in Mittel- und Osteuropa. Sachsenspiegel und Magdeburger Recht. Internationale und interdisziplinäre Konferenz in Leipzig vom 31. Oktober bis 2. November 2003. Red. Wieland CARLS. Berlin 2008. (= Ivs Saxonico-maidebvrgense in oriente. 1).

EIKE von Repgow, A Szász tükör [Sachsenspiegel ⟨ungar.⟩]. Közreadja: BLAZOVICH László, SCHMIDT József. Szeged 2005. (= A Pólay Elemér Alapítvány Könyvtára. 5).

Nadja EL BEHEIRI, Der Einfluß des Sachsenspiegels auf die Entwicklung des ungarischen Rechts im Mittelalter, in: Adrian SCHMIDT-RECLA, Eva SCHUMANN, Frank THEISEN (Hrsg.), Sachsen im Spiegel des Rechts. Ius commune propriumque. Köln [usw.] 2001, S. 79–93.

Christian d'ELVERT, Zur Cultur-Geschichte Mährens und Oest.-Schlesiens, 1. T. Brünn 1866. [Auch als: Schriften der historisch-statistischen Sektion der k. k. mähr.-schles. Gesellschaft zur Beförderung des Ackerbaus, der Natur- und Landeskunde 15 (1866)].

Gerhard EIS, Rainer RUDOLF, Altdeutsches Schrifttum im Nordkarpatenraum. München 1960. (= Veröffentlichungen des Südostdeutschen Kulturwerks. Reihe B: Wissenschaftliche Arbeiten. 12).

Leopold von ELTESTER, „Göbler, Justin", in: ADB, Bd. 9. Leipzig 1879, S. 301.

József EÖTVÖS, Magyarország 1514-ben [Ungarn im Jahre 1514]. Pest 1847. [Auch als Online-Resource verfügbar: http://hdl.handle.net/2027/hvd.hwahmp – Abfragedatum: 29.08.2013].

Péter ERDŐ, Kirchenrecht im mittelalterlichen Ungarn. Gesammelte Studien. Berlin 2005. (= Aus Religion und Recht. 3).

Adalbert ERLER, Zycha, Adolf, in: HRG, Bd. 5. Berlin 1998, Sp. 1871 f.

Márta FATA, Ungarn, das Reich der Stephanskrone, im Zeitalter der Reformation und Konfessionalisierung. Multiethnizität, Land und Konfession 1500 bis 1700. Hrsg. von Franz BRENDLE und Anton SCHINDLING. Münster 2000. (= Katholisches Leben und Kirchenreform im Zeitalter der Glaubensspaltung. Vereinsschriften der Gesellschaft zur Herausgabe des Corpus Catholicorum. 60).

György FEJÉR (Hrsg.), Codex diplomaticus Hungariae ecclesiasticus ac civilis. Buda 1829–1844. [Digitale CD-ROM-Ausg.: Miklós SÖLCH (Hrsg.), Codex diplomaticus Hungariae. Budapest 2004].

Ibolya FELHŐ, Buda elsősége a tárnoki városok között [Budas führende Stellung unter den Tavernikalstädten], in: Tanulmányok Budapest Múltjából 19 (1972), S. 153–178. [(= Budapest várostörténeti monográfiái. 28)].

Holger FISCHER, Eine kleine Geschichte Ungarns. Unter Mitarb. von Konrad GÜNDISCH. (= Edition Suhrkamp. 2114). Frankfurt a.M. 1999.

FLEISCHER, „Schlözer, August Ludwig von“, in: NDB, Bd. 23. Berlin 2007, S. 98 f.

Márta FONT, A keresztény nagyhatalmak vonzásában. Közép- és Kelet-Európa a 10–12. században [Im Spannungsfeld der christlichen Großmächte. Mittel- und Osteuropa im 10.–12. Jahrhundert]. Budapest 2005.

Valentin FRANCK VON FRANCKENSTEIN, Kurtz=gefaſter Bericht/|| Von der Einwohner/ſonderlich aber || der Sächſiſchen Nation/in Sieben=||bürgen/Ursprung und etlichen || Gebräuchen/durch die viel= || und wohl=erfahrne Feder/|| Des || Hoch= und wohl= Edel= Ge=||bohrnen/Nahmhafften/Hoch=Wei=||ſen/Hoch= und wohl= Gelährten || Herren VALENTINI || FRANCKENS/|| Von Francken=Stein/|| [...] nach Inhalt der || alten Grund=Schrifften und Original=Pri=||vilegien/in Lateinischer Sprach entworffen; || Damit Er aber iedermänniglich kundt werde/|| auch in das Hoch=Teütsche übersetzt/|| von || Johann Friderici/ [...]. Herrmann=Stadt/[o. Dr.] 1696.

[Valentin FRANCK VON FRANCKENSTEIN] Valentinus Franck, Breviculus || Originum || Nationum, || & præcipuè || Saxonicæ in || Transylvania, || Cum nonnullis aliis Ob-||ſervationibus ad eiusdem Jura || ſpectantibus, è ruderibus Privile-|| giorum & Historicorum || deſumptus. || Ad Exemplar Cibinienſe Tranſylvano-|| rum Anno 1696. impreſſum, nunc || recuſum || [Danzig] Gedani A. 1701.

Matthias FRONIUS, Der Sachſſen inn || Siebenbürgen *STATVTA*: Oder eygen || Landtrecht. || Durch Matthiam Fronium || vbersehen/gemehret || vnd || Mit Kön: Maieſt: inn Polen/gnad vnd || Priuilegio in Druck gebracht. || Cronstadt in Sie=|| benbuergen: George Greus, Mathiae Fronius M. D. LXXXIII. [Einheitssachtitel: Statuta iurium municipalium Saxonum in Transylvania; Der Sachsen in Siebenbürgen Statuta oder Eigenlandrecht]. [Reprogr. in: Das Eigen-Landrecht der Siebenbürger Sachsen. Mit einer Einführung von Adolf LAUFS und Worterläuterungen von Wolfgang BÜHRER. Hrsg. vom Arbeitskreis für Siebenbürgische Landeskunde. Unveränd. Wiedergabe des Erstdr. von 1583. München 1973].

Erik FÜGEDI, Középkori magyar városprivilégiumok [Ungarische Stadtprivilegien im Mittelalter], in: Tanulmányok Budapest Múltjából 14 (1961), S. 17–107. [(= Budapest várostörténeti monográfiái. 22)].

Erik FÜGEDI, Die Entstehung des Städtewesens in Ungarn, in: Alba Regia 10 (1969), S. 101–118.

Erik FÜGEDI, Der Stadtplan von Stuhlweißenburg und die Anfänge des Bürgertums in Ungarn, in: Acta Historica Academiae Scientiarum Hungariae 15 (1969), S. 103–136.

Erik FÜGEDI, Das mittelalterliche Königreich Ungarn als Gastland, in: Walter SCHLESINGER (Hrsg.), Die deutsche Ostsiedlung des Mittelalters als Problem der europäischen Geschichte. Reichenau-Vorträge 1970–1972. (= Vorträge und Forschungen. 18). Sigmaringen 1975, S. 471–507.

Erik FÜGEDI, Buda und Pest, in: LexMa, Bd. 2. München 1983, Sp. 899–902.

Erik FÜGEDI, Die Städte im mittelalterlichen Ungarn. Versuch einer Forschungsbilanz, in: Richard MARSINA (Hrsg.), Städte im Donauraum. Bratislava – Preßburg 1291–1991. Sammelband der Beiträge aus dem Symposion in Smolenice 30.9.–3.10.1991. Bratislava 1993, S. 38–54.

Gyula GÁBOR, Quadripartitum, in: MJL, Bd. 6. Budapest 1907, S. 127. [Unveränd. Nachdr. der Ausg. Budapest 1889–1907. Budapest 2006].

Astrik L. GABRIEL, The mediaeval universities of Pécs and Pozsony. Commemoration of the 500th and 600th anniversary of their foundation. 1367–1467–1967. Frankfurt a. M. 1969.

Alexander GÁL (Hrsg.), Die summa legum brevis levis et utilis des sogenannten Doctor Raymundus von Wiener-Neustadt. (2 T. in 1 Bd.). Weimar 1926.

Sándor GÁRDONYI, Die Kanzleisprache von Schemnitz und Kremnitz im 14./16. Jahrhundert, in: Német filológiai tanulmányok/Arbeiten zur deutschen Philologie 1 (1965), S. 29–78.

Sándor GÁRDONYI, Das Stadtbuch von Schmöllnitz. Beiträge zur Geschichte der deutschen Kanzleisprache in der Slowakei, in: Német filológiai tanulmányok/Arbeiten zur deutschen Philologie 2 (1966), S. 109–138.

Ernst Theodor GAUPP, Das alte Magdeburgische und Hallische Recht. Ein Beitrag zur deutschen Rechtsgeschichte. Neudr. der Ausg. Breslau 1826. Aalen 1966.

András GERGELY, Gábor MÁTHÉ (Hrsg.), The Hungarian State. Thousand years in Europe. Budapest 2000.

Tomasz GIARO, Modernisierung durch Transfer. Schwund osteuropäischer Rechtstraditionen, in: DERS., Modernisierung durch Transfer im 19. und frühen 20. Jahrhundert. (= Rechtskulturen des modernen Osteuropa. 1; Studien zur europäischen Rechtsgeschichte. 205). Frankfurt a. M. 2006, S. 275–344.

Justinus GÖBLER, Institutiones Imperiales latino germanicae. Die vier Bücher Institutionum Keisers Iustiniani, der Jugent im Keiserlichen Rechten zum anfang und underweisung geschriben, mit fleiß verteutscht durch D. Iustinum Goblerum. Beide Texten, Latein und Teutsch, an vilen ortten Corrigirt, zusamen gegeneinander getruckt. Cölln: Gerwinus Calenius 1583.

Hansgerd GÖCKENJAN, Hilfsvölker und Grenzwächter im mittelalterlichen Ungarn. Wiesbaden 1972. (= Quellen und Studien zur Geschichte des östlichen Europa. 5).

Hansgerd GÖCKENJAN, Siebenbürgen, in: LexMa, Bd. 7. München 1995, Sp. 1840–1842.

Carl GÖLLNER, Siebenbürgische Städte im Mittelalter. Bucureşti 1971.

Carl GÖLLNER, „Lindner, Gustav“, in: ÖBL, Bd. 5. Wien 1972, S. 223.

Carl GÖLLNER (Red.), Geschichte der Deutschen auf dem Gebiete Rumäniens. 1. Bd.: 12. Jahrhundert bis 1848. Bukarest 1979.

Ralf Thomas GÖLLNER, Zsolt K. LENGYEL, Joachim von PUTTKAMER, Ungarn, in: Harald ROTH (Hrsg.), Studienhandbuch östliches Europa. Bd. 1: Geschichte Ostmittel- und Südosteuropas. 2., überarb. u. aktual. Aufl. (= UTB für Wissenschaft. 3167). Köln [usw.] 2009, S. 416–434.

Katalin GÖNCZI, Ungarisches Stadtrecht aus europäischer Sicht. Die Stadtrechtsentwicklung im spätmittelalterlichen Ungarn am Beispiel Ofen. Frankfurt a. M. 1997. (= Ius commune. Sonderhefte. 92).

Katalin GÖNCZI, Rechtshistorische Brückenschläge. Zur Geschichte der städtischen Normfixierungen im spätmittelalterlichen Königreich Ungarn und ihrem europäischen Kontext am Beispiel des Schemnitzer Stadtrechts, in: Albrecht CORDES, Joachim RÜCKERT, Reiner SCHULZE (Hrsg.), Stadt, Gemeinde, Genossenschaft. Festschrift für Gerhard Dilcher zum 70. Geburtstag. Berlin 2003, S. 117–127.

Katalin GÖNCZI, Die europäischen Fundamente der ungarischen Rechtskultur. Juristischer Wissenstransfer und nationale Rechtswissenschaft in Ungarn zur Zeit der Aufklärung und im Vormärz. Frankfurt a. M. 2008. (= Studien zur europäischen Rechtsgeschichte. 227; Rechtskulturen des modernen Osteuropa. Traditionen und Transfers. 4).

Gerhard GRIMM, „Kaindl, Raimund Friedrich“, in: NDB, Bd. 11. Berlin 1977, S. 33.

Bartłomiej GROICKI, Artykuły || Prawa Maydebur- || skiego / Ktore zową Speculum || Saxonum. || Z Łáćińskiégo Języká ná Polski || przełożone / y znowu Druko- || wáne [Artikel des Magdeburger Rechts, welche Speculum Saxonum (Sachsenspiegel) genannt werden: Aus dem Lateinischen in das Polnische übertragen und aufs Neue gedruckt]. Roku || 1559. || Cum Gratia et Priuilegio REGIÆ MAIE- || STATIS, cuius exemplum 12 pa- || gina reperies. [Krakau]: [Lazarus Andreae / Lázarz Andrysowic] 1559 [Erstdr. 1558].

Bartłomiej GROICKI, Porządek sądów i spraw miejskich prawa majdeburskiego w Koronie Polskiej [Stadtgerichts- und Prozessordnung des Magdeburger Rechts im Kronland Polen] [1559]. Hrsg. von Karol KORANYI. Warszawa 1953. (= Biblioteka dawnych polskich pisarzy-prawników. T. 1).

Bartłomiej GROICKI, Artykuły prawa majdeburskiego. Postępek sądów około karania na gardle. Ustawa płacej u sądów. [Artikel des Magdeburger Rechts. Gerichtshandlung und peinliche Halsgerichtsordnung (Halsgerichtsverfahren). Gesetz über die Entlohnung bei Gericht] [1588]. Hrsg. von Karol KORANYI. Warszawa 1954. (= Biblioteka dawnych polskich pisarzy-prawników. T. 2).

Josef GRUNZEL, Über die deutschen Stadtrechte Böhmens und Mährens, in: Mittheilungen des Vereines für Geschichte der Deutschen in Böhmen 30 (1892), S. 128–154, 31 (1893), S. 263–280, 32 (1894), S. 348–357.

Gustav GÜNDISCH, Der Hermannstädter Bürgermeister Thomas Altemberger († 1491). Leben und Werk, in: DERS. (Hrsg.), Aus Geschichte und Kultur der Siebenbürger Sachsen. Ausgewählte Aufsätze und Berichte. (= Schriften zur Landeskunde Siebenbürgens. 14). Köln, Wien 1987, S. 128–146.

Gustav GÜNDISCH, Peter Haller. Bürgermeister von Hermannstadt und Sachsengraf (1500–1569), in: Südostdeutsches Archiv 32/33 (1989/1990), S. 5–89.

Konrad G. GÜNDISCH, Das Patriziat Siebenbürgischer Städte im Mittelalter. Köln [usw.] 1993. (= Studia Transylvanica. Ergänzungsbände des Siebenbürgischen Archivs. 18).

Konrad G. GÜNDISCH, Ungarn im Mittelalter (896–1526), in: Holger FISCHER, Eine kleine Geschichte Ungarns. Unter Mitarb. von Konrad GÜNDISCH. (= Edition Suhrkamp. 2114). Frankfurt a. M. 1999, S. 20–51.

Konrad GÜNDISCH, Siebenbürgen und die Siebenbürger Sachsen. Unter Mitarb. von Mathias BEER. Mit 92 Abb. u. Karten. 2. Aufl. München 2005. (= Vertreibungsgebiete und vertriebene Deutsche. 8).

Konrad GÜNDISCH, Deutsche, in: Harald ROTH (Hrsg.), Studienhandbuch östliches Europa. Bd. 1: Geschichte Ostmittel- und Südosteuropas. 2., überarb. u. aktual. Aufl. (= UTB für Wissenschaft. 3167). Köln [usw.] 2009, S. 463–471.

György GYÖRFFY, Schemnitz, in: LexMa, Bd. 7. München 1995, Sp. 1449.

György GYÖRFFY, István király és műve [König Stephan und sein Werk]. 3., erw. und verb. Aufl. Budapest 2000.

Jörg HACKMANN, Christian LÜBKE, Die mittelalterliche Ostsiedlung in der deutschen Geschichtswissenschaft, in: Jan M. PISKORSKI (Hrsg.), Historiographical Approaches to Medieval Colonisation of East Central Europe. (= East European Monographs. 611). New York 2002, S. 197–218.

Miriam HAHN, Tagungsbericht: Böhmen und das Deutsche Reich. Ideen- und Kulturtransfer im Vergleich (13.–16. Jahrhundert). (Tagung in München vom 10.09.2007–12.09.2007), in: H-Soz-u-Kult, 04.11.2007, http://hsozkult.geschichte.hu-berlin.de/tagungsberichte/id=1762 (Abfragedatum: 17.11.2013).

Egon HAJEK, „Franck von Franckenstein, Valentin“, in: NDB, Bd. 5. Berlin 1961, S. 321 f.

Ondrej R. HALAGA, Pentapolis. Ostslowakische Städtegemeinschaft und ihre Handwerkerbünde, in: Karel MALÝ (Hrsg.), Městské právo v 16.–18. století v Evropě. Sborník příspěvků z mezinárodní konference uspořádané právnickou fakultou UK ve dnech 25.–27. září 1979 v Praze. Praha 1982, S. 41–52.

Ondrej R. HALAGA, Verbindungen ostslowakischer Städte mit dem europäischen Markt über Polen und die Ostsee und die „Pacta mutua“ Krakau-Kaschau, in: Evamaria ENGEL, Konrad FRITZE, Johannes SCHILDHAUER (Hrsg.), Hansische Stadtgeschichte – Brandenburgische Landesgeschichte. [Eckhard MÜLLER-MERTENS zum 65. Geburtstag]. (= Hansische Studien. 8; Abhandlungen zur Handels- und Sozialgeschichte. 26). Berlin 1989, S. 132–143.

Péter HANÁK (Hrsg.), Die Geschichte Ungarns. Von den Anfängen bis zur Gegenwart. 2. verb. Aufl. Budapest 1991.

Handwörterbuch zur deutschen Rechtsgeschichte. Hrsg. von Adalbert ERLER, Ekkehard KAUFMANN u. Dieter WERKMÜLLER [Bd. 5]. Mitbegründ. von Wolfgang STAMMLER, unter philolog. Mitarb. von Ruth SCHMIDT-WIEGAND, Bd. 1–5. Berlin 1971–1998.

Handwörterbuch zur deutschen Rechtsgeschichte. Begründet von Wolfgang STAMMLER, Adalbert ERLER u. Ekkehard KAUFMANN. Hrsg. von Albrecht CORDES, Heiner LÜCK, Dieter WERKMÜLLER und Ruth SCHMIDT-WIEGAND als philolog. Beraterin [Bd. 1], und Christa BERTELSMEIER-KIERST als philolog. Beraterin [ab 9. Lfg., Bd. 2]. Bd. 1–. 2., völlig überarb. u. erw. Aufl. Berlin 2008–.

Harms' Ostdeutsche Heimat in Karte, Bild und Wort. Bearb. von F[ranz] DÖRR, Ph. GEIGER u. W[illi] KERL. 3.–5. Aufl. München [usw.] [ca. 1960].

Jenő HÁZI, János NÉMETH (Hrsg.), Gerichtsbuch/Bírósági könyv. 1423–1531. Sopron 2005. (= Quellen zur Geschichte der Stadt Ödenburg. Reihe A. 2).

Herbert HELBIG, Lorenz WEINRICH (Hrsg.), Urkunden und erzählende Quellen zur deutschen Ostsiedlung im Mittelalter. Teil 2: Schlesien, Polen, Böhmen-Mähren, Österreich, Ungarn-Siebenbürgen. Darmstadt 1970. (= Ausgewählte Quellen zur deutschen Geschichte des Mittelalters – Freiherr vom Stein-Gedächtnisausgabe. 26b).

Herbert HELBIG, Die ungarische Gesetzgebung des 13. Jahrhunderts und die Deutschen, in: Walter SCHLESINGER (Hrsg.), Die deutsche Ostsiedlung des Mittelalters als Problem der europäischen Geschichte. Reichenau-Vorträge 1970–1972. (= Vorträge und Forschungen. 18). Sigmaringen 1975, S. 509–526.

Charles HIGOUNET, Die deutsche Ostsiedlung im Mittelalter. Aus dem Franz. übers. von Manfred VASOLD. Reg. Gabriele JAROSCHKA und Peter SCHRICKER. Im Text ungek., durchges. Ausg. v. Berlin 1986. München 1990. (= dtv. 4540).

Ivan HLAVAČEK, Kuttenberg, in: LexMa, Bd. 5. München 1991, Sp. 1593 f.

Jörg K. HOENSCH, Die Zipser. Ein Überblick, in: Gerhard GRIMM, Krista ZACH (Hrsg.), Die Deutschen in Ostmittel- und Südosteuropa. Geschichte, Wirtschaft, Recht, Sprache. Bd. 1. (= Veröffentlichungen des Südostdeutschen Kulturwerks. Reihe B: Wissenschaftliche Arbeiten. 53). München 1995, S. 143–157.

Edgar HÖSCH, Karl NEHRING, Holm SUNDHAUSSEN (Hrsg.), Lexikon zur Geschichte Südosteuropas. Red.: Konrad CLEWING. Köln [usw.] 2004. (= UTB. 8270).

Bálint HÓMAN, A magyar városok az Árpádok korában [Die ungarischen Städte in der Arpadenzeit]. (Neudr. d. Ausg. Budapest 1908). Máriabesnyő-Gödöllő 2005. (= Historia incognita. 7).

Mária HOMOKI NAGY, Magánjogi intézmények az Aranybullában [Privatrechtliche Rechtsinstitute in der Goldenen Bulle], in: Lajos BESENYEI, Géza ÉRSZEGI, Maurizio PEDRAZZA GORLERO (Hrsg.), De Bulla Aurea Andreae II Regis Hungariae MCCXXII. Verona 1999, S. 79–87.

Mária HOMOKI-NAGY, Das Allgemeine Bürgerliche Gesetzbuch in der ungarischen Rechtspraxis der Richter, in: Gábor BÉLI, Diana DUCHONOVÁ, Anna FUNDÁRKOVÁ, István KAJTÁR, Zsuzsanna PERES (Hrsg.), Institutions of legal history with special regard to the legal culture and history. Bratislava, Pécs 2011, S. 137–151.

Rezső HONTERT, Adatok Erdély, Lengyelország és a két román vajdaság árucsereforgalmához és gazdaságtörténetéhez a XVI. és XVII. században [Angaben zum Warenverkehr und zur Wirtschaftsgeschichte Siebenbürgens, Polens und der zwei rumänischen Fürstentümer im 16.–17. Jahrhundert]. Gyöngyös 1945.

Johannes HONTERUS, Sententiae ex libris Pandectarum iuris civilis decreptae. Corona 1539.

Johannes HONTERUS, Compendium juris civilis in usum Civitatum ac Sedium Saxonicarum in Transylvania collectum. Corona 1544.

Attila HORVÁTH, A jogtörténetírás és a jogtörténet oktatása [Die Rechtsgeschichtsschreibung und der Unterricht der Rechtsgeschichte], in: Barna MEZEY (Hrsg.), Magyar jogtörténet, 4., überarb. Ausg. Budapest 2007, S. 60–74.

Pál HORVÁTH, A jogtörténet-tudomány a Budapesti Egyetemen 1945 után [Die Rechtsgeschichtswissenschaft an der Budapester Universität nach 1945], in: Jogtörténeti Szemle 1 (1986), S. 66–76.

Ivan HRBEK, Ein arabischer Bericht über Ungarn (Abû Hâmid al-Andalusî al-Garnâtî, 1080–1170), in: Acta Orientalia Academiae Scientiarum Hungariae 5 (1955), S. 205–230.

József INCZE DÁLNOKI, A Statuta vagy Túlajdon honnyi Törvények fóglalatja. 1825 [Manuskript: Cluj-Napoca, Biblioteca Centrală Universitară „Lucian Blaga“, Ms 196].
[Auch als Online-Ressource verfügbar: http://documente.bcucluj.ro/web/bibdigit/patrimoniu/BCUCLUJ_FCS_MS196.pdf – Abfragedatum: 03.06. 2013].

Winfried IRGANG, Landesausbau und Kolonisation. V. Ostmitteleuropa und Ungarn, in: LexMa, Bd. 5. München 1991, Sp. 1649–1653.

Béla IVÁNYI, Az irás és könyvek Eperjesen a XV–XVI. században [Das Schrifttum und die Bücher in Eperies im 15.–16. Jahrhundert]. (Első közlemény – Második közlemény három szövegképpel és egy melléklettel – Harmadik befejező közlemény), in: Magyar könyvszemle (Új folyam) 19,2–4 (1911), S. 132–146, 215–226, 301–318.

Béla IVÁNYI, Debrecen és a budai jog [Debreczin und das Ofner Recht]. Debrecen 1924. (= A debreceni Tisza István Tudományos Társaság 1. osztályának kiadványai. 1,7).

Béla IVÁNYI, Göncz szabadalmas mezőváros története [Die Geschichte des privilegierten Oppidum Göncz]. Karcag 1926. (= A Debreceni Tisza István Tudományos Társaság Honismertető Bizottságának kiadványai. 2,2/3).

Béla IVÁNYI, Eperjes szabad királyi város levéltára (Archivum Liberae Regiaeque Civitatis Eperjes) 1245–1526. [Teil 1]. Szeged 1931. (= Acta litterarum ac scientiarum regiae Universitatis Hungaricae Francisco-Josephinae. Sectio Juridico-politica. 2).

Béla IVÁNYI, Das Deutschtum der Stadt Eperies im Mittelalter, in: Südost-Forschungen 5 (1940), S. 361–402.

Danuta JANICKA, Groicki, Bartolomaeus (um 1534–1605), in: ²HRG, Bd. 2. Berlin 2012, Sp. 561 f.

Günter JEROUSCHEK, Carpzov, Benedikt (1595–1666), in: ²HRG, Bd. 1. Berlin 2008, Sp. 819–821.

Hermenegild JIREČEK (Hrsg.), Codex juris Bohemici, Bd. I: Aetatem Přemyslidarum continens. Prag 1867.

Peter JOHANEK, Magdeburger Fragen, in: Verfasserlexikon, Bd. 5. Berlin [usw.] ²1985, Sp. 1128–1130.

Peter JOHANEK, Ofener Stadtrechtsbuch, in: Verfasserlexikon, Bd. 7. Berlin [usw.], ²1989, Sp. 19–21.

Johann KACHELMANN, Geschichte der ungarischen Bergstädte und ihrer Umgebung. Zweite Vorlesung (bis zum Jahre 1301) gehalten den 3. Sept. 1854 am Gerode bei Schemnitz. Schemnitz 1855.

Raimund Friedrich KAINDL, Studien zur Geschichte des deutschen Rechts in Ungarn und in dessen Nebenländern, in: Archiv für österreichische Geschichte 98 (1908), S. 385–472.

Raimund Friedrich KAINDL, Geschichte der Deutschen in den Karpathenländern. Bd. 1: Geschichte der Deutschen in Galizien bis 1772; Bd. 2: Geschichte der Deutschen in Ungarn und Siebenbürgen bis 1763, in der Walachei und Moldau bis 1774; Bd. 3: Geschichte der Deutschen in Galizien, Ungarn, der Bukowina und Rumänien seit etwa 1770 bis zur Gegenwart. Gotha 1907–1911. (= Allgemeine Staatengeschichte. 3. Abt.: Deutsche Landesgeschichten. Werk 8).

Raimund Friedrich KAINDL, Zur Geschichte des deutschen Rechtes im Osten, in: ZRG GA 40 (1919), S. 275–280.

István KÁLLAY, Über die Möglichkeiten des Erforschens der Fortbestehung, mit besonderer Rücksicht auf das Ofner Rechtsbuch, in: Acta juridica et politica 17 (1970), S. 57–65.

Tünde KATONA, Miklós LATZKOVITS (Hrsg.), Lőcsei stipendiánsok és literátusok. Külföldi tanulmányutak dokumentumai 1550–1699 [Stipendiaten und Literaten aus Leutschau. Dokumente von Studienreisen ins Ausland 1550–1699]. Szeged 1990. (= Fontes rerum scholasticarum. 2,1).

Helmut KEIPERT, August Ludwig Schlözer als Sprachforscher, in: Jahrbuch der Akademie der Wissenschaften zu Göttingen 2009 (2010), S. 282–304.

Ines KESKE, Rezension zu: Michael GEHLER, Silvio VIETTA (Hrsg.), Europa – Europäisierung – Europäistik. Neue wissenschaftliche Ansätze, Methoden und Inhalte. Wien 2010. (= Arbeitskreis Europäische Integration. Veröffentlichungen. 7), in: H-Soz-u-Kult, 28.09.2011, http://hsozkult.geschichte.hu-berlin.de/rezensionen/2011-3-195 (Abfragedatum: 15.11.2013).

János KIRÁLY, Pozsony város joga a középkorban [Das Recht der Stadt Pressburg im Mittelalter]. Budapest 1894.

János KIRÁLY, Magyar alkotmány- és jogtörténet. Különös tekintettel a nyugateurópai jogfejlődésre [Ungarische Verfassungs- und Rechtsgeschichte unter besonderer Berücksichtigung der westeuropäischen Rechtsentwicklung]. Teil 1: Bevezető rész: A nyugati alkotmány- és jogfejlődés a kezdő középkorban. Magyar alkotmánytörténet a középkorban [Die westliche Verfassungs- u. Rechtsentwicklung im beginnenden Mittelalter. Ungarische Verfassungsgeschichte im Mittelalter]. Budapest 1908.

Karl Kurt KLEIN, Geysanum und Andreanum. Fragmentarische Betrachtungen zur Frühgeschichte der Deutschen in Siebenbürgen, in: Zur Rechts- und Siedlungsgeschichte der Siebenbürger Sachsen. Köln, Wien 1971, S. 54–62. [Auch als: Siebenbürgisches Archiv, 3. F. 8 (1971)].

Konrad KLEIN, „... seine Kunst in den Dienst unserer nationalen Sache gestellt". Anmerkungen zu Georg Bleibtreus Historienbild „Die Einwanderung der Sachsen nach Siebenbürgen und die Gründung von Hermannstadt", in: Zeitschrift für Siebenbürgische Landeskunde 32 (2009), S. 133–148.

Franz KLEIN-BRUCKSCHWAIGER, Ergebnisse einer Archivreise in der Slowakei, in: Südost-Forschungen 13 (1954), S. 199–258.

József KÖBLÖS, Pozsony [Pressburg], in: KMTL. Budapest 1994, S. 553–555.

Kilian (Chilian/Chilianus) KÖNIG, Proceſſus vnd Practica || der Gerichtsleuffte / nach Sechſiſchem || gebrauch /aus Bepſtlichen /Keiſerlichen vnd || Sechſiſchen Rechten /etwan durch D. Chi-||lianum Ko̊nig ʒuſamen geʒogen /jtʒundt || fleiſſig corrigiert /vnd mit viel || nůtʒlichen additionen ge-||beſſert. || Sampt dem Bawme der Mage-||ſchafft /vnd wie man Erbe nimpt nach || gebrauch Sechſiſcher Rechte /mit den || Regeln ſucceſſionis D. Thammo||nis von Boxdorff. || Mit Ro̊m. Key. Maieſtat Gnade || vnd Freiheit. [S. l.] [Leipzig] [s.n.] (Nicolaus Wolrab) M. D. XLI. [1541].

Béla KÖPECZI (Hrsg.), Erdély története [Geschichte Siebenbürgens]. Teil 1: A kezdetektől 1606-ig [Von den Anfängen bis zum Jahr 1606]. 3. Aufl. Budapest 1988.

Adrienne KÖRMENDY, Kremnitz, in: LexMa, Bd. 5. München 1991, Sp. 1485 f.

Adrienne KÖRMENDY, Melioratio terrae. Vergleichende Untersuchungen über die Siedlungsbewegung im östlichen Mitteleuropa im 13.–14. Jahrhundert. Poznań 1995. (= Prace Komisji Historycznej. 48).

Sándor KOLOSVÁRI, Corpus Juris Hungarici, in: MJL, Bd. 2. Budapest 1899, S. 681–690. [Unveränd. Nachdr. der Ausg. Budapest 1889–1907, Budapest 2006].

Sándor KOLOSVÁRI, Werbőczy, in: MJL, Bd. 6. Budapest 1907, S. 1115–1119. [Unveränd. Nachdr. der Ausg. Budapest 1889–1907. Budapest 2006].

László KOMÁROMI, Ungarn zwischen Ost und West. Die Regelung der Klerikerehe durch frühere ungarische Synoden (11.–12. Jh.), in: Vanessa DUSS, Nikolaus LINDER, Katrin KASTL, Christina BÖRNER, Fabienne HIRT, Felix ZÜSLI (Hrsg.), Rechtstransfer in der Geschichte/Legal Transfer in History. München 2006, S. 279–296.

Zoltán J. KOSZTOLNYIK, Hungary in the thirteenth century. New York 1996. (= East European monographs. 439).

Martin Georg KOVACHICH (Hrsg.), Codex authenticus iuris tavernicalis statutarii communis complectens monumenta vetera et recentiora partim antea vulgata, partim hactenus inedita. Buda 1803.

Ferenc KOVÁCS, A magyar jogi terminológia kialakulása [Die Entstehung der ungarischen juristischen Terminologie]. Budapest 1964. (= Nyelvészeti tanulmányok. 6).

Karel KŘESADLO, Iglauer Berg- und Stadtrecht, in: Silberbergbau und Münzprägung in Iglau. Sammelband der Beiträge. [Übers. Alena JAKUBÍČKOVÁ, Red. Sylva POSPÍCHALOVÁ]. Jihlava 1999, S. 72–85.

Gyula KRISTÓ (Hrsg.), Korai magyar történeti lexikon (9–14. század) [Lexikon zur ungarischen Frühgeschichte (9.–14. Jh.)]. Budapest 1994.

Gyula KRISTÓ, Geschichte des frühen Siebenbürgens (895–1324). [Aus dem Ungar. von Tibor Schäfer]. Herne 2005. (= Studien zur Geschichte Ungarns. 7).

Gyula KRISTÓ, Nichtungarische Völker im mittelalterlichen Ungarn. [Aus dem Ungar. von Tibor Schäfer]. Herne 2008. (= Studien zur Geschichte Ungarns. 13).

Karl KROESCHELL, Deutsche Rechtsgeschichte. Bd. 1: bis 1250. 13. Aufl. Köln [usw.] 2008. (= UTB. 2734).

Ferdinand KRONES, „Krones *Ritter von Marchland*, Franz“, in: NDB, Bd. 13. Berlin 1982, S. 86 f.

Franz Xaver von KRONES, Zur ältesten Geschichte der oberungarischen Freistadt Kaschau. Eine Quellenstudie, in: Archiv für Kunde österreichischer Geschichts-Quellen 31,1 (1864), S. 1–56.

Franz Xaver [von] KRONES, Deutsche Geschichts- und Rechtsquellen aus Oberungarn. Wien 1865 [Separatdr. aus: Archiv für Kunde österreichischer Geschichts-Quellen 34 (1865), S. 211–252].

Franz Xaver von KRONES, Zur Geschichte des deutschen Volkstums im Karpatenlande mit besonderer Rücksicht auf die Zips und ihr Nachbargebiet. Graz 1878.

Franz [Xaver] von KRONES, Beiträge zur Städte- und Rechtsgeschichte Oberungarns, in: Archiv für Kunde österreichischer Geschichts-Quellen 81,2 (1895), S. 447–512.

Miroslav KROPILÁK (Hrsg.), Vlastivedný slovník obcí na Slovensku [Heimatkundliches Wörterbuch der Gemeinden in der Slowakei]. Bd. I–III. Bratislava 1977, 1978.

Markus KRZOSKA, Ostforschung, in: Ingo HAAR, Michael FAHLBUSCH (Hrsg.), Handbuch der völkischen Wissenschaften. Personen – Institutionen – Forschungsprogramme – Stiftungen. Unter Mitarbeit v. Matthias BERG. München 2008, S. 452–463.

András KUBINYI, Népmozgalmak Budapesten a feudalizmus korában [Volksbewegungen in Budapest im Zeitalter des Feudalismus], in: Tanulmányok Budapest Múltjából 14 (1961), S. 7–15. [(= Budapest várostörténeti monográfiái. 22)].

András KUBINYI, Die Nürnberger Haller in Ofen. Ein Beitrag zur Geschichte des Südosthandels im Spätmittelalter, in: Mitteilungen des Vereins für Geschichte der Stadt Nürnberg 52 (1963/64), S. 80–128.

András KUBINYI, Soziale Stellung und Familienverbindungen des deutschen Patriziats von Ofen in der ersten Hälfte des 14. Jahrhunderts, in: Archiv für Sippenforschung und alle verwandten Gebiete 36 (1970), S. 446–454.

András KUBINYI, Die Anfänge Ofens. Berlin 1972. (= Osteuropastudien der Hochschulen des Landes Hessen. Reihe 1: Giessener Abhandlungen zur Agrar- und Wirtschaftsforschung des europäischen Ostens. 60).

András KUBINYI, Székesfehérvár középkori oklevélkiadása és pecsétei [Die mittelalterlichen Urkundenausstellungen und Siegel der Stadt Stuhlweißenburg], in: Jenő FITZ (Hrsg.), Székesfehérvár évszázadai, Bd. 2: Középkor, hrsg. von Alán KRALOVÁNSZKY. (= István Király Múzeum Közleményei. Reihe A, Nr. 14.). Székesfehérvár 1972, S. 151–168.

András KUBINYI, Zur Frage der deutschen Siedlungen im mittleren Teil des Königreichs Ungarn (1200–1541), in: Walter SCHLESINGER (Hrsg.), Die deutsche Ostsiedlung des Mittelalters als Problem der europäischen Geschichte. Reichenau-Vorträge 1970–1972. (= Vorträge und Forschungen. 18). Sigmaringen 1975, S. 527–566.

András KUBINYI, Városhálózat a késő középkori Kárpát-medencében [Das Städtenetzwerk im Karpatenbecken des Spätmittelalters], in: Enikő CSUKOVITS, Tünde LENGYEL (Hrsg.), Bártfától Pozsonyig. Városok a 13–17. században. (= Társadalom- és művelődéstörténeti tanulmányok. 35). Budapest 2005, S. 9–36.

W[alter] KUHN, „Die mittelalterliche deutsche Ostsiedlung“ (Karte), in: Friedrich Wilhelm PUTZGER, Historischer Weltatlas zur allgemeinen und österreichischen Geschichte. Bearb. von Egon LENDL u. Wilhelm WAGNER. Gekürzte Ausg. Wien 1992, S. 44/45.

Herbert KÜPPER, Rechtskultur(en) in Ostmitteleuropa: Hemmschuh oder Quelle der Hoffnung auf dem Weg ins 21. Jahrhundert, in: Berichte und Beiträge des Geisteswissenschaftlichen Zentrums Geschichte und Kultur Ostmitteleuropas e. V. 1998/1999 (1999), S. 331–377.

Herbert KÜPPER, Einführung in die Rechtsgeschichte Osteuropas. Frankfurt a.M. 2005. (= Studien des Instituts für Ostrecht München. 54).

Béla KÜRTI, István PETROVICS, Szeged, in: KMTL. Budapest 1994, S. 621 f.

Moritz LANDWEHR VON PRAGENAU, Geschichte der Stadt Teschen. Bearb. von Walter KUHN. Würzburg 1976. (= Quellen und Darstellungen zur schlesischen Geschichte. 18).

Isidor LASSLOB (Bearb.), Deutsche Ortsnamen in der Slowakei. Mit den wichtigsten Gebirgs- und Flußnamen. Stuttgart 1974.

Georg LAUTERBECK, Regentenbuch, mit einem Vorw. hrsg. von Michael PHILIPP. Nachdr. d. Ausg. Frankfurt a.M., Willers [Elias Willer], 1600. Hildesheim [usw.] 1997.

Darina LEHOTSKÁ, Vývoj mestského práva na Slovensku [Die Entwicklung des Stadtrechts in der Slowakei], in: Zborník Filozofickej Fakulty Univerzity Komenského. Historica 10 (1959), S. 65–114.

Egon LENDL, Deutsche Stadtanlagen im südöstlichen Mitteleuropa und ihre Erforschung, in: Hermann AUBIN, Otto BRUNNER, Wolfgang KOHTE, Johannes PAPRITZ (Hrsg.), Deutsche Ostforschung. Ergebnisse und Aufgaben seit dem ersten Weltkrieg, Bd. 1. (= Deutschland und der Osten. Quellen und Forschungen zur Geschichte ihrer Beziehungen. 20). Leipzig 1942, S. 516–536.

Johann Martin LERCH, [Ungarisches Städt-Büchlein] Ungarisches || Stådt⸗Bůchlein /|| in welchem || Die vornehmſten Stådte /Veſtungen || und Schlôſſer || Des || Kônigreichs Ungarn /|| Wie auch || Dero Gelegenheiten /Antiqvi-||tâten Belâger⸗ und Eroberungen || enthalten /|| ſamt einer Beſchreibung || Beeder Kaiſerl. Reſidenȝ⸗Stådten || Conſtantinopel und Wien /|| nebſt dieſer letȝteren || ȝweyen hôchſt⸗růhmlich⸗ausgeſtan⸗||denen Belågerungen /|| mit beygefůgter vôlliger Ungariſchen Land⸗Charte /|| von Paſſau biſȝ Conſtantinopel /|| und etlichen ins Kupffer gebrachten Ungari⸗||ſchen Stådten und Veſtungen || beſtes Fleiſſes ȝuſammen getragen. || von J. M. L. || Nůrnberg /verlegt von Johann Hofmann || Kunſt⸗ und Buchhåndlern /An. 1684. [Nürnberg 1684].

Lexikon der slowakischen Geschichte, [Július BARTL [u. a.]. Übers. Eduard PALLAY, Ute KUREDELOVÁ. Bratislava 2002. [Lexikón slovenských dejín ⟨dt.⟩].

Rolf LIEBERWIRTH, Andor Csizmadia (1910–1985). In memoriam, in: ZRG GA 104 (1987), S. 495 f.

Gustav LINDNER, A Svábtükör az erdélyi szászoknál [Der Schwabenspiegel bei den Siebenbürger Sachsen], in: Az Erdélyi Múzeum Bölcselet-, Nyelv- és Történettudományi Szakosztályának Kiadványai 1,3 (1884), S. 161–204.

Gustav LINDNER (Hrsg.), Der Schwabenspiegel bei den Siebenbürger Sachsen. Ed. altera, cur. Karl August Eckhardt. Neudr. d. Ausg. Klausenburg 1885. Aalen 1973, S. 67–384.

Gustav LINDNER, Der Schwabenspiegel bei den Siebenbürger Sachsen, in: ZRG GA 6 (1885), S. 86–141 [Wiederabdruck in: DERS. (Hrsg.), Der Schwabenspiegel bei den Siebenbürger Sachsen. Ed. altera, cur. Karl August Eckhardt. Neudr. d. Ausg. Klausenburg 1885. Aalen 1973, S. 9–64].

Gusztáv/Gustav LINDNER (Hrsg.), Az Altenbergerféle Codex/Der Codex Altenberger. Nagy-szebeni kéziratának szövegkinyomatása/Textabdruck der Hermannstädter Handschrift. Kolozsvár/Klausenburg 1885. [Nachdr. in: DERS. (Hrsg.), Der Schwabenspiegel bei den Siebenbürger Sachsen, Ed. altera, cur. Karl August Eckhardt. Neudr. d. Ausg. Klausenburg 1885, Aalen 1973, S. 67–384].

Johann LOISCH (Bearb.), Karte der Zips. Mit derzeit oder ehemals gebrauchten deutschen Namen. 2. [vielm.] 3. Aufl. Maßstab 1:380.000. Kesmark 1939 [Ausg. 1938]. [1. Aufl.: Auf der Rückseite: Verzeichnis der deutschen, slowakischen und ungarischen Ortsnamen in der Zips].

Helmut LOMNITZER, Eghenvelder, Liebhard, in: Verfasserlexikon, Bd. 2, [2]1980, Sp. 377–379.

Wilfried LOTH, „Teutonici“ in Siebenbürgen. Zum Problem des Namens der deutschen Einwanderer, in: Zur Rechts- und Siedlungsgeschichte der Siebenbürger Sachsen. Köln, Wien 1971, S. 250–260. [Auch als: Siebenbürgisches Archiv, 3. F. 8 (1971)].

Christian LÜBKE, Fremde im östlichen Europa. Von Gesellschaften ohne Staat zu verstaatlichten Gesellschaften (9.–11. Jahrhundert). Köln [usw.] 2001. (= Ostmitteleuropa in Vergangenheit und Gegenwart. 23).

Christian LÜBKE, Das östliche Europa. München 2004. (= Die Deutschen und das europäische Mittelalter. 2).

Christian LÜBKE, Conclusio: Mittelalterliche Assimilations- und Akkulturationsprozesse, in: Karl KASER, Dagmar GRAMSHAMMER-HOHL, Jan M. PISKORSKI und Elisabeth VOGEL (Hrsg.), Kontinuitäten und Brüche. Zuwanderer und Alteingesessene von 500 bis 1500. (= Wieser Enzyklopädie des europäischen Ostens. 12). Klagenfurt 2010, S. 425–432.

Heiner LÜCK, Zur Rezeption des sächsisch-magdeburgischen Rechts in Osteuropa. Das Beispiel Ungarn, in: Thomas BREMER (Hrsg.), Grenzen überschreiten. Beiträge zur deutsch-ungarischen Kulturwissenschaft. (= Colloquium Halense. 2). Halle (Saale) 2001, S. 9–28.

Heiner LÜCK, Schultheiß. § 2: Aufgabenbereich, in: Reallexikon der Germanischen Altertumskunde. Begr. von Johannes HOOPS. Hrsg. von Heinrich BECK, Dieter GEUENICH u. Heiko STEUER. 2., völlig neu bearb. u. stark erw. Aufl., Bd. 27. Berlin, New York 2004, S. 370–373.

Heiner LÜCK, Wirkungen des Sachsenspiegels und des Magdeburger Rechts in Ostmitteleuropa, in: Elemér BALOGH, Andrea HEGEDŰS, Péter MEZEI, Zsolt SZOMORA, Julianna Sára TRASER (Hrsg.), Legal Transitions. Development of Law in Formerly Socialist States and the Challenges of the European Union/Rechtsentwicklung in den ehemaligen sozialistischen Staaten und die Herausforderung der Europäischen Union. (= A Pólay Elemér Alapítvány Könyvtára. 17). Szeged 2007, S. 269–279.

Heiner LÜCK, Bergrecht, Bergregal, in: ²HRG, Bd. 1. Berlin 2008, Sp. 527–534.

Heiner LÜCK, Budapest, in: ²HRG, Bd. 1. Berlin 2008, Sp. 708 f.

Heiner LÜCK, Einführung: Das sächsisch-magdeburgische Recht als kulturelles Bindeglied zwischen den Rechtsordnungen Ost- und Mitteleuropas, in: Ernst EICHLER, Heiner LÜCK (Hrsg.), Rechts- und Sprachtransfer in Mittel- und Osteuropa. Sachsenspiegel und Magdeburger Recht. Internationale und interdisziplinäre Konferenz in Leipzig vom 31. Oktober bis 2. November 2003. (= Ivs saxonico-maidebvrgense in oriente. 1). Berlin 2008, S. 1–28.

Heiner LÜCK, Kohärenzen, Parallelen, Divergenzen. Sachsenspiegel und Schwabenspiegel im Vergleich, in: Acta Juridica et Politica 71, Fasc. 17.7 (2008), S. 579–596.

Heiner LÜCK, „Deutsches Recht im Osten“. Strukturen, Kontexte und Wirkungen eines sensiblen Forschungsthemas (19. Jh. bis 1990), in: ZRG GA 126 (2009), S. 175–206.

Heiner LÜCK, Matthias PUHLE, Andreas RANFT (Hrsg.), Grundlagen für ein neues Europa. Das Magdeburger und Lübecker Recht in Spätmittelalter und Früher Neuzeit. Köln, Weimar 2009. (= Quellen und Forschungen zur Geschichte Sachsen-Anhalts. 6).

Heiner LÜCK, Ernst EICHLER, Vorwort, in: Inge BILY, Wieland CARLS, Katalin GÖNCZI, Sächsisch-magdeburgisches Recht in Polen. Untersuchungen zur Geschichte des Rechts und seiner Sprache. (= Ivs saxonico-maidebvrgense in oriente. 2). Berlin, Boston 2011, S. 1–3.

Heiner LÜCK, „sollen alle dy von Polen unde die von Behemen ... ir recht zu Halle holen“. Zeugnisse und Erwägungen für Halles Standort in der Magdeburger Stadtrechtsfamilie, in: DERS., Halle im Licht und Schatten Magdeburgs. Eine Rechtsmetropole im Mittelalter. (= Forschungen zur hallischen Stadtgeschichte. 19). Halle (Saale) 2012, S. 9–36.

Heiner LÜCK, Zwischen *modus legendi* und *modus vivendi*. Ein Beitrag zur Geschichte des Rechtsunterrichts an der Universität Wittenberg im Reformationsjahrhundert, in: Arndt KIEHNLE, Bernd MERTENS, Gottfried SCHIEMANN (Hrsg.), Festschrift für Jan Schröder zum 70. Geburtstag. Tübingen 2013, S. 443–467.

Heiner LÜCK, Rechtstransfer und Rechtsverwandtschaft. Zum Einfluss des Magdeburger Stadtrechts im Königreich Böhmen, in: Práva městská Královstvi českého [Stadtrechte im Königreich Böhmen], Tagungsband. Praha (im Druck).

Klaus LUIG, „Perneder, Andreas“, in: NDB, Bd. 20. Berlin 2001, 192 f.

Ferenc MÁDL, Das erste Ungarische Zivilgesetzbuch – das Gesetz IV vom Jahre 1959 – im Spiegel der Geschichte der zivilrechtlichen Kodifikation, in: Gyula EÖRSI (Hrsg.), Das ungarische Zivilgesetzbuch in fünf Studien. Red. Ferenc MÁDL. [Aus d. Ungar. übertr. von J. STERNBERG]. Budapest 1963, S. 9–111.

Christine MAGIN, „Wie es umb der iuden recht stet". Der Status der Juden in spätmittelalterlichen Rechtsbüchern. Göttingen 1999.

Milan MAJTÁN, Názvy obcí Slovenskej republiky. Vývin v rokoch 1773–1997 [Die Namen der Gemeinden der Slowakischen Republik. Die Entwicklung in den Jahren 1773–1997]. Bratislava 1998.

Dezső MAKAY, Budai jogkönyv [Ofner Rechtsbuch], in: MJL, Bd. 2. Budapest 1899, S. 289–292. [Unveränd. Nachdr. der Ausg. Budapest 1889–1907. Budapest 2006].

Dezső MAKAY, Comes, in: MJL, Bd. 2. Budapest 1899, S. 567–574. [Unveränd. Nachdr. der Ausg. Budapest 1889–1907. Budapest 2006].

Milota MALOVECKÁ, Karol Wagner (1732–1790) historik Spiša a Šariša. Prešov 2009.

E. MARCKS, Die Verbreitung des deutschen Stadtrechts nach dem Osten. Fünffarbige Karte. Hrsg. von der Stadt Magdeburg, nach den Vorarbeiten von [Wilhelm] Weizsäcker, Joh[annes] Schultze, B[erthold] Schulze, P[aul] Krause. Beilage in: Magdeburg in der Politik der deutschen Kaiser. Beiträge zur Geopolitik und Geschichte des ostfälischen Raums. Anläßlich der 1000jährigen Wiederkehr der Thronbesteigung Ottos des Großen. Hrsg. von der Stadt Magdeburg. Heidelberg, Berlin 1936.

Rudolf MARK, Sind Anselm von Braz und Hezelo von Merkstein die ersten Siebenbürger Sachsen gewesen?, in: Zur Rechts- und Siedlungsgeschichte der Siebenbürger Sachsen. Köln, Wien 1971, S. 261–268. [Auch als: Siebenbürgisches Archiv, 3. F. 8 (1971)].

Dezső MÁRKUS (Red.), Magyar Jogi Lexikon [Ungarisches juristisches Lexikon], Bd. I–VI. Budapest 1889–1907. [Unveränd. Nachdr. der Ausg. Budapest 1889–1907. Budapest 2006].

Richard MARSINA, Városfejlődés a Felvidéken, a mai Szlovákia területén a XV. század elejéig [Die Stadtentwicklung in Oberungarn auf dem Gebiet der heutigen Slowakei bis zum Beginn des 15. Jahrhunderts], in: Világtörténet 26 (1976), S. 32–68.

Richard MARSINA, Banskoštiavnické mestské a banské právo. [Das Schemnitzer Stadt- und Bergrecht], in: DERS. (Hrsg.), Banské mestá na Slovensku. Zbornik príspevkov zo sympózia o banských mestách na Slovensku, ktoré usporiadala Sekcia pre dejiny miest Slovenskej historickej spoločnosti pri SAV v spolupráci so Štátnym ústredným banským archivom v Banskej Štiavnici a so Štátnym okresným archivom v Žiari nad Hronom 26.–28. mája 1987 na Počúvadle. Martin 1990, S. 13–35.

Richard MARSINA, Preßburg, in: LexMa, Bd. 7. München 1995, Sp. 191 f.

Richard MARSINA, Zips, in: LexMa, Bd. 9. München 1999, Sp. 626.

Richard MARSINA, A középkori városok jellemzőiről és kategóriáinak megalkotásáról [Über die Merkmale der mittelalterlichen Städte und ihre Kategorisierung], in: Enikő CSUKOVITS, Tünde LENGYEL (Hrsg.), Bártfától Pozsonyig.

Városok a 13–17. században. (= Társadalom- és művelődéstörténeti tanulmányok. 35). Budapest 2005, S. 37–45.

Jörg MEIER, Ilpo Tapani PIIRAINEN, Der Schwabenspiegel aus Kaschau. Berlin 2000. (= Beiträge zur Editionsphilologie. Editionen und Materialien. 1).

Andreas von MEILLER, Regesten zur Geschichte der Markgrafen und Herzoge Oesterreichs aus dem Hause Babenberg. Aus Urkunden und Saalbüchern. Wien 1850.

Štefánia MERTANOVÁ, Vznik a vývoj spišského práva [Entstehung und Entwicklung des Zipser Rechts], in: Ludovít HOLOTÍK (Red.), Richard MARSINA (Hrsg.), Spišské mestá v stredoveku [Zipser Städte im Mittelalter]. Košice 1974, S. 91–99.

Štefánia MERTANOVÁ, Ius tavernicale. Štúdie o procese formovania práva taverníckych miest v etapách vývoja taverníckeho súdu v Uhorsku [Ius Tavernicale. Studien über den Entstehungsprozess des Rechts der Tavernikalstädte in den Etappen der Entwicklung des Tavernikalgerichts in Ungarn] (15.–17. Jh.). Bratislava 1985.

Štefánia MERTANOVÁ, Die Stellung von Preßburg in dem Berufungswesen der Tavernikalstädte (14.–16. Jh.), in: Richard MARSINA (Hrsg.), Städte im Donauraum. Bratislava – Preßburg 1291–1991. Sammelband der Beiträge aus dem Symposion in Smolenice 30.9.–3.10.1991. Bratislava 1993, S. 207–219.

Barna MEZEY (Hrsg.), Magyar alkotmánytörténet [Ungarische Verfassungsgeschichte]. Budapest 1995.

Barna MEZEY (Hrsg.), Magyar jogtörténet [Ungarische Rechtsgeschichte]. 4., überarb. Aufl. Budapest 2007.

Andreas/Endre MICHNAY, Paul/Pál LICHNER (Hrsg.), Ofner Stadtrecht von MCCXLIV–MCCCCXXI/Buda városának törvénykönyve MCCXLIV–MCCCCXXI-ből. Pressburg/Pozsony 1845.

Paul MIKAT, Zweischwerterlehre, in: HRG, Bd. 5. Berlin 1998, Sp. 1848–1859.

Dirk MOLDT, Läßt sich das Rechtsgebiet der Siebenbürger Sachsen einer Stadtrechtsfamilie zuordnen? Überlegungen zur mittelalterlichen und frühneuzeitlichen Rechtsgeschichte, in: Zeitschrift für Siebenbürgische Landeskunde 26,1 (2003), S. 60–65.

Dirk MOLDT, Deutsche Stadtrechte im mittelalterlichen Siebenbürgen. Kooperationsrechte – Sachsenspiegelrecht – Bergrecht. Köln [usw.] 2009. (= Studia Transylvanica. 37).

Karl MOLLAY, Einleitung, in: DERS. (Hrsg.), Das Ofner Stadtrecht. Eine deutschsprachige Rechtssammlung des 15. Jahrhunderts aus Ungarn. (= Monumenta Historica Budapestinensia. 1). Budapest 1959, S. 7–31.

Karl MOLLAY (Hrsg.), Das Ofner Stadtrecht. Eine deutschsprachige Rechtssammlung des 15. Jahrhunderts aus Ungarn. Budapest 1959. (= Monumenta Historica Budapestinensia. 1).

Erik MOLNÁR, A magyar társadalom története az őskortól az Árpádkorig [Die Geschichte der ungarischen Gesellschaft von der Urzeit bis zu den Zeiten der Arpaden]. Budapest 1949.

István MONOK, Péter ÖTVÖS, Attila VERÓK (Hrsg.), Lesestoffe der Siebenbürger Sachsen, 1575–1750, Bd. 1: Bistritz, Hermannstadt, Kronstadt, Bd. 2: Schässburg, kleinere Orte. Budapest 2004. (= Erdélyi Könyvesházak / Bibliotheken in Siebenbürgen. 4/1 u. 2; Adattár XVI–XVIII. századi szellemi mozgalmaink történetéhez / Materialien zur Geschichte der Geistesströmungen des 16.–18. Jahrhunderts in Ungarn. 16/4.1 u. 2).

Gyula MORAVCSIK, Hungary and Byzantium in the Middle Ages, in: J[oan] M[ervyn] HUSSEY (Hrsg.), The Cambridge Medieval History, Vol. 4,1: The Byzantine Empire. Byzantium and its Neighbours. [2. ed.]. London 1966, S. 566–592.

Gyula MORAVCSIK, Byzantium and the Magyars [Bizánc és a magyarság ⟨engl.⟩]. Orig.-Text übers. v. Samuel R. Rosenbaum, erw. Text übers. v. Mihály Szegedy-Maszák. Amsterdam 1970.

Dietlinde MUNZEL, Ofener Stadtrechtsbuch, in: HRG, Bd. 3. Berlin 1984, Sp. 1184–1186.

Dietlinde MUNZEL-EVERLING, Eid, in: ^{2}HRG, Bd. 1. Berlin 2008, Sp. 1249–1261.

Georg [Eduard] MÜLLER, Die sächsische Nationsuniversität in Siebenbürgen. Ihre Verfassungs- und verwaltungsrechtliche Entwicklung 1224–1876. Ein rechtsgeschichtlicher Beitrag zur Geschichte der ältesten organisierten Minderheit der Gegenwart. Hermannstadt 1928. (= Beiträge zur Verfassungs- und Verwaltungsgeschichte der Deutschen in Rumänien. 2).

Georg Eduard MÜLLER, Die Gräven des Siebenbürger Sachsenlandes. Mit besonderer Berücksichtigung der Dorfgemeindegerichtsbarkeit. Gerichtsverfassung der Deutschen in Siebenbürgen. Teil 1. Hermannstadt 1931. (= Beitrag zur Verfassungs- und Verwaltungsgeschichte der Deutschen in Rumänien. 6).

Georg [Eduard] MÜLLER, Stühle und Distrikte als Unterteilungen der Siebenbürgisch-deutschen Nationsuniversität 1141–1876. Verfassungsrechtliche Forschungen. Unveränd. Nachdr. der Ausgabe Krafft & Dortleff, Hermannstadt 1941. Köln, Wien 1985. (= Schriften zur Landeskunde Siebenbürgens. 10).

Hans MÜLLER-LOBEDA, „Ayrer, Jakob d. J.“, in: NDB, Bd. 1. Berlin 1953, S. 473.

Thomas NÄGLER, Wesenszüge des sächsischen Gräfentums in Siebenbürgen, in: Studii şi comunicări. Arheologie – istorie 19 (1975), S. 89–100.

Thomas NÄGLER, Die Ansiedlung der Siebenbürger Sachsen. 2. Aufl. Bukarest 1992.

Imre NAGY, Iván PÁUR, Károly RÁTH, Dezső VÉGHELY, Codex diplomaticus patrius / Hazai okmánytár. Bd. 1–9. Jaurini / Győr 1865–1891.

Balázs J. NEMES, Mittelalterliche deutsche Handschriften in rumänischen Bibliotheken. Eine vorläufige Bestandsübersicht, in: Astrid BREITH [u. a.], Manuscripta germanica. Deutschsprachige Handschriften des Mittelalters in Bibliotheken und Archiven Osteuropas. (= Zeitschrift für deutsches Altertum und deutsche Literatur. Beiheft. 15). Stuttgart 2012, S. 61–72.

István H. NÉMETH, Várospolitika és gazdaságpolitika a 16–17. századi Magyarországon [Städte- und Wirtschaftspolitik in Ungarn im 16.–17. Jahrhundert], 2 Bde. Budapest 2004. (= Doktori mestermunkák).

János NÉMETH, Die Abweichungen der drei Handschriften des Ofner Stadtrechts / A budai jogkönyv három kéziratának eltérései. Szeged [Manuskript] 2000.

Christian NESCHWARA, „Rössler, Emil Franz“, in: NDB, Bd. 21. Berlin 2003, S. 747 f.

Neue deutsche Biographie. Hrsg. von der Historischen Kommission bei der Bayerischen Akademie der Wissenschaften, Bd. 1: Aachen-Behaim; [bis Bd. 25: Stadion-Tecklenborg (2013)]. Berlin 1953–.
[Auch als Online-Ressource verfügbar: http://www.deutsche-biographie.de bzw. http://www.ndb.badw-muenchen.de – Abfragedatum: 06.05.2013].

Erika NIKOLICZA, Boroszló és Görlitz lehetséges szerepe a budaiak magdeburgi joggal való megismerkedésében [Die mögliche Rolle von Breslau und Görlitz beim Kennenlernen des Magdeburger Rechts seitens der Budaer], in: Gábor MIKÓ, Bence PÉTERFI, András VADAS (Hrsg.), Tiszteletkör. Történeti tanulmányok Draskóczy István egyetemi tanár 60. születésnapjára. Budapest 2012, S. 155–163.

Margret OBLADEN, Magdeburger Recht auf der Burg zu Krakau. Die güterrechtliche Absicherung der Ehefrau in der Spruchpraxis des Krakauer Oberhofs. Berlin 2005. (= Freiburger Rechtsgeschichtliche Abhandlungen. N. F. 48).

Österreichisches Biographisches Lexikon. 1815–1950. Hrsg. von der Österreichischen Akademie der Wissenschaften, Bd. 1–13. Wien 1957–2010. [Auch als Online-Ressource verfügbar: http://www.biographien.ac.at/oebl – Abfragedatum: 08.05.2013].

Werner OGRIS, Freiteil, in: ²HRG, Bd. 1. Berlin 2008, Sp. 1782–1784.

Ulrich-Dieter OPPITZ, Deutsche Rechtsbücher des Mittelalters, Bd. I: Beschreibung der Rechtsbücher (1990), Bd. II: Beschreibung der Handschriften (1990), Bd. III/1 u. 2: Abbildungen der Fragmente (1992). Köln, Wien 1990–1992.

Ulrich-Dieter OPPITZ, Zipser Willkür, in: HRG, Bd. 5. Berlin 1998, Sp. 1722 f.

Ulrich-Dieter OPPITZ, Zipser Willkür, in: Verfasserlexikon, Bd. 10. Berlin [usw.] ²1999, Sp. 1560 f.

OTTO ⟨Frisingensis⟩, RAHEWINUS ⟨Frisingensis⟩, Die Taten Friedrichs oder richtiger Cronica (Parallelsachtitel: Ottonis episcopi Frisingensis et Rahewini. Gesta Frederici seu rectius cronica). Bischof Otto von Freising u. Rahewin. Übers. von Adolf SCHMIDT, hrsg. von Franz-Joseph SCHMALE. 4., gegenüber der 3. um einen Nachtr. von Fabian SCHWARZBAUER erw. Aufl. Darmstadt 2000. (= Freiherr vom Stein-Gedächtnisausgabe. Reihe A: Ausgewählte Quellen zur Geschichte des Mittelalters. 17).

Zsigmond Pál PACH, Die Verkehrsroute des Levantehandels nach Siebenbürgen und Ungarn zur Zeit der Könige Ludwig von Anjou und Sigismund von Luxemburg, in: Werner MÄGDEFRAU (Hrsg.), Europäische Stadtgeschichte in Mittelalter und früher Neuzeit. Weimar 1979, S. 60–91.

Mária PAPSONOVÁ, Die „Zipser Willkür" aus Spišská Sobota (Georgenberg). Untersuchungen zum Laut- und Formenbestand, in: Beiträge zur Erforschung der deutschen Sprache 5 (1985), S. 41–65.

Mária PAPSONOVÁ, Deutsches Recht in der mittelalterlichen Slowakei. Dreizehn Handschriften der Zipser Willkür aus dem 15. bis 18. Jahrhundert, in: Gerhard GRIMM, Krista ZACH (Hrsg.), Die Deutschen in Ostmittel- und Südosteuropa. Geschichte, Wirtschaft, Recht, Sprache, Bd. 2. (= Veröffentlichungen des Südostdeutschen Kulturwerks. Reihe B: Wissenschaftliche Arbeiten. 73). München 1996, S. 153–168.

Mária PAPSONOVÁ, Die Entwicklung der Schreibsprache in der Zips am Beispiel der „Zipser Willkür", in: Anton SCHWOB, Horst FASSEL (Hrsg.), Deutsche Sprache und Literatur in Südosteuropa. Archivierung und Dokumentation. Beiträge der Tübinger Fachtagung vom 25.–27. Juni 1992. (= Veröffentlichungen des Südostdeutschen Kulturwerks. Reihe B: Wissenschaftliche Arbeiten. 66). München 1996, S. 154–166.

Mária PAPSONOVÁ, Das Magdeburger Recht und das Silleiner Rechtsbuch. Wörterbuch zur deutschsprachigen Vorlage des Landrechts (1378) und zu ihrer Übersetzung (1473). Frankfurt a. M. 2003. (= Regensburger Beiträge zur deutschen Sprach- und Literaturwissenschaft. Reihe B: Untersuchungen. 84).

Mária PAPSONOVÁ, Das Tavernikalrecht und das Tavernikalbuch von Eperjes/Prešov, in: Zeitschrift für germanistische Sprach- und Literaturwissenschaft in der Slowakei 1 (2004), S. 41–49.

Mária PAPSONOVÁ, Geographische Namen der Zips im Spiegel der Kulturgeschichte, in: Wynfried KRIEGLEDER, Andrea SEIDLER, Jozef TANCER (Hrsg.), Deutsche Sprache und Kultur in der Zips. (= Presse und Geschichte. Neue Beiträge. 24). Bremen 2007, S. 23–38.

Andreas PERNEDER, Inſtitutiones. ‖ Auſʒug vñ anʒai-‖gung etlicher geſchriben Kaiſerlichen ‖ vnnd deſʒ heiligen Reichs rechte / wie die gegenwertiger Zeiten in ‖ vbung gehalten werden: [...] ‖ Durch den Hochgelerten vnd wolberedten / weylend ‖ herrn Andreas Perneder / des Fürſtlichen Hoff ʒů ‖ München Rath vnd Secretarien / mit vil ‖ arbait vnd vleiß in ainen begriff ʒů ‖ ſamen gebracht etc. ‖ Mit ainer Vorrede des Hochgelerten herrn Wolffgang ‖ Hunger der Rechten D. vnd Profeſſor ʒů Jngolſtat. ‖ Gedruckt ʒů Jngolſtat durch Alexan-‖der Weiſſenhorn ‖ [...] ‖ M. C. XLIIII. [Ingolstadt: Weissenhorn 1544].

Andreas PERNEDER Gerichtlicher Pro‖ceſs / in welchem die gemainen Weltli-‖chen vnd Gaiſtlichen recht / auff alle vnd yede Articul nit allain ‖ ſchlecht allegirt / sonder auch als vil notwendig / ordentlich in ainer yeden materi ‖ mit beſonder rainem / verstentlichen vñ angenemē Teütſch tranßferiert vñ ver-‖

dolmetſchet seind: Jtem des Hailigē Reichs vil newe breuchliche ordnung / auch ‖ etlicher Land vnd Stett beſonder Statut / [...] ‖ Durch den Hochgelerten / wolberedten / vnd langgeůbten ‖ weylend herrn Andreas Perneder / des Fürſtlichen Hoff ʒů ‖ München Rath vnd Secretarien / mit vil arbait vnd vleiß ʒů ſamen gebtragen vnd ‖ beſchriben etc. ‖ Mit ainer Vorrede des Hochgelerten herrn Wolffgang Hunger ‖ der Rechten D. vnd Profeſſor ʒů Jngolſtat. / darinn diſes ‖ Wercks gebrauch vnd nutz weitter ‖ angeʒaigt werden. ‖ Gedruckt ʒů Jngolſtat durch Alexan-‖der Weiſſenhorn. ‖ [...] ‖ M. C. XLIIII. [Ingolstadt: Weissenhorn 1544].

István PETROVICS, A korai magyar városfejlődés és az idegen jog [Die frühe Stadtentwicklung in Ungarn und das fremde Recht], in: BÉKÉSI Imre [u. a.] (Hrsg.), Régi és új peregrináció. Magyarok külföldön, külföldiek Magyarországon, Bd. 1. Budapest, Szeged 1993, S. 264–270.

István PETROVICS, Foreign Ethnic Groups in the Towns of Southern Hungary in the Middle Ages, in: Derek KEENE, Balázs NAGY, Katalin SZENDE (Hrsg.), Segregation – Integration – Assimilation. Religious and Ethnic Groups in the Medieval Towns of Central and Eastern Europe. (= Historical Urban Studies). Farnham, Burlington 2009, S. 67–87.

Michael PHILIPP, Das „Regentenbuch" des Mansfelder Kanzlers Georg Lauterbeck. Ein Beitrag zur politischen Ideengeschichte im konfessionellen Zeitalter. Augsburg 1996.

Hans Gerch PHILIPPI, „Honter(us), Johannes", in: NDB, Bd. 9. Berlin 1972, S. 603 f.

Ilpo Tapani PIIRAINEN (Hrsg.), Das Stadtrechtsbuch von Sillein. Einleitung, Edition und Glossar. Berlin, New York 1972. (= Quellen und Forschungen zur Sprach- und Kulturgeschichte der germanischen Völker. N. F. 46/170).

Ilpo Tapani PIIRAINEN, Vereinheitlichungstendenzen im Schriftverkehr des ausgehenden Mittelalters, in: Winfried LENDERS, Hugo MOSER (Hrsg.), Maschinelle Verarbeitung altdeutscher Texte. Berlin 1978, S. 53–57.

Ilpo Tapani PIIRAINEN, Das Stadt- und Bergrecht von Kremnica/Kremnitz. Untersuchungen zum Frühneuhochdeutschen in der Slowakei. Heidelberg 1983. (= Studien zum Frühneuhochdeutschen. 7).

Ilpo Tapani PIIRAINEN, Sprachliches aus der Zipser Willkür. Ein Beitrag zum Frühneuhochdeutschen in der Slowakei, in: Festschrift für Lauri Seppänen zum 60. Geburtstag. (= Acta Universitatis Tamperensis. Ser. A. 183). Tampere 1984, S. 241–249.

Ilpo Tapani PIIRAINEN, Spätmittelalterliche Stadt- und Bergrechte in der Slowakei, in: Südostdeutsches Archiv 28/29 (1985–1986), S. 44–58.

Ilpo Tapani PIIRAINEN, Das Stadt- und Bergrecht von Banská Štiavnica/Schemnitz. Untersuchungen zum Frühneuhochdeutschen in der Slowakei. Oulu 1986. (= Universität Oulu. Veröffentlichungen des Germanistischen Instituts. 6).

Ilpo Tapani PIIRAINEN, Collectanea Allerley Nutzlicher Vnnd Nothwendiger Regeln des Rechtens. Untersuchungen zu einem frühneuhochdeutschen Rechtsdenkmal aus der Slowakei, in: Peter WIESINGER (Hrsg.), Studien zum Frühneuhochdeutschen. Emil Skála zum 60. Geburtstag am 20. November 1988. (= Göppinger Arbeiten zur Germanistik. 476). Göppingen 1988, S. 303–311.

Ilpo Tapani PIIRAINEN, Mária PAPSONOVÁ, Das Recht der Spiš/Zips. Texte und Untersuchungen zum Frühneuhochdeutschen in der Slowakei, Bd. 1 u. 2. Oulu 1992. (= Universität Oulu. Veröffentlichungen des Germanistischen Instituts. 8).

Ilpo Tapani PIIRAINEN, Arne ZIEGLER (Hrsg.), Collectanea allerlay nutzlicher vnnd nothwendiger Regeln des Rechtens. Ein deutsches Rechtsbuch aus dem Jahre 1628 aus der Slowakei. Leutschau/Levoča 1995.

Ilpo Tapani PIIRAINEN, Deutsche Siedler und deutschsprachige Gesetze in der wirtschaftlichen Entwicklung der Slowakei, in: Gerhard GRIMM, Krista ZACH (Hrsg.), Die Deutschen in Ostmittel- und Südosteuropa, Bd. 2. (= Veröffentlichungen des Südostdeutschen Kulturwerks. Reihe B: Wissenschaftliche Arbeiten. 73). München 1996, S. 133–152.

Ilpo Tapani PIIRAINEN, Nachträge zum Zipser Recht. Die Handschrift[en] 14 und 15 der Zipser Willkür. Levoča/Leutschau 2001.

Ilpo Tapani PIIRAINEN, Das Rechtsbuch der XI Zipser Städte. Rechtliches, Medizinisches und Sprachliches aus einer frühneuhochdeutschen Handschrift aus der Slowakei. Levoča/Leutschau 2003.

Ilpo Tapani PIIRAINEN, Der Anfang und die frühe Entwicklung der Städte in der Mittelslowakei anhand der Geschichte von Karpfen/Krupina, in: Karpaten Jahrbuch 61 (2010 [2009]), S. 67–74.

Ioan-Aurel POP, Thomas NÄGLER, The History of Transylvania, Vol. 1 (until 1541). Cluj-Napoca 2005.

Günther Frhr. von PROBSZT, Die niederungarischen Bergstädte. Ihre Entwicklung und wirtschaftliche Bedeutung bis zum Übergang an das Haus Habsburg (1546). München 1966. (= Buchreihe der Südostdeutschen Historischen Kommission. 15).

Helmut PROTZE, Die Zipser Sachsen im sprachgeographischen und sprachhistorischen Vergleich zu den Siebenbürger Sachsen, in: Zeitschrift für Siebenbürgische Landeskunde 29,2 (2006), S. 142–151.

Matthias PUHLE, Die Stadt im frühen 13. Jahrhundert, in: DERS. (Hrsg.), Aufbruch in die Gotik. Der Magdeburger Dom und die späte Stauferzeit. Landesausstellung Sachsen-Anhalt aus Anlass des 800. Domjubiläums, Bd. 1: Essays. Mainz 2009, S. 460–469.

Friedrich Wilhelm PUTZGER, Historischer Weltatlas zur allgemeinen und österreichischen Geschichte. Bearb. von Egon LENDL u. Wilhelm WAGNER. Gekürzte Ausg. Wien 1992.

Anton RADVÁNSZKY, Kritische Auseinandersetzung mit einer neuen ungarischen Staats- und Rechtsgeschichte, in: Ungarn-Jahrbuch 13 (1984/1985), S. 199–221.

Martyn C. RADY, Medieval Buda. A Study of Municipal Government and Jurisdiction in the Kingdom of Hungary. New York 1985. (= East European Monographs. 182).

Martyn RADY, Stephen Werbőczy and his *Tripartitum*, in: Stephen WERBŐCZY, The Customary Law of the Renowned Kingdom of Hungary in Three Parts (1517). Edited by János M. BAK, Péter BANYÓ and Martyn RADY, with an introductory study by László PÉTER. Bakersfield (Calif.) 2005, S. XXVII–XLIV.

Rechtsgeschichte. Zeitschrift des Max-Planck-Instituts für europäische Rechtgeschichte 17 (2010).

[Néda von RELKOVIĆ] Néda Davori RELKOVIĆ, Buda város jogkönyve (Ofner Stadtrecht) [Das Rechtsbuch der Stadt Ofen]. Budapest 1905.

Néda [von] RELKOVIĆ, A budai jogkönyv (Ofner Stadtrecht) harmadik kézirata a Fővárosi Könyvtárban [Die dritte Handschrift des Ofner Stadtrechts in der Budapester Stadtbibliothek]. Budapest 1941. (= Tanulmányok/Fővárosi Könyvtár Budapest. 18) [Auch in: Fővárosi Könyvtár Évkönyve 11 (1941), S. 121–141].

Ludwig von ROCKINGER, Der Codex Altenberger, in: Mitteilungen des Instituts für österreichische Geschichtsforschung 6 (1885), S. 659–661 [Wiederabdruck in: Gustav LINDNER (Hrsg.), Der Schwabenspiegel bei den Siebenbürger Sachsen. Ed. altera, cur. Karl August ECKHARDT. Neudr. d. Ausg. Klausenburg 1885. Aalen 1973, S. 405–408].

Ludwig von ROCKINGER, Zu einer handschriftlichen Bezeichnung des Landrechts des sogenannten Schwabenspiegels als Nürnberger Recht, in: Bayerische Akademie der Wissenschaften. Sitzungsberichte der philosophisch-philologischen und der historischen Classe 1894 (1895), S. 124–147 [Wiederabdruck in: Gustav LINDNER (Hrsg.), Der Schwabenspiegel bei den Siebenbürger Sachsen. Ed. altera, cur. Karl August ECKHARDT. Neudr. d. Ausg. Klausenburg 1885. Aalen 1973, S. 411–434].

Emil Franz RÖSSLER (Hrsg.), Deutsche Rechtsdenkmäler aus Böhmen und Mähren. Eine Sammlung von Rechtsbüchern, Urkunden und alten Aufzeichnungen zur Geschichte des deutschen Rechts, Bd. 2: Die Stadtrechte von Brünn aus dem XIII. und XIV. Jahrhundert. Neudr. d. Ausg. Prag 1852. Aalen 1963.

Hellmut ROSENFELD, „Birken, Sigmund von", in: NDB, Bd. 2. Berlin 1955, S. 256f.

Harald ROTH, Hermannstadt. Kleine Geschichte einer Stadt in Siebenbürgen. Köln [usw.] 2006.

Harald ROTH, Kleine Geschichte Siebenbürgens. 3., aktual. Aufl. Köln, Weimar 2007.

Harald ROTH (Hrsg.), Studienhandbuch östliches Europa. Bd. 1: Geschichte Ostmittel- und Südosteuropas. 2., überarb. u. aktual. Aufl. Köln [usw.] 2009. (= UTB für Wissenschaft. 3167).

Andreas RÜTHER, Stadtrecht, Rechtszug, Rechtsbuch. Gerichtsbarkeit im östlichen Mitteleuropa seit dem 12. Jahrhundert, in: Klaus HERBERS, Nikolas JASPERT (Hrsg.), Grenzräume und Grenzüberschreitungen im Vergleich. Der Osten und der Westen des mittelalterlichen Lateineuropa. (= Europa im Mittelalter. 7). Berlin 2007, S. 123–143.

Hans Martin SCHALLER, „Johannes von Gelnhausen“, in: NDB, Bd. 10. Berlin 1974, S. 552.

Bódog SCHILLER, Szepesi jog [Zipser Recht], in: MJL, Bd. 6. Budapest 1907, S. 390. [Unveränd. Nachdr. der Ausg. Budapest 1889–1907. Budapest 2006].

Walter SCHLESINGER (Hrsg.), Die deutsche Ostsiedlung des Mittelalters als Problem der europäischen Geschichte. Reichenau-Vorträge 1970–1972. Sigmaringen 1975. (= Vorträge und Forschungen. 18).

August Ludwig (von) SCHLÖZER, Kritische Sammlungen zur Geschichte der Deutschen in Siebenbürgen. Mit einem Vorw. von Harald ZIMMERMANN. Unveränd. Nachdr. d. Ausg. Göttingen 1795–1797. Köln, Wien 1979. (= Schriften zur Landeskunde Siebenbürgens. 3).

Adrian SCHMIDT-RECLA, Rezension zu: Thomas WÜNSCH, Deutsche und Slawen im Mittelalter, in: ZRG GA 127 (2010), S. 508 f.

Günter SCHÖDL, Ungarns Städtewesen im Spätmittelalter. Zum deutschen Anteil an Entfaltung und Krise, in: Friedhelm Berthold KAISER, Bernhard STASIEWSKI (Hrsg.), Stadt und Landschaft im deutschen Osten und in Ostmitteleuropa. (= Studien zum Deutschtum im Osten. 17). Köln, Wien 1982, S. 127–149.

Gertrud SCHUBART-FIKENTSCHER, Die Verbreitung der deutschen Stadtrechte in Osteuropa. Weimar 1942. (= Forschungen zum deutschen Recht. IV, H. 3).

Joachim SCHÜTZE, Bemerkungen zur Berufung und Vertreibung des Deutschen Ordens durch Andreas II. von Ungarn, in: Zur Rechts- und Siedlungsgeschichte der Siebenbürger Sachsen. Köln, Wien 1971, S. 277–283. [Auch als: Siebenbürgisches Archiv, 3. F. 8 (1971)].

Friedrich SCHULER VON LIBLOY, Siebenbürgische Rechtsgeschichte, Bd. 1: Äußere Rechtsgeschichte und öffentliches Recht. 2., verm. Aufl. Hermannstadt 1867.

Friedrich SCHULER [VON] LIBLOY, „Bomel, Thomas“, in: ADB, Bd. 2. Leipzig 1876, S. 118.

Marlies SCHULZ (Hrsg.), Sibylle ZIKMUND (Bearb.), Geographische Namen Europas. Polen, Rumänien. Berlin 2003. (= Arbeitsberichte. Geographisches Institut der Humboldt-Universität zu Berlin. H. 76).

Marlies SCHULZ (Hrsg.), Sibylle ZIKMUND (Bearb.), Geographische Namen Europas. Slowakei, Tschechien, Ungarn. Berlin 2003. (= Arbeitsberichte. Geographisches Institut der Humboldt-Universität zu Berlin. H. 77).

Eva SCHUMANN, Buße, in: ²HRG, Bd. 1. Berlin 2008, Sp. 789–795.

Eva SCHUMANN, Gewette, in: ²HRG, Bd. 2. Berlin 2012, Sp. 360–362.

Ernst SCHWARZ, Die Herkunft der Siebenbürger und Zipser Sachsen. Siebenbürger und Zipser Sachsen, Ostmitteldeutsche, Rheinländer im Spiegel der Mundarten. München 1957. (= Veröffentlichungen des Südostdeutschen Kulturwerks. R. B, 8).

Gerhard SEEWANN, Geschichte der Deutschen in Ungarn, Bd. 1: Vom Frühmittelalter bis 1860. Marburg 2012. (= Studien zur Ostmitteleuropaforschung. 24/1).

Max SILLER, „Lasset sie nur ein wenig leiden, wenn sie nicht gelt haben, so studiren sie desto vleissiger!" Briefe von Leutschauer Studenten des 16. und 17. Jahrhunderts, in: Südostdeutsches Archiv 38/39 (1995/1996), S. 5–31.

Július SOPKO, Kódexy slovenskej proveniencie [Codices slowakischer Provenienz]. (Paralleltitel: Codices medii aevi qui in bibliothecis Slovaciae asservantur ac olim asservabantur). Teil 3: Kódexy a neúplne zachované rukopisy v slovenských knižniciach [Codices und Handschriftenfragmente in slowakischen Bibliotheken]. Martin 1986.

Juraj SPIRITZA, Von einem halben maister der hohen schuel zu wyenn, Stadtschreiber und Skriptor Liebhard Egkenfelder, in: Karpaten-Jahrbuch 60 (2009 [2008]), S. 38–51.

Emil STEFFENHAGEN, Ueber eine noch unbekannte Form des Sächsischen Weichbildrechts, in: ZRG 12 (1876), S. 1–37.

István STIPTA, The Main Tendencies of Hungarian Legal Historiography in the 20th Century and its Present Situation, in: Journal on European History of Law 2,1 (2011), S. 72–79.

Michael STOLLEIS, Geschichte des öffentlichen Rechts in Deutschland, Bd. 1: Reichspublizistik und Policeywissenschaft 1600–1800. München 1988.

Michael STOLLEIS, Transfer normativer Ordnungen – Baumaterial für junge Nationalstaaten, in: Rechtsgeschichte 20 (2012), S. 72–84.

Heinz STOOB, Die mittelalterliche Städtebildung im Karpatenbogen, in: DERS. (Hrsg.), Die mittelalterliche Städtebildung im südöstlichen Europa. (= Städteforschung. Reihe A: Darstellungen. 4). Köln, Wien 1977, S. 184–225.

Heinz STOOB, Preßburg und das Städtewesen im europäischen Südosten vor der Türkenzeit, in: Richard MARSINA (Hrsg.), Städte im Donauraum. Bratislava – Preßburg 1291–1991. Sammelband der Beiträge aus dem Symposion in Smolenice 30.9.–3.10.1991. Bratislava 1993, S. 16–21.

Felix SUTSCHEK, Das deutsch-römische Recht der Siebenbürger Sachsen. (Eigen-Landrecht). Stuttgart 2000. (= Aus der Rechtsgeschichte Siebenbürgens).

Béla SZABÓ, Előtanulmány a magyarországi joghallgatók külföldi egyetemeken a XVI–XVIII. században készített disputatióinak (dissertatióinak) elemzéséhez [Vorstudie zur Analyse der von ungarländischen Jurastudenten an ausländischen Universitäten zwischen 1550–1800 verteidigten Disputationen], in: Publicationes Universitatis Miskolciensis. Sectio Juridica et Politica 8, Fasc. 5 (1993), S. 79–154.

Béla SZABÓ, Die Rezeption des römischen Rechts bei den Siebenbürger Sachsen, in: Publicationes Universitatis Miskolciensis. Sectio Juridica et Politica 9, Fasc. 1–13 (1994), S. 173–194.

Béla SZABÓ, Werbőczy, Stephanus, in: Michael STOLLEIS (Hrsg.), Juristen. Ein biographisches Lexikon. Von der Antike bis zum 20. Jahrhundert. München 1995, S. 650.

Béla SZABÓ, Juristen und Bücher im frühneuzeitlichen Ungarn, in: István MONOK, Péter EÖTVÖS (Hrsg.), Bürgerliche Kultur im Vergleich. Deutschland, die böhmischen Länder und das Karpatenbecken im 16. und 18. Jahrhundert. (= Olvasmánytörténeti dolgozatok. Különszám. 2). Szeged 1998, S. 45–69.

Béla SZABÓ, Sachsen in Ungarn und ihr Rechtsleben im Mittelalter und der frühen Neuzeit. Forschungsstand und Möglichkeiten in der Erforschung der Rechtsverhältnisse der Zipser und der Siebenbürger Sachsen, in: Adrian SCHMIDT-RECLA, Eva SCHUMANN, Frank THEISEN (Hrsg.), Sachsen im Spiegel des Rechts. Ius Commune Propriumque. Köln [usw.] 2001, S. 95–114.

Béla SZABÓ, A szepesi jog forrásai [Die Quellen des Zipser Rechts], in: Jogtörténeti tanulmányok VIII (2005), S. 443–463.

Béla SZABÓ, Juristischer Buchbesitz bei den Siebenbürger Sachsen in der Frühen Neuzeit, in: Wynfried KRIEGLEDER, Andrea SEIDLER, Jozef TANCER (Hrsg.), Deutsche Sprache und Kultur in Siebenbürgen. Studien zur Geschichte, Presse, Literatur und Theater, sprachlichen Verhältnissen, Wissenschafts-, Kultur- und Buchgeschichte, Kulturkontakten und Identitäten. (= Presse und Geschichte – neue Beiträge. 41). Bremen 2009, S. 105–121.

Béla SZABÓ, Magyarországiak politica-disputatiói nyugat-európai egyetemeken a 17. században [Staatsrechtliche Disputationen an westeuropäischen Universitäten von Studenten aus Ungarn im 17. Jahrhundert], in: Iván Zoltán DÉNES, Ferenc PÉNZES, Sándor RÁCS, László TÓTH-MATOLCSI (Hrsg.), A szabadság felelőssége. Írások a 65 éves Dénes Iván Zoltán tiszteletére. Debrecen 2011, S. 276–308.

Miklós SZABÓ, Sándor TONK, Erdélyiek egyetemjárása a korai újkorban [Siebenbürger an den Universitäten der Frühen Neuzeit]. 1521–1700. Szeged 1992. (= Fontes Rerum Scholasticarum. 4).

Irma SZÁDECZKY-KARDOSS, Szent István Intelmei és az idegenek, avagy az „idegenek“ értelmezése az Árpád-kori jogéletben [Die Mahnschrift von Sankt Stephan und die Fremde oder die Auslegung der „Fremde“ im Rechtsleben der Arpadenzeit], in: Jogtörténeti Szemle [13],4 (2011), S. 47–53.

Károly SZÁSZ, Az erdélyi nagy fejedelemségbéli magyarok és székelyek polgári pereik folyamattyának rajzolattya. Egy kézi könyv, melyet Tanítványainak kiadott Sz[ász] K[ároly], leíratta Nagy Leopold 836^{k} 8br. N. Enyeden [Grundriss des Zivilprozesses der Ungarn und Szekler aus dem Großfürstentum Siebenbürgen. Ein Handbuch von Károly Szász für seine Schüler, aufgezeichnet von Leopold Nagy in Nagyenyed 1836], in: György BÓNIS, Erdélyi perjogi emlékek [Prozessrechtliche Denkwürdigkeiten aus Siebenbürgen]. Kolozsvár 1942, S. 55–146.

Katalin SZENDE, Gyermekek, testvérek, házastársak. Családi viszonyok és örökösödési szokások Eperjesen a középkori végrendeletek tükrében [Kinder, Geschwister und Ehegatten. Familienverhältnisse und Erbgewohnheiten in Eperies im Spiegel mittelalterlicher Nachlässe], in: Enikő CSUKOVITS, Tünde LENGYEL (Hrsg.), Bártfától Pozsonyig. Városok a 13–17. században. (= Társadalom- és művelődéstörténeti tanulmányok. 35). Budapest 2005, S. 293–317.

Katalin SZENDE, Integration through Language. The Multilingual Character of Late Medieval Hungarian Towns, in: Derek KEENE, Balázs NAGY, Katalin SZENDE (Hrsg.), Segregation – Integration – Assimilation. Religious and Ethnic Groups in the Medieval Towns of Central and Eastern Europe. (= Historical Urban Studies). Farnham, Burlington 2009, S. 205–233.

Ferenc SZENT-PÁLI NAGY, Verbõczy István Könyvének Compendiuma [Kompendium des Buchs von István Werbőczy]. Kolozsvár 1699 [u. 1701].

Imre SZENTPÉTERI, A tárnoki ítélőszék kialakulása [Die Herausbildung des Tavernikalgerichts], in: Századok. A Magyar Történelmi Társulat Közlönye 68 (1934), S. 510–590.

József SZINNYEI, Magyar írók élete és munkái [Leben und Werk ungarischer Schriftsteller]. Budapest 1891–1914. [Auch als Online-Ressource verfügbar: http://mek.niif.hu/03600/03630/html/index.htm – Abfragedatum: 15.11. 2013].

József SZINNYEI, „Fronius *Mátyás*“, in: DERS., Magyar írók élete és munkái, Bd. 3. Budapest 1894.

József SZINNYEI, „Kovachich *Márton György*“, in: DERS., Magyar írók élete és munkái, Bd. 6. Budapest 1899.

József SZINNYEI, „Lichner *Pál*“, in: DERS., Magyar írók élete és munkái, Bd. 7. Budapest 1900.

József SZINNYEI, „Michnay *Endre Dániel*“, in: DERS., Magyar írók élete és munkái, Bd. 8. Budapest 1902.

József SZINNYEI, „Wenzel *Gusztáv*“, in: DERS., Magyar írók élete és munkái, Bd. 14. Budapest 1914.

Ákos von TIMON, Ungarische Verfassungs- und Rechtsgeschichte. Mit Bezug auf die Rechtsentwicklung der westlichen Staaten. Nach der 2., verm. Aufl. übersetzt von Felix SCHILLER. Berlin 1904.

Ioan Marian ŢIPLIC, Die Grenzverteidigung Siebenbürgens im Mittelalter (10.–14. Jahrhundert). Aus dem Rumän. übertr. von Winfried ZIEGLER. Gundelsheim (Neckar) 2007. [Titel der rumän. Originalausg.: Organizarea defensivă a Transilvanei în evul mediu (sec. X–XIV). Bucureşti 2006].

Johann Adolf TOMASCHEK, Deutsches Recht in Österreich im dreizehnten Jahrhundert. Auf der Grundlage des Stadtrechtes von Iglau. Wien 1859.

Johann Adolf TOMASCHEK, Der Oberhof Iglau in Mähren und seine Schöffensprüche aus dem 13.–16. Jahrhundert. Aus mehreren Handschriften herausgegeben und erläutert. Neudr. der Ausg. Innsbruck 1868. Aalen 1970.

Sándor TONK, Erdélyiek egyetemjárása a középkorban [Universitätsbesuche Siebenbürger Studenten im Mittelalter]. Bukarest 1979.

Günther TONTSCH, „Schuler von Libloy, Friedrich", in: ÖBL, Bd. 11. Wien 1999, S. 319f.

Péter TÓTH (Hrsg.), Válogatott források Sajószentpéter történetéhez [Ausgewählte Quellen zur Geschichte von Sajószentpéter]. Sajószentpéter 2007.

Joseph TRAUSCH, „Fronius Matthias", in: DERS., Schriftsteller-Lexikon. Oder biographisch-literärische Denk-Blätter der Siebenbürger Deutschen. Bd. 1. Kronstadt 1868, S. 358–366.

Joseph TRAUSCH, Schriftsteller-Lexikon. Oder biographisch-literärische Denk-Blätter der Siebenbürger Deutschen. Bd. 1–3. Kronstadt 1868–1871.

Wacław URUSZCZAK, Groicki, Bartłomiej, in: Michael STOLLEIS (Hrsg.), Juristen. Ein biographisches Lexikon. Von der Antike bis zum 20. Jahrhundert. (= Beck'sche Reihe. 1417). München 1995, S. 256.

Adriaan VERHULST, Terragium, in: LexMa, Bd. 8. München 1997, Sp. 555.

Attila VERÓK, Über die Bücherverzeichnisse der Siebenbürger Sachsen im 16. Jahrhundert, in: Ulrich A. WIEN, Krista ZACH (Hrsg.), Humanismus in Ungarn und Siebenbürgen. Politik, Religion und Kunst im 16. Jahrhundert. Köln [usw.] 2004, S. 219–232. [Auch als: Siebenbürgisches Archiv, 3. F. 37 (2004)].

András VIZKELETY (Bearb.), Beschreibendes Verzeichnis der altdeutschen Handschriften in ungarischen Bibliotheken, Bd. 2. Wiesbaden 1973.
[Auch als Online-Ressource verfügbar:
http://www.manuscripta-mediaevalia.de/hs/kataloge/HSK0478.htm – Abfragedatum: 15.05.2013].

András VIZKELETY, Príspevký k právnym dejinám spišskych miest v stredoveku [Beiträge zur Rechtsgeschichte der Zipser Städte im Mittelalter], in: Spiš. Vlastivedný zborník 3–4 (1973), S. 53–64.

András VIZKELETY, Adalékok a szepességi városok középkori jogtörténetéhez [Beiträge zur Rechtsgeschichte der Zipser Städte im Mittelalter], in: Jogtörténeti tanulmányok 3 (1974), S. 253–265.

Ekkehard VÖLKL, Moldau, in: Edgar HÖSCH, Karl NEHRING, Holm SUNDHAUSSEN (Hrsg.), Lexikon zur Geschichte Südosteuropas. Red.: Konrad CLEWING. (= UTB. 8270). Köln [usw.] 2004, S. 453–455.

Ekkehard VÖLKL, Walachei, in: Edgar HÖSCH, Karl NEHRING, Holm SUNDHAUSSEN (Hrsg.), Lexikon zur Geschichte Südosteuropas. Red.: Konrad CLEWING. (= UTB. 8270). Köln [usw.] 2004, S. 739 f.

Jozef VOZÁR (Hrsg.), Kodex des Stadt- und Bergrechts von Schemnitz. Fassung nach der prachtvoll gefertigten Handschrift aus dem Jahre 1572/Kódex mestského a banského práva banskej Štiavnice. Znenie podľa skvostne vynotoveného rukopisu, z roku 1572. Košice 2002.

Ernst WAGNER (Bearb.), Quellen zur Geschichte der Siebenbürger Sachsen 1191–1975. 2., durchges. u. erw. Aufl. Köln, Wien 1981. (= Schriften zur Landeskunde Siebenbürgens. 1).

Ernst WAGNER, Geschichte der Siebenbürger Sachsen. Ein Überblick. 6., durchges. u. erw. Aufl. Thaur bei Innsbruck 1990.

Karl/Carolus WAGNER, Analecta Scepusii Sacri et Profani, Bd. 1: Complectens Bullas Pontificum, Caesarum, Regumque Diplomata, Illustrium Virorum Epistolas, Aliaque Monumenta Literaria Ad Notitiam Scepusii Facientia. Viennae 1774.

Thomas WAGNER (Hrsg.), Corpus iuris metallici recentissimi et antiquioris. Sammlung der neuesten und älteren Berggesetze. Leipzig 1791.

Hugo WECZERKA, Deutsche Siedlungen und Einflüsse deutschen Stadtrechts in den mittelalterlichen Fürstentümern Moldau und Walachei, in: Friedhelm Berthold KAISER, Bernhard STASIEWSKI (Hrsg.), Stadt und Landschaft im deutschen Osten und in Ostmitteleuropa. (= Studien zum Deutschtum im Osten. 17). Köln, Wien 1982, S. 151–178.

Wilhelm WEGENER, Ungarn, in: HRG, Bd. 5. Berlin 1998, Sp. 470–480.

Jürgen WEITZEL, Über Oberhöfe, Recht und Rechtszug – eine Skizze. Göttingen, Zürich 1981. (= Göttinger Studien zur Rechtsgeschichte. 15).

Jürgen WEITZEL, Oberhof, in: LexMa, Bd. 6. München 1993, Sp. 1331 f.

Jürgen WEITZEL, Appellation, in: ²HRG, Bd. 1. Berlin 2008, Sp. 268–271.

Wilhelm WEIZSÄCKER, Das deutsche Recht des Ostens im Spiegel der Rechtsaufzeichnungen, in: Deutsches Archiv für Landes- und Volksforschung 3 (1939), S. 50–77.

Wilhelm WEIZSÄCKER, Der Stand der rechtsgeschichtlichen Forschung im deutschen Osten, in: Hermann AUBIN, Otto BRUNNER, Wolfgang KOHTE, Johannes PAPRITZ (Hrsg.), Deutsche Ostforschung. Ergebnisse und Aufgaben seit dem ersten Weltkrieg, Bd. 1. Leipzig 1942, S. 391–419.

Wilhelm WEIZSÄCKER, Die Verbreitung des deutschen Stadtrechtes in der Slowakei, in: Karpatenland 13 (1942/1943), S. 17–23.

Gustav WENZEL (Hrsg.), Das alte Stadt- und Bergrecht der königlichen Frey- und Bergstadt Schemnitz in Ungarn aus dem dreyzehnten Jahrhunderte, in: Anzeige-Blatt für Wissenschaft und Kunst 104 (1843), S. 1–21.

Gusztáv WENZEL, Handbuch des allgemeinen österreichischen Bergrechtes. Auf Gundlage des Gesetzes vom 23. Mai und der Vollzugsschrift vom 25. September 1854. Wien 1855.

Gusztáv WENZEL, Codex diplomaticus Arpadianus continuatus/Árpádkori új okmánytár. Pest 1862.

Gusztáv WENZEL, A magyar és erdélyi bányajog rendszere [Das System des ungarischen und siebenbürgischen Bergrechts]. Buda 1866.

Gusztáv WENZEL, Egyetemes európai jogtörténet [Allgemeine europäische Rechtsgeschichte]. Buda 1869.

Gusztáv WENZEL, Nevezetes per lőcsei polgárok között. 1421–1429. Adalék Magyarország jogtörténetéhez [Ein bestimmter Prozess zwischen Bürgern von Leutschau. 1421–1429. Ein Beitrag zur Rechtsgeschichte Ungarns]. Pest 1873. (= Értekezések a történettudományok köréből. 2,5).

Gusztáv WENZEL, Magyarország városai és városjogai a múltban és jelenben [Die Städte und die Stadtrechte Ungarns in der Vergangenheit und in der Gegenwart]. Budapest 1877.

Gusztáv WENZEL, A XV. századi tárnoki jog [Das Tavernikalrecht des 15. Jahrhunderts], in: Értekezések a társadalmi tudományok köréből 5,1 (1878), S. 1–52.

Gusztáv WENZEL, Magyarország bányászatának kritikai története [Kritische Geschichte des ungarischen Bergbaus]. Budapest 1880.

István WERBŐCZY, Magyar decretum [Tripartitum ⟨ungar.⟩], kyt WERES Balas a deakbol tudni illÿk, a Werbewczy Istwan Decretomabol, melyet tripartitomnak neweznek Magÿarra forditot [Ungarisches Dekret, das aus dem Dekret von István Werbőczy, genannt ‚Tripartitum‘, von Balas Weres vom Lateinischen ins Ungarische übersetzt wurde]. Debrecen: Raphael Hoffhalter 1565.

István WERBŐCZY, Tripartitum. A dicsőséges magyar királyság szokásjogának hármaskönyve. Latin-magyar kétnyelvű kiadás [Tripartitum des Gewohnheitsrechts des Königreichs Ungarn]. [Nachdr. d. Ausg.] Budapest 1894. Budapest 1990. (= Tudománytár).

Stephen WERBŐCZY, The Customary Law of the Renowned Kingdom of Hungary in Three Parts (1517). Edited and translated by János M. BAK, Péter BANYÓ and Martyn RADY, with an introductory study by László PÉTER. Bakersfield (Calif.) 2005.

Éva V. WINDISCH, Kovachich Márton György, a forráskutató [Martin Georg Kovachich, der Quellenforscher]. Sajtó alá rend., a bev. tanulmányt írta GLATZ Ferenc. Budapest 1998. (= Társadalom- és művelődéstörténeti tanulmányok. 24).

Heinrich WITTSTOCK, „Pemfflinger, Marcus“, in: ADB, Bd. 25. Leipzig 1887, S. 343–350.

Thomas WÜNSCH, König Stephan I. von Ungarn. Herrschermemoria und politische Norm seit dem Mittelalter, in: Historisches Jahrbuch 129 (2009), S. 19–33.

Constant von WURZBACH, Biographisches Lexikon des Kaiserthums Oesterreich. Enthaltend die Lebensskizzen der denkwürdigen Personen, welche seit 1750 in den österreichischen Kronländern geboren wurden oder darin gelebt und gewirkt haben, 60 Bde. Wien 1856–1891.

[Auch als Online-Ressource verfügbar: http://www.literature.at/alo?objid=11104 – Abfragedatum: 15.11.2013].

Constant von WURZBACH, „Lichner, Paul", in: DERS., Biographisches Lexikon des Kaiserthums Oesterreich, Bd. 15. Wien 1866, S. 70 f.

Constant von WURZBACH, „Michnay, Andreas Daniel", in: DERS., Biographisches Lexikon des Kaiserthums Oesterreich, Bd. 18. Wien 1868, S. 228 f.

Krista ZACH, Überlieferung, Quellen und Historiographie. Zur Geschichte der Deutschen Ostmittel- und Südosteuropas bis zur Frühneuzeit, in: Gerhard GRIMM, Krista ZACH (Hrsg.), Die Deutschen in Ostmittel- und Südosteuropa, Bd. 2. (= Veröffentlichungen des Südostdeutschen Kulturwerks. Reihe B: Wissenschaftliche Arbeiten. 73). München 1996, S. 45–89.

Krista ZACH, Moldau, Fürstentum, in: LexMa, Bd. 6. München 1993, Sp. 722–724.

Krista ZACH, Sachsen, Siebenbürger, in: LexMa, Bd. 7. München 1995, Sp. 1236–1238.

Krista ZACH, Valachei, in: LexMa, Bd. 8. München 1997, Sp. 1370–1374.

Levente ZÁVODSZKY (Hrsg.), De fontibus decretorum synodaliumque tempore Sanctorum Stephani et Ladislai nec non Colomanni regum Regni Hungariae conscriptorum, in: Magyarország középkori digitális okmánytára 1.0/Collectiones digitales diplomaticae Hungariae 1.0. Pápa. Budapest 2005 [elektronische Ressource – CD-ROM].

Fritz ZIMMERMANN, Carl WERNER (Hrsg.), Urkundenbuch zur Geschichte der Deutschen in Siebenbürgen. Bd. 1–3. Nachdr. der Ausg. Hermannstadt 1892, 1897, 1902. Hildesheim [u. a.] 2007.

Harald ZIMMERMANN, Die deutsche Südostsiedlung im Mittelalter, in: Günter SCHÖDL (Hrsg.), Deutsche Geschichte im Osten Europas. Land an der Donau. Für die Sonderausg. durchges. u. auf den neuesten Stand gebrachte Aufl. Berlin 1995, S. 21–88.

Harald ZIMMERMANN, Siebenbürgen und seine Hospites Theutonici. Vorträge und Forschungen zur südostdeutschen Geschichte. Festgabe zum 70. Geburtstag. Im Auftrag des Arbeitskreises für Siebenbürgische Landeskunde hrsg. von Konrad GÜNDISCH. Köln [usw.] 1996. (= Schriften zur Landeskunde Siebenbürgens. 20).

Harald ZIMMERMANN, Der deutsche Orden in Siebenbürgen. Eine diplomatische Untersuchung. 2., durchges. Aufl. Köln [usw.] 2011. (= Studia Transylvanica. 26).

János ZLINSZKY, Ungarn, in: Helmut COING (Hrsg.), Handbuch der Quellen und Literatur der neueren europäischen Privatrechtsgeschichte, Bd. III/2: Gesetzgebung zum Allgemeinen Privatrecht und zum Verfahrensrecht im 19. Jahrhundert. München 1986, S. 2141–2213.

János ZLINSZKY, Two questions about the Adaptation of Juridical Models: The XII Tables and Hungarian Reception, in: Acta Juridica Hungarica 33,1–2 (1991), S. 39–56.

János ZLINSZKY, Wissenschaft und Gerichtsbarkeit. Quellen und Literatur der Privatrechtsgeschichte Ungarns im 19. Jahrhundert. Frankfurt a. M. 1997. (= Studien zur europäischen Rechtsgeschichte. 91).

János ZLINSZKY, Durch das römische Recht, aber über dasselbe hinaus. Hrsg. von Nadja El BEHEIRI. Budapest 2008.

Zsigmondkori oklevéltár [Urkundensammlung aus der Regierungszeit König Sigismunds]. Hrsg. von Elemér MÁLYUSZ. Bd. 2, [2.] (1407–1410). Budapest 1958. (= A Magyar Országos Levéltár kiadványai. 2, Forráskiadványok. 4).

Attila ZSOLDOS, Tibor NEUMANN, Székesfehérvár középkori kiváltságai [Stuhlweißenburgs Privilegien im Mittelalter]. Székesfehérvár 2010. (= Közlemények Székesfehérvár történetéből).

Adolf ZYCHA, Das böhmische Bergrecht des Mittelalters auf Grundlage des Bergrechts von Iglau, Bd. 1: Die Geschichte des Iglauer Bergrechts und die böhmische Bergwerksverfassung, Bd. 2: Die Quellen des Iglauer Bergrechts. Berlin 1900.

III. Online-Ressourcen[1]

http://www.dnb.de/gnd
(Abfragedatum: 16.11.2013) – Gemeinsame Normdatei – GND.

http://www.europeana.eu/portal/record/92004/37D17B7911233A86EF19DB40533953AE42BD4E34.html
(Abfragedatum: 17.07.2013) – „Gelnhausenův kodex (kodex A) – právní kniha“, Jihlava/Iglau, Státní okresní archiv, inv. č. 17, (Beschreibung der Handschrift und Faksimile).

http://www.handschriftencensus.de
(Abfragedatum: 16.11.2013) – Handschriftencensus – HC.

http://hsozkult.geschichte.hu-berlin.de/rezensionen/2011–3–195
(Abfragedatum: 15.11.2013) – Ines KESKE, Rezension zu: Michael GEHLER, Silvio VIETTA (Hrsg.), Europa – Europäisierung – Europäistik. Neue wissenschaftliche Ansätze, Methoden und Inhalte. Wien 2010. (= Arbeitskreis Europäische Integration. Veröffentlichungen. 7), in: H-Soz-u-Kult, 28.09.2011.

http://hsozkult.geschichte.hu-berlin.de/tagungsberichte/id=1762
(Abfragedatum: 17.11.2013) – Miriam HAHN, Tagungsbericht: Böhmen und das Deutsche Reich. Ideen- und Kulturtransfer im Vergleich (13.–16. Jahrhundert). (Tagung in München vom 10.09.2007–12.09.2007), in: H-Soz-u-Kult, 04.11.2007.

[1] Es werden hier nur Internetadressen von Titeln aufgeführt, die ausschließlich online einsehbar sind. Alle anderen Verweise auf digitale Ressourcen werden beim jeweiligen Literatureintrag angefügt.

J. Register (*Wieland Carls*)

Vorbemerkung

In der Abteilung *Orte* werden auch Gewässer-, Gebirgs-, Landes- und Landschaftsnamen sowie andere Lokalitäten verzeichnet. Nichtdeutsche Toponyme werden – so vorhanden – unter dem deutschen Exonym angesetzt. Hierauf folgen in der Regel das jeweilige Endonym (kursiv gesetzt und mit internationalem Sprachkürzel in eckigen Klammern versehen), ggf. weitere Namenformen in anderen Sprachen (ebenfalls mit Sprachkürzel). Gibt es kein deutsches Exonym, steht das Endonym an erster Stelle. Auf den jeweiligen Haupteintrag wird – wenn nötig – verwiesen.

Das Register der *Personen* verzeichnet alle Namen von Personen und Geschlechtern, die nicht ausschließlich im Zusammenhang mit bibliographischen Angaben genannt werden. Von Schreibvarianten, die durch einen Schrägstrich von der Ansetzungsform getrennt werden, wird gegebenenfalls auf den Haupteintrag verwiesen. Amtsbezeichnungen und andere Ergänzungen sowie alternative Schreibungen, von denen nicht verwiesen wird, stehen in runden Klammern.

Unter *Sachen* finden sich neben Namen von Bevölkerungsgruppen vor allem Begriffe, die den inhaltlichen Zugriff erleichtern sollen.

Alle Quellen und Quellensammlungen mit vorwiegend rechtlichem Inhalt, die im Text genannt werden, stehen im Register der *Rechtsquellen*.

In der Untersuchung genannte Handschriften werden nach Orten sortiert im Register der *Handschriften* aufgelistet.

I. Orte

II. Personen

III. Sachen

IV. Rechtsquellen

V. Handschriften (nach Orten)